제3의 달러

스테이블코인이 일으킬 화폐 혁명과 부의 대이동

제3의 달러

김창익 지음

STABLECOIN

 경이로움

S T A B L E C O I N

우리가 국가에 화폐 발행권을 위임했던 근본적인 이유는 거창한 애국심이나 이데올로기가 아니었다. 경제학적 관점에서 볼 때, 화폐라는 거대한 네트워크를 유지하고 관리하는 데 있어 국가라는 독점적 기구가 가장 비용 효율적인 공급자였기 때문이다. 대중은 '신뢰'라는 사회적 비용을 지불하는 대신, 자신의 노동 가치를 안전하게 저장하고 교환할 수 있는 안정적인 시스템을 제공받기로 합의했다. 이것이 화폐 제도를 지탱해 온 암묵적인 사회적 계약이었다. 하지만 지금, 그 신뢰의 계약은 공급자인 국가의 오만과 탐욕으로 인해 완전히 파기되었다.

공급자의 횡포는 이제 임계점을 넘었다. 1971년 닉슨 쇼크를 기점으로 화폐는 실물이라는 닻을 잃고 권력의 의지에 따라 무한히 복제되는 '디지털 노예 문서'로 전락했다. 이후 미국 정부(재정), 연준(통화), 월가(금융)로 연결된 삼각동맹은 국채 발행을 통해 사실상 무이자로 자금을 조달하며 시스템을 확장해 왔다. 문제는 이 과정에서 발생하는 비용 처리 방식이다. 통화량 팽창은 필연적으로 화폐 가치의 하락을 동반하며, 이는 인플레이션이라는 형태로 사용자에게 전가된다. 즉, 국가가 짊어져야 할 부채 비용이 개인의 구매력 감소로 이어지는 구조가 고착화된 것이다. 화폐를 보유하는 비용이 노동 생산성의 증가 속도보다 빨라질 때, 합리적인 경제 주체가 비효율적인 기존 화폐를 버리고 새로운 대안을 모색하는 것은 지극히 당연한 시장 원리이자 생존 전략이다.

비트코인의 등장은 단순한 기술적 혁신을 넘어, 화폐 발행의 주도권과 그에 따른 이익(주조 이익)을 사용자에게 환원하려는 시도로 해석해야 한다. 이제 기술은 국가의 허락 없이도 화폐를 정의하고, 전송하며, 보관할 수 있는 권력을 개인에게 부여했다. 이에 위기감을 느낀 삼각동맹은 이 낯선 침입자를 탄압하는 동시에, 스테이블코인과 RWA(실물 자산 토큰화)라는 교묘한 도구를 앞세워 사용자의 영토를 다시 포섭하려 한다. 월가는 자본의 화력으로 온체인 패권을 장악하려 들고, 빅테크는 에너지와 결제망을 결합해 국가의 통화 주권을 위협하는 새로운 형태의 '기술적 주조이익'을 노리고 있다.

삼각동맹은 금에 연결했던 달러를 석유에 의지해 지난 50년간 수명을 연장했다. 도널드 트럼프 대통령은 이제 스테이블코인을 통해 무제한 달러 살포를 할 수 있는 디지털 영토 정복에 나섰다. 이는 '제3의 달러' 시대의 개막이다. 미국은 이를 통해 달러 수명 100년 연장 프로젝트를 가동하는 셈이다. 닉슨 전 대통령이 페트로달러 시스템을 통해 제2의 달러 시대의 문을 연 지 50여 년 만이다.

이 책은 현재 진행 중인 화폐 전쟁의 최전선을 가감 없이 기록했다. 국가가 왜 본질적으로 거짓말을 할 수밖에 없는지, 닉슨 쇼크 이후 구축된 삼각동맹이 어떻게 우리의 구매력을 합법적으로 탈취해 왔는지, 그리고 그 균열의 틈바구니에서 스테이블코인과 이더리움이 어떤 새로운 질서를 구축하고 있는지를 담아 보았다. 우리는 화폐라는 이름의 추상적 권력을 국가의 손에서 빼앗아, 그것을 실제 사용하는 사람들의 손으로 옮겨오는 위대한 이주Migration의 시대를 살고 있다.

독자들에게 묻는다. 국가 부채를 메우기 위해 개인의 자산 가치가 희석되는 현재의 시스템을 언제까지 감내할 것인가? 화폐의 주인이 국가였던 시대는 저물어가고 있다. 화폐는 이제 사용자의 이익을 극대화하고 가치를 보존하는 도구로서 존재해야 한다. 기존의 계약은 끝났다. 이제 우리가 새로운 화폐를 선택할 차례다.

김창익

목차

1장

국가는 왜
거짓말을 하는가

닉슨쇼크 이후의
삼각동맹

비트코인의 등장과
한계

4장

스테이블코인의
제도화

5장

스테이블코인과
통화정책

6장

스테이블코인과
이더리움

S T A B L E C O I N

국가는 왜
거짓말을 하는가

주조 이익의 본질은
구매력 약탈이다

주조 이익은 화폐 발행자가 실물 비용보다 큰 액면가를 붙임으로써 얻는 차액이다. 그만큼의 구매력을 해당 화폐 보유자들로부터 가져오는 흡혈기다.

　미국 정부가 100달러 지폐를 주조했다고 하자. 주조 비용은 거의 '0'이므로 무시해도 좋다. 여기까지 미국 정부는 아무런 부가가치를 만들지 않았다. 100달러 지폐만 마법처럼 나타난 상황이다. 그리고 실물 경제는 바뀐 게 없다고 볼 수 있다. 그런데 이 돈으로 미국 정부는 100달러어치의 정부 비품을 구입할 수도 있다. 즉 미국 정부는 실제로는 한 푼도 들이지 않고 100달러어치의 비품을 누군가로부터 공짜로 가져온 것과 다름이 없다. 정부에 비품을 판 상인은 그 돈을 다른 데 쓸 것이다. 글로벌 경제에 100달러의 화폐가 증가했다. 그러나 실물 경제는 역시 바뀐 게 없다. 100달러어치의 비품이 상인에게서 미국 정부로 옮겨진 것뿐이다.

여기서 상인은 정부에 비품을 팔아 100달러를 얻었으니 손해를 본 것이 없다고 할 수 있을까? 물론 상인만 보면 그렇다고 말할 수도 있다. 그러나 실물 경제를 보면 이야기가 달라진다. 실물 경제 전체가 미국 정부에 도둑질을 당한 것이기 때문이다.

화폐는 20달러, 상품은 사과 2개가 있다고 하자. 정부가 사과 하나를 얻는 방법은 무엇일까? 답은 20달러의 화폐를 찍으면 된다. 실물 경

● **구매력 도둑질의 메커니즘**

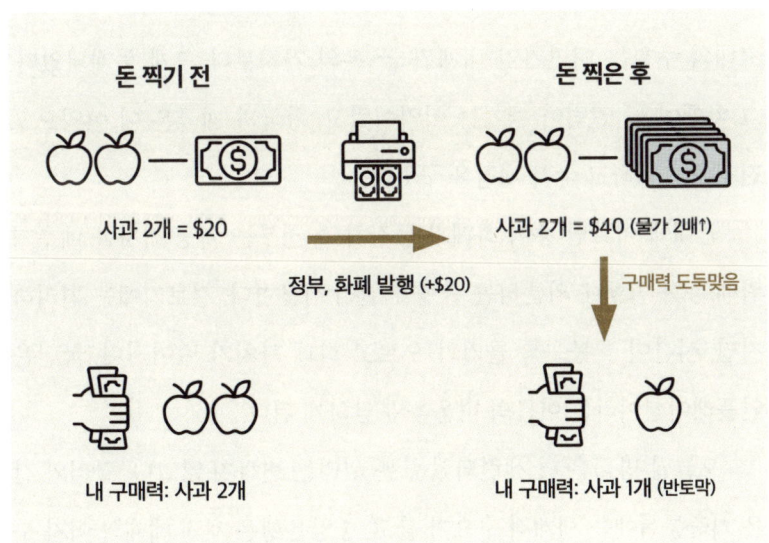

제는 그대로 사과 2개인데, 경제 내에 화폐는 40달러로 늘었다. 10달러짜리 사괏값은 20달러가 된다. 정부는 찍은 돈으로 사과 하나를 살 수 있다. 20달러를 갖고 있던 개인은 정부가 돈을 찍기 전에는 사과 2개를 살 수 있었는데 이제는 사과를 하나밖에 못 산다. 사과 하나를 정부에 빼앗긴 셈이다.

정부가 돈을 더 많이 찍을수록 개인의 구매력은 인플레이션의 영향 때문에 더 많이 줄어들게 된다. 그리고 이러한 논리에 기반해 만약 미국 정부가 1조 달러 규모의 달러를 찍어서 구매력을 도둑질한다면 이야기가 달라진다.

은 함량을 속인 로마의 가격 혁명

고대의 주화는 액면가가 내재된 금·은의 가치보다 크게 설계되었다. 그 차액이 곧 권력이 챙기는 이익이었고, 왕국과 제국은 이 이익으로 전쟁을 수행하고 국가 재정을 꾸렸다.

근대에 이르면 종이 화폐가 등장하고, 정부는 재정 적자를 메우기 위해 통화 발행에 의존하는 관행을 널리 사용한다. 겉보기에는 편리하지만, 시간이 흐를수록 물가가 오르고 화폐 가치가 떨어지며, 국민은 인플레이션이라는 이름의 비용을 분담하게 된다.

오늘날 방식은 더 세련되었을 뿐 원리는 변하지 않았다. 달러와 같은 기축통화에는 세계적 수요가 붙고, 중앙은행은 채권 매매와 이자 수익을 통해 대차대조표*에서 이익을 만든다. 새로 창출된 화폐는 먼저 정부와 은행을 통해 지출되고, 그 이익의 일부는 발행 주체가 선취한다. 이후에야 화폐가 광범위하게 퍼지며, 우리는 물가 상승과 각종 이자·수수료, 세금의 형태로 비용을 조금씩 감당한다.

이름이 황제의 조폐든, 국왕의 개주改鑄든, 중앙은행의 통화 공급 확대든, 핵심 메커니즘은 한결같다. 화폐를 발행하는 쪽이 먼저 혜택을 취하고, 사회 전체가 뒤늦게 비용을 나누어 부담한다. 역사를 살펴보면 주조 이익은 언제나 전쟁과 국가 건설, 제국 운영, 복지 재정 같은 거대한 집합 목표와 결합해 작동해 왔다.

● 데나리우스

출처: 위키피디아

---

* 연준의 장부다. 자산과 부채로 표시되는데, 연준이 국채를 매입할 경우 국채는 자산, 발행한 달러는 부채가 된다. 자산, 즉 국채 보유량이 증감한다는 건 그만큼 시중에 유동성이 증감한다는 의미다. 글로벌 금융시장이 연준의 대차대조표를 주목하는 이유다.

1세기 중반까지 로마의 기본 은화는 데나리우스였다. 이때는 은화의 순도가 높아서 사람들이 "믿고 쓰는 돈"에 가까웠다. 하지만 네로 Nero 황제(재위 54~68) 때부터 재정 압박이 커지자, 국가는 동전 속 은의 비율을 조금씩 낮추기 시작했다. 액면가는 그대로인데, 동전 안에 들어 있는 진짜 은은 줄어든 셈이다.

카라칼라 Caracalla 황제(재위 198~217)가 215년에 새 은화 '안토니니아누스'를 내놨다. 액면가를 올려 겉으로는 기존 데나리우스보다 값어치가 더 나가는 동전처럼 보였지만, 실제 은 함량은 그만큼 늘지 않았다. 3세기 위기*(대략 235~284)가 오면서 상황이 급격히 나빠졌다. 전쟁과 내란, 전염병이 겹치자 국가는 군대와 관료제 비용을 대려고 동전의 은을 더 빼냈고, 3세기 중후반에 이르면 안토니니아누스는 겉에 얇게 은을 입힌 은도금 동전 수준까지 떨어졌다. 국고는 이렇게 해서 당장 필요한 돈을 마련했고, 시민은 같은 액면의 동전을 받아도 점점 덜 값나가는 돈을 쓰게 되었다.

사상가들은 이 같은 부조리를 비판했다. 14세기의 프랑스 신학자 니콜라스 오렘 Nicolas Oresme 은 통치자가 주화를 나쁘게 만드는 행위가 결국 "공공선을 은밀하게 침해하는 것"이라고 힐난했다. 장 보댕 Jean Bodin 은 1568년 『말레스트루아의 역설에 대한 장 보댕의 응답』이라는 제목의 저서를 통해 '가격 혁명'을 설명했다. 가격 혁명이란 1500년대

---

* 로마 제국이 3세기(235~284년) 동안 극심한 정치적 혼란, 외적 침입, 경제 붕괴 등으로 거의 붕괴 직전까지 갔던 대혼란기를 의미한다.

~1600년대 초 유럽 전역에서 수십 년간 이어진 만성적인 인플레이션을 가리킨다. 대략 1500년 무렵부터 1650년 사이, 빵·곡물·옷감 같은 생활필수품 가격이 지역에 따라 많게는 5배까지 오르는 일이 벌어졌고, 임금은 그만큼 따라가지 못해 실질소득이 줄었다. 빚을 진 사람이나 지대를 올릴 수 있는 지주에게는 비교적 유리했고, 고정 임금·연금·현금자산에 의존하던 사람에게는 불리했다.

보댕은 이러한 현상을 우선 화폐량의 증가로 설명한다. 스페인이 포토시Potosi나 사카테카스zacatecas* 등과 같은 신대륙에서 대량의 은을 들여오면서 유럽에 유통되는 화폐가 급증했다. 그에 반해 농산물·공산품 같은 실물 생산은 그 속도를 못 따라갔다. 그 결과 같은 빵 한 덩어리를 사려는 돈의 양이 늘어나 가격이 꾸준히 오른다는 것이다. 오늘날 말로 옮기면 '돈이 너무 많고 물건이 상대적으로 적을 때 생기는 인플레이션'이라는 초기 형태의 화폐수량설**을 주장한 셈이다.

보댕은 여기에 몇 가지 정치적 선택이 인플레이션의 불을 더 지폈다고 보았다. 첫째, 군주들이 동전 속 금·은 함량을 줄이는 것을 반복해 액면가는 그대로인데 실제 가치가 떨어지게 만들었다. 둘째, 관세·통행세·녹점 특권이 유통을 막아 비용을 올렸다. 셋째, 전쟁 등으로

---

* 스페인 제국이 신대륙에서 발견한 대표적인 은광 도시들. 특히 포토시(현재 볼리비아)와 사카테카스(현재 멕시코)에서 채굴된 막대한 양의 은은 유럽으로 유입되어 가격 혁명의 직접적인 원인이 되었다.

** 시중에 유통되는 화폐의 양이 물가 수준을 결정한다는 경제 이론. 장 보댕의 통찰은 훗날 어빙 피셔 등에 의해 현대적인 경제학 이론으로 체계화되었다.

인한 과도한 재정 지출이 세금 인상과 추가적인 화폐 유입을 낳아 물가를 더 밀어 올렸다. 그래서 그는 단순한 가격 통제나 말뿐인 개혁으로는 해결되지 않는다며, 건전한 화폐(함량 유지), 독점·불필요한 세금 축소, 생산과 유통 확대처럼 정책 선택을 바로잡아야 한다고 강조했다.

보댕의 '가격 혁명'은 신대륙 은의 범람으로 커진 화폐량에 정치가 만든 왜곡이 겹치면서 생긴 오랜 인플레이션을 뜻한다. 그리고 그는 그 해법 역시 정치의 설계(정직한 화폐와 열린 시장)에 달려 있다고 보았다. 수백년 전의 사상가가 우리 시대에도 그대로 적용할 수 있는 통찰을 제공한 셈이다.

요점은 단순하다. 이름이 데나리우스든 안토니니아누스든 권력이 주조 이익을 챙기는 원리는 같다. 발행권을 쥔 쪽이 동전의 실제 가치를 살짝 깎으면서 당장 재정을 채우면, 그 비용은 나중에 물가 상승과 교환 질서의 혼란이라는 이름으로 시민에게 되돌아온다.

권력은 세금으로 돈의 표준을 만든다

중세 말 유럽의 장터는 잡음으로 가득했다. 도시마다, 영주마다 따로 찍은 동전이 굴러다녔고, 모양·무게·은 함량이 제각각이라 물건 값을 치르려면 먼저 저울을 꺼내 동전을 재고 시험해야 했다. 환전상은 수수료를 떼고, 상인은 낯선 동전을 꺼리며 값을 더 불렀다. 이 복잡한 번거로움이 곧 거래 비용이었다.

왕권이 힘을 키우려면 먼저 이 소음을 잠재워야 했다. 그래서 조폐권을 한데 모으고, 전국 어디서나 통하는 통일 화폐 표준을 만들었다. "한 닢은 한 닢"이라는 약속을 나라 전체로 확장한 셈이다. 화폐라는 명확한 기준이 바로 서게 되자, 그동안 제각각이던 행정 절차와 군사 운영 체계도 비로소 하나의 질서 아래 일관성 있게 정렬될 수 있었다. 세금 단위, 군인 급료, 조달 가격, 회계 방식이 하나의 규칙을 중심으로 묶였다.

문제는 돈이 언제나 권력의 피와 살이 된다는 데 있었다. 전쟁이 길어지고 궁정의 비용이 불어나면, 국고는 새 재원을 찾아야 했다. 그때마다 가장 손쉬운 방법은 동전 속 귀금속의 함량을 낮추는 일이었다. 겉모습과 액면은 그대로 유지하고, 속을 살짝 가볍게 만드는 방식이다. 이른바 화폐개악(디베이스먼트)이다. 발행자는 같은 액면의 동전을 더 많이 찍어 먼저 쓸 수 있고, 시장은 시간이 지나서야 그 차이를 체감한다. 물건값이 오르고, "좋은 동전은 사라지고, 나쁜 동전만 떠도는"* 고전적 혼란이 뒤따랐다. 순도가 높은 주화는 금고에 넣어두고 불순물이 많은 주화만 써버리기 때문이다. 주조 이익, 곧 "돈을 찍는 쪽이 먼저 챙기는 이익"이 이렇게 만들어졌다.

영국의 사례는 둘로 나뉜다. 먼저 헨리 2세는 조폐권을 정비해 전

---

* "악화가 양화를 구축한다Bad money drives out good"라는 말로 유명한 경제 법칙. 소재 가치가 높은 돈(양화)은 사람들이 저장해 두고, 가치가 낮은 돈(악화)만 시중에 유통되는 현상을 말한다.

국적 화폐 표준을 세웠다. 각지의 잡다한 규칙을 걷어내고, 하나의 신뢰를 세우는 개혁이었다. 그러고도 한 세기가 훌쩍 지나 헨리 8세와 에드워드 6세 시기에 이르면, 표준은 다시 권력의 재정을 채우는 수단으로 전락한다. 1542~1551년의 '그레이트 디베이스먼트'는 은 함량을 대폭 낮추어 전쟁과 궁정 비용을 메웠다. 액면가는 그대로인데 실제 가치가 줄어든 동전이 쏟아져 나왔고, 왕실은 발행의 첫 이익을 선취했다. 국민은 그 뒤 물가 상승으로 서서히 비용을 나누어 냈다.

독일에서는 30년 전쟁 초입에 더 노골적인 혼란이 벌어졌다. 1619~1623년 '키퍼 운트 비퍼'라 불리는 시기, 영주들은 저마다 함량 낮춘 동전을 쏟아내고, 환전상들은 집게(키퍼)와 저울(비퍼)로 동전을 골라잡으며 장사를 했다. 좋은 동전은 빼돌리고 나쁜 동전은 남에게 떠넘기는 동안, 합의된 표준은 금세 무너졌다. 군비는 당장 조달되었지만, 물가와 신뢰는 가파르게 무너졌다. 프랑스 또한 필요할 때마다 개주改鑄, 즉 옛 동전을 회수해 새 액면으로 다시 찍는 재발행을 반복했다. 교환 비율을 불리하게 잡아 차익을 국고로 넘기는 방식이다.

중세·근세 유럽에서 통화의 표준을 결정하는 힘은 세금과 헌금 징수권에서 나왔다. 당시 교황청은 면벌부 판매 등을 통해 막대한 자금을 거두어들이며 가치가 확실한 금·은화를 요구했고, 왕실은 세금 납부에 사용할 수 있는 특정 주화를 지정했다.

납세자와 신도 입장에서는 선택의 여지가 없었다. 교황청과 왕실이 요구하는 고순도 동전을 확보해야만 의무를 이행할 수 있었기 때문이다. 자연스럽게 지정된 화폐에 대한 수요는 급증했고, 시장에서도 해당 화폐는 액면가 그대로 유통되었다. 반면 민간에서 주조된 잡다한 동전들은 가치가 깎이거나 거래에서 배제되었다. 즉, 화폐의 신뢰도는 추상적 가치가 아니라 납세 가능 여부에 의해 결정되었다.

이것이 바로 '법정통화'의 기원이다. 국가가 법적으로 세금 납부에 사용할 수 있는 화폐를 지정함으로써, 해당 화폐에 공신력과 표준 지위를 부여한 것이다. 메커니즘은 단순하다. 세금이나 공과금처럼 강제성 있는 지출을 어떤 화폐로 받느냐가 통화의 위계를 결정했다. 교황청은 종교적 권위를, 왕과 도시는 법적·군사적 권한을 통해 각자의 화폐를 표준으로 정착시켰다. 결국 법으로 정해진 납세용 화폐가 가장 강력한 수요를 바탕으로 공식적인 표준 통화가 되었다.

겉으로는 정책과 제도의 이름이 달라 보여도, 기제는 끝내 하나다. 발행권의 중앙집중은 행정과 군사의 표준화를 가능하게 한다. 표준은 거래 비용을 낮추고 국정 운영을 매끄럽게 만든다. 그러나 전쟁과 재정 압박이 커질수록, 같은 통일 표준이 화폐 함량 낮추기와 개주를 통해 주조 이익을 뽑아내는 장치로 뒤집힌다.

17세기 말 영국은행은 주조 이익을 한 단계 더 진화시킨다. 당시 프랑스와의 긴 전쟁으로 막대한 군자금이 절실했던 영국 정부는 부족한 세금을 메우기 위해 국가의 신용을 담보로 한 국채를 대량으로 발행해 급한 자금을 조달하고자 했다. 영국은행은 이 국채를 받아 담보로 삼고 은행권을 발행했다. 이렇게 '정부(국채) ↔ 은행(은행권)' 고리가 생기자, 정부는 낮은 이자로 전쟁 자금을 계속 조달할 수 있었고, 중앙은행과 금융은 이자 수익과 발행에서 생기는 차익을 벌었다. '정부는 싸게 빌리고, 은행은 그 빚을 담보로 돈을 만들어 판다'라는 구조가 여기서 굳어진다.

종이 화폐의 실험과 붕괴

1716년, 스코틀랜드 출신 금융가 존 로John Law가 프랑스 섭정 필리프 도를레앙Philippe d'Orléans의 허락을 받아 방크 제네랄Banque Générale이라는 민간은행을 세웠다. 이 은행은 금·은화를 맡기면 지폐(은행권)를 발행해 주었다. 사람들은 점점 무거운 동전 대신 가벼운 종이를 쓰기 시작했다. 1718년에는 이 은행이 국유화되어 방크 루아얄Banque Royale(왕립은행)이 되었고, "국가가 보증한다"라는 말이 붙자 지폐에 대한 믿음은 더 커졌다.

존 로는 당시 금과 은이 가득하다고 알려진 북미의 거대 식민지 '루이지애나'와 그곳의 무역 독점권을 쥔 '미시시피 회사'를 전면에 내세웠다. 그는 이 회사를 통해 식민지 개발권, 담배와 무역 독점권, 세금 징수권 같은 '돈 되는 권리'를 한데 묶었다. 핵심 묘수는 여기서 나온다. 프랑스 정부가 과거 전쟁으로 쌓아둔 빚(국채)을 이 회사의 주식으로 맞바꾸게 만들고, 그 주식을 사는 데 은행권을 쓰게 한 것이다. 주가가 오르면 사람들은 더 많은 지폐를 빌려 주식을 샀고, 은행은 그 수요에 맞추어 지폐를 더 찍었다. '지폐 발행 → 주가 상승 → 더 많은 지폐 수요'라는 선순환처럼 보이는 고리가 잠시 동안 작동했다.

문제는 이 고리가 신뢰에만 기반하고 있었다는 점이다. 시장이 과열 양상을 보인 1719~1720년에 이르자, 다급해진 존 로는 금·은화를 틀어쥐기 위해 지폐 사용을 강제하고 귀금속 보유를 금지하는 무리수를 둔다. 급기야 주가가 요동치자 공식 가격을 정해 하락을 막아보려 했고, 지폐와 금속 화폐의 교환 비율마저 행정명령으로 묶어두려 했다. 겉으로는 "정부가 보증하니 안전하다"였지만, 사람들 눈에는 "지폐를 진짜 돈(금·은)으로 바꾸기 점점 어려워진다"로 보였다.

결국 1720년 봄·여름, 작은 불신이 지폐 환매 러시로 번졌고, 로는 지폐를 한꺼번에 평가절하했다가 다시 뒤집는 오락가락 조치를 내놨다. 시장은 더 불안해졌고, 주식과 지폐는 동시에 붕괴했다. 은행은 문을 닫았고, 로는 국외로 쫓겨났다. 이 이야기의 교훈은 지폐 발행을 주가 부양과 엮으면 오르는 동안은 마법처럼 보이지만, 교환 가능성과 발행 한도에 대한 신뢰가 깨지는 순간 한꺼번에 무너진다는 것이다.

이제 프랑스 혁명기의 아시냐Assignats로 넘어가 보자. 아시냐는 한마디로 '땅을 믿고 찍어낸 혁명의 화폐'였다. 혁명 정부는 교회 재산과 망명 귀족의 토지를 몰수해 국유화 토지로 만들고, 그 가치를 담보 삼아 아시냐라는 이자부 증서를 찍었다. 처음 약속은 분명했다. "땅이 팔려서 아시냐가 다시 정부로 들어오면, 그만큼을 폐기해 없앤다"라는 원칙이 있었기 때문이다. 초기에는 보유하면 이자도 받을 수 있고 세금 납부도 가능했기에 아시냐는 단순한 종이 조각이 아니라 꽤 매력적인 투자처이자 화폐였다. 프랑스 혁명은 전쟁과 내분을 불러왔고, 정부는 현금이 급했다. 토지를 팔아 돈으로 바꾸려면 시간이 걸렸지만, 아시냐는 인쇄기로 바로 만들 수 있었다. "조금만 더 찍자"가 반복되면서 발행량은 빠르게 늘었다.

사람들 행동도 바뀌었다. 값이 떨어지는 종이를 오래 쥘 이유가 없으니, 물건을 미리 사두거나 금속 화폐를 감추고 아시냐만 빨리 쓰려는 움직임이 커졌다. 물건값은 뛰었고, 정부는 가격상한제(최고가격제) 같은 강제 조치를 꺼내 들었지만, 그럴수록 시장에 물건이 사라지고 암 시장이 생겼다. 게다가 위조 아시냐까지 돌아다니며 신뢰를 더 깎았다. 결국 1795년 무렵에는 빵 한 덩이에 아시냐 뭉치가 필요할 정도로 가치가 추락했고, 1796년엔 사실상 휴지 조각이 되었다. 정부는 뒤늦게 만다 테리토리오(토지교환권)라는 새 지폐를 내놨지만, 유의미한 대응책이 되지 않았다.

자산을 담보로 내세운 종이라도, 혹은 국가가 보증하는 지폐라도, 발행량을 통제하는 신뢰할 만한 규칙이 없고 금속·현금·자산으로의 교환 가능성을 시장이 믿지 못하면, 처음의 편의는 금세 나중의 붕괴로 돌아온다. 존 로의 경우는 지폐 발행과 자산(주식) 가격을 한 그릇에 뒤섞은 설계가 문제였고, 아시냐는 '토지 담보'라는 간판이 있어도 필요할 때마다 더 찍는 정치적 유혹을 막지 못한 게 치명적이었다. 담보의 종류보다 더 중요한 것은 '얼마나, 어떤 규칙으로, 언제까지 찍을 것인가'다. 그 규칙이 명확하고 바꾸기 어렵고 시장이 검증할 수 있어야 종이가 돈으로 남는다.

경제학자 조셉 슘페터Joseph Alois Schumpeter가 "재정의 역사는 국가의 역사"라고 한 이유가 여기 있다. 국가가 돈을 어떻게 조달했는지(세금·

● 국가 재정과 중앙은행의 역할 구조

구분	핵심 내용	상세 설명
핵심 명제	"재정의 역사는 국가의 역사"	국가의 흥망성쇠는 곧 국가가 돈을 어떻게 조달하느냐와 직결됨
자금 조달 수단	1. 세금 2. 차입 3. 발행	3가지 수단의 중심에 '화폐 제도'가 위치함
사회적 계약 (중앙은행의 역할)	1. 권한 획득 화폐 발행 권한의 독점	국가로부터 화폐를 찍어낼 수 있는 권리를 유일하게 인정받음
	2. 책임 부담 - 최종대부자(위기 시 마지막 안전판) - 금융안정 책임	위기 상황에서 은행과 시스템을 지키는 역할 수행
최종 결과	주조 이익의 공유	'국가'와 '은행'이 화폐 발행에서 생기는 이익을 제도적으로 나누어 갖는 구조 정착

차입·발행)가 곧 국가의 흥망과 직결되었고, 그 한복판에 화폐 제도가 있었다. 이후 중앙은행은 '발행 권한의 독점'을 주는 대신, 위기 때 최종대부자(마지막에 돈을 대는 안전판) 역할과 금융안정 책임을 지기로 사회적 계약을 맺었다. 덕분에 국가와 은행은 주조 이익(발행에서 생기는 이익)을 제도적으로 나누어 갖는 구조가 자리 잡는다.

오늘날 구조와 나란히 비교해 보자. 정부는 여전히 국채를 발행해 돈을 조달한다. 전쟁이든 복지든 대규모 지출이 필요할 때 기본 도구다. 중앙은행은 이 차용증(국채)이나 주택 대출 묶음, MBS(주택담보대출 유동화증권)를 사들이며 자신의 금고 문을 열고 돈을 시중에 쏟아붓는데, 이를 '양적완화^{QE}'라고 부른다. 중앙은행은 이 채권들을 가지고 있으면서 이자(현대판 주조 이익의 한 형태)를 챙기는데, 이것이 현대 시대에 중앙은행이 돈을 버는 방식이다.

우리가 흔히 보는 시중 은행은 사람들에게 돈을 빌려주고 받는 이자 차익(예대마진)으로 돈을 번다. 하지만 은행도 급전이 필요할 때가 있다. 이때 은행은 금고에 있는 국채를 전당포에 맡기듯 잠시 맡기고 현금을 당겨 쓴다. 이것이 바로 '레포^{Repo}'다. 나중에 다시 되사오겠다는 약속을 하고 채권을 팔아, 아주 짧은 기간 동안 자금을 융통하는 은행 간 초단기 금융거래를 말한다.

달라진 점은 동전이 장부·지급결제 시스템으로 바뀌고, 발행의 무대가 중앙은행 대차대조표로 옮겨갔다는 것이다. 하지만 핵심 메커니즘은 비슷하다. 새 돈(유동성)은 정부와 금융시스템을 먼저 통과하고, 그 과정에서 이자·수수료·운용이익이 먼저 생기며, 그다음에야 돈이 널리 퍼져 물가·자산 가격에 영향을 준다.

암스테르담 은행이 수수료·준비금 운용으로 이익을 냈듯, 오늘의 중앙은행·은행도 정책금리와 보유 자산, 예대마진을 통해 이익과 손실을 주고받는다. 영국은행 시절 국채 – 은행권 고리가 정부의 전쟁 자금을 댔듯, 지금도 국채 – 중앙은행 – 은행의 사슬이 위기 대응과 재정 조달의 기본 골격이다. 존 로와 아시냐가 보여준 경고, 신용을 규칙 없이 키우면 결국 신뢰가 무너진다는 사실은 오늘도 유효하다.

금본위제에서 달러 패권까지

19세기의 금본위제*는 말 그대로 "우리는 돈을 마음대로 못 풀어요. 정해진 비율로 금으로 바꾸어 줄게요"라고 국가가 스스로 채운 족쇄였다. 이 약속 덕분에 물가는 비교적 안정되었고 환율도 예측 가능해졌다. 그런데 그 족쇄를 쥔 열쇠는 런던이 갖고 있었다. 전 세계 무역과 금융이 런던을 통해 정산되면서, 파운드화가 국제 결제의 기준이 되었다.

이 구조에서 영국은 두 가지 이점을 오래 누렸다. 첫째, 각국이 무역 대금을 치르거나 자금을 조달하려면 런던의 은행과 브로커를 거쳐야 했다. 그 과정에서 수수료, 이자, 환차익 같은 '중개 수익'이 꾸준히 영국으로 들어왔다. 둘째, 다른 나라 정부와 기업이 파운드로 빌리고 파운드로 결제하면서, 사실상 파운드에 대한 글로벌 수요가 상시로 생겼다. 그 수요 덕분에 영국은 더 낮은 금리로 돈을 조달하고, 더 유리한 조건으로 해외에 자본을 내보낼 수 있었다.

경제사학자 배리 아이켄그린Barry Eichengreen의 통찰대로 금본위제는 한편으로는 인플레 유혹을 눌러주는 규율 장치였지만, 다른 한편으로는 세계 금융 질서를 영국이라는 패권 아래 묶어두는 장치이기도 했다. 예전처럼 동전의 금·은 함량을 슬쩍 줄여서 이익을 챙기는 시대는

---

* 화폐의 가치를 일정량의 금 가치에 고정하고, 언제든 화폐를 금으로 교환(태환)해 주기로 약속한 제도. 국가가 마음대로 돈을 찍어낼 수 없게 하여 물가를 안정시키지만, 경제 위기 상황에서도 돈을 풀 수 없어 대응력을 떨어뜨리는 양날의 검이다.

끝났지만, 대신 국제 결제와 금융 중개라는 이름으로 새로운 주조 이익이 생겼다. 요컨대 금이라는 제한된 자원과 당시 앞선 금융기술을 활용해, 다른 나라들이 무역과 투자를 할 때 필요한 '국제적 신용(파운드)'을 공급하면서 그 대가를 먼저 챙긴 셈이다.

1944년 브레턴우즈 체제*에서 달러는 금과 연결된 기축이 되었고, 각국은 외환보유를 위해 달러를 필요로 했다. 미국은 국제거래의 윤활유를 공급하는 대신 달러 발행이 곧 세계의 준비자산이 되는 구조에서 이익을 누렸다. 이 지점에서 벨기에의 경제학자 로버트 트리핀Robert Triffin은 이 구조의 내재적 모순을 지적했다. 전 세계가 원하는 만큼의 달러를 공급하려면 미국은 만성적 경상적자를 감수해야 하는데, 그 적자 자체가 달러 신뢰를 약화시킨다는 역설**이다.

1971년 미국 37대 대통령 리처드 닉슨Richard Nixon이 금태환을 중단하면서 달러는 순수한 법정화폐가 되었고, 미국은 글로벌 주조 이익의 독점률을 더 높였다. 이후의 '쌍둥이 적자'에도 불구하고, 원유결제·국제채권·무역의 가격표준이 달러로 남아 있는 한 세계는 달러를 보유해야 했고, 그 보유 수요가 미국 정부·기업·가계의 낮은 조달 비용으로 전가되었다. 국민국가 차원에서 보면 미국 시민은 기축통화의 배당을

누리고, 비미국권 시민은 그 배당의 일부를 수입물가·자본유출·환율 변동성으로 지불했다. 미국이 겪고 있는 고질적인 '쌍둥이 적자', 즉 나랏빚은 산더미처럼 쌓이고 무역에서도 계속 손해를 보는 상황은 보통의 국가라면 벌써 국가 부도 위기에 처했어야 할 심각한 상태다. 하지만 미국은 여전히 건재하다. 그 이유는 전 세계가 석유를 사고팔거나, 국제 채권을 발행하고, 무역 대금을 치를 때 무조건 달러를 '기준점'으로 삼기 때문이다.

이러한 구조 덕분에 전 세계 모든 국가는 경제 활동을 하기 위해 반드시 일정량의 달러를 금고에 쟁여두어야 한다. 달러에 대한 수요가 전 세계적으로 끊이지 않으니, 미국은 돈이 필요할 때마다 달러를 찍어내거나 국채를 발행해도 이를 사줄 사람이 줄을 서 있다. 결과적으로 미국 정부와 기업, 그리고 일반 가계는 다른 나라보다 훨씬 저렴한 이자로 돈을 빌려 쓰고 자금을 조달할 수 있는 특권을 누리게 된다. 미국 국채 수요가 증가할수록 채권금리가 떨어져 시중금리가 뒤따라 내려가기 때문이다.

국민국가라는 틀 안에서 보면 이 현상은 매우 불평등한 분배를 만들어낸다. 미국 시민들은 달러가 기축통화라는 이유만으로 앉아서 '기축통화 배당금'을 챙기는 셈이다. 이들은 남의 나라 돈으로 빚잔치를 하며 낮은 물가와 저금리의 혜택을 누린다.

반면, 미국이 아닌 나머지 국가의 시민들은 그 배당금의 청구서를 대신 받아든다. 미국이 자국의 이익을 위해 달러 가치를 흔들 때마다, 다른 나라 사람들은 수입 물가가 치솟아 고통받고, 국내에 들어와 있던 자본이 한꺼번에 빠져나가는 공포를 견뎌야 하며, 널뛰는 환율 때문에 경제적 불확실성을 온몸으로 받아내야 한다. 1970년대 오일쇼크나 1997년 아시아 외환위기 등이 대표적인 사례다. 결국 미국이 누리는 풍요의 뒷면에는 비미국권 시민들이 지불하는 보이지 않는 비용이 깔려 있는 것이다. 이처럼 불평등한 구조 속에서 미국이 실제로 얻는 주조 이익은 구체적으로 어떻게 발생할까?

인플레이션이라는 청구서

현대의 주조 이익은 크게 두 가지 길로 들어온다. 첫째는 인플레이션세다. 돈을 들고 있는 사람은 물가가 오를수록 같은 돈으로 살 수 있는 물건이 줄어든다. 반면 돈을 찍어내 빚을 진 정부 입장에서는 화폐 가치가 떨어지니 갚아야 할 빚의 실질적인 무게가 확 줄어든다. 말 그대로 물가 상승이 보이지 않는 세금처럼 작동하는 셈이다. 둘째는 이자 마진이다. 중앙은행은 낮은 금리로 현금과 지급준비*를 공급하는 대신, 그 대가로 국채나 MBS 같은 상대적으로 수익이 높은 자산을 들고 있다. 이 자산에서 들어오는 이자가 중앙은행이 지급해야 하는 이자(지급준비에 붙여 주는 이자 등)보다 크면 차익이 생기고, 그 이익은 회계상 중앙

---

* 시중은행이 고객의 예금 인출 요구에 대비해 중앙은행에 의무적으로 맡겨두어야 하는 돈. 중앙은행 입장에서는 언제든 시중은행에 돌려줘야 하므로 '부채'로 기록된다.

은행 이익으로 잡혀 보통 정부(국고)로 넘겨진다.

2008년 금융위기 이후 양적완화가 한창일 때는 중앙은행이 많은 채권을 들고 있었고 시장 금리도 낮아서, 이 '이자 마진'이 크게 벌어졌다. 그런데 2022년 이후 금리가 급하게 오르자 상황이 바뀌었다. 지급준비에 붙여 주는 이자 비용이 확 뛰면서, 일부 나라 중앙은행은 당분간 이자 마진이 줄거나 심지어 마이너스가 났다.

이때 회계에는 '이연자산' 같은 항목이 생기는데, 쉽게 말해 '나중에 흑자 나면 메울 손실'을 미리 적어두는 장부 표시다. 표기가 어떻든 구조는 같다. 발행자는 인플레이션세와 자산 이자로 공동체의 구매력을 앞서 가져가고, 국민은 그 뒤에 물가 상승, 각종 이자·수수료, 세금의 형태로 조금씩 비용을 나누어 낸다. 월급은 그대로인데 마트 물가와 공공요금이 치솟는 '물가 상승'이 첫 번째 청구서라면, 대출 이자 부담이 눈덩이처럼 불어나는 '금융 비용'은 두 번째 청구서다. 결국 정부가 미리 당겨서 쓴 풍요의 구멍을 메우기 위해, 평범한 시민들은 실질 소득이 줄어드는 고통을 겪으며 세금과 수수료라는 형태로 국가의 빚을

● **2008년과 2022년 상황 비교**

금리 상황	초저금리	금리 급등
중앙은행 상태	채권 보유 많음 + 이자 비용 낮음	지급준비금 이자 비용 폭증
손익 결과	이자 마진(이익) 발생	이자 마진 감소 또는 손실
회계 처리	이익 실현	'이연자산' (나중에 메울 손실로 기록)

대신 갚아가게 된다. 발행자의 이익은 즉각적이지만, 국민의 고통은 일상 전반에 걸쳐 아주 길고 끈질기게 이어진다.

미국의 경제학자 밀턴 프리드먼Milton Friedman이 전한 "인플레이션은 언제 어디서나 통화적 현상이다"라는 말에는 바로 이 선취의 메커니즘이 깔려 있다. 더 나아가 토마스 사전트Thomas J. Sargent와 닐 월러스Neil Wallace의 논문 「불쾌한 통화주의 산술Some Unpleasant Monetarist Arithmetic」은 이런 점을 수학적으로 보여준다. 재정이 지속 가능하지 않으면, 지금 긴축을 하더라도 결국 나중에 더 큰 인플레이션으로 메우게 될 수 있다는 뜻이다. 즉, 재정이 주조 이익을 필요로 하게 만들면 통화정책도 그 영향을 피하기 어렵다.

도둑질을 옹호하는
명분들

국가는 주조 이익을 독점하면서 그럴듯한 명분들을 끌어온다. 돈은 단순한 교환 수단이 아니라 위기 때 질서를 붙잡는 마지막 장치라는 논리다. 세금은 느리고, 민간 차입은 신용이 얼어붙으면 멈추고, 자선(자발적 기부나 구호 자금)은 규모가 작다. 발권만이 오늘 바로 자원을 움직인다. 그래서 국가는 먼저 쓰고, 시민은 나중에 낸다. 구조는 이 한 줄로 요약된다. '선 사용 후 부담'이다.

국가가 이 엄청난 권한을 독점하는 핵심 근거는 결국 '압도적인 속도'와 '거대한 규모'에 있다. 위기는 예고 없이 닥치고, 승패는 시간 싸움에서 갈린다. 당장 며칠, 아니 몇 주 안에 천문학적인 자금을 쏟아부어야 하는데, 돈을 찍어내는 것만큼 확실하고 빠른 수단은 없다. 다른 방법들은 너무 느리다. 결국 발권력은 국가의 생존을 위한 비상 버튼이며, 이 강력한 명분은 국가가 주조 이익을 독점하는 것을 정당화하는 튼튼한 방패가 되어준다.

존 메이너드 케인스John Maynard Keynes는 정부의 주조 이익을 옹호하는 대표적인 학자다. 그의 주장은 경제가 무너질 때, 교과서처럼 가격과 임금이 알아서 내려가고 다시 균형을 찾을 것이란 기대는 환상에 불과하다는 것이다. 현실은 정반대로 돌아간다. 겁에 질린 기업은 투자를 멈추고 직원을 자른다. 불안한 가계는 지갑을 닫고 저축만 늘린다. 은행조차 돈을 떼일 것 같다는 불안감에 대출 문을 걸어 잠근다. 이런 상황에서는 중앙은행이 금리를 아무리 낮추어도 돈이 돌지 않는데, 이것이 바로 '유동성 함정'이다. 결국 민간이 모두 멈추어 섰을 때, 정부가 나서서 확실하게 돈을 풀어 텅 빈 수요를 메워주어야만 이 불안을 잠재울 수 있다.

재정지출을 늘리면 민간의 소득이 생기고, 그 소득이 다시 소비·투자로 이어져 승수효과가 난다. 동시에 중앙은행은 금리를 낮추고 국채를 사들여 장기금리를 누른다. 핵심은 시간이다. 실업과 도산은 누적되면 회복 비용이 기하급수적으로 커진다. '바로 지금' 돈이 필요하다. 주조 이익은 바로 그 '바로 지금' 돈을 만드는 기술이다. 중앙은행이 무이자 부채(현금·지급준비)를 발행하고 이자수익 자산(국채)로 바꾸는 순간, 정부는 현재의 실물 자원을 조달한다.

전시에 이 논리는 더 노골적이다. 총·식량·선박을 바로 지금 만들어야 한다면 내년에 걷을 세금으로는 늦다. 그래서 정부는 국채를 대량 발행하고, 중앙은행은 금리를 낮추고(때로는 상한을 고정) 대규모로 매입한다. 제2차 세계대전 동안 미국은 장기국채 금리를 2.5% 수준으로 묶고 대규모 전비를 조달했다. 영국도 비슷했다. 인플레이션을 억제하기 위해 배급·가격규제·고율소득세를 병행했다. 전후에는 성장과 세수 증가로 부채비율을 낮추는 길을 택했다.

케인스의 도식은 '위기 시 재정이 앞서고, 통화는 비용 낮추는 지원군으로 그 뒤를 따른다'이다. 회계적으로 보면 단순하다. 정부가 지출하면 민간 예금이 늘고 은행 지급준비금이 증가한다. 금리가 목표보다 내려가면 중앙은행은 국채를 팔아 지급준비금을 흡수하거나, 금리를 낮게 유지하려면 오히려 더 사들인다. 그 과정에서 중앙은행에는 순이자마진이 생긴다. 인플레이션이 허용 범위에서 올라가면 인플레이션세가 발생한다. 케인스의 포인트는 이것이 '나쁜 세금'이 아니라 '더 나쁜 결과(대량실업·연쇄부도)'를 막는 응급수술비라는 점이다.

케인스의 한계와 보완도 분명하다. 첫째, 출구전략이 느리면 인플레이션과 자산버블이 뒤늦게 커진다. 둘째, 정치적 시차(선거일정)가 정책 다이밍을 왜곡할 수 있다. 그래서 전후에는 중앙은행 독립, 물가목표제, 재정준칙 같은 레일이 깔렸다. 요지는 "발권을 쓰되, 명확한 목적 – 기간 – 규모로 제한하고, 투명하게 설명하라"다.

MMT "돈은 필요해서가 아니라 경기를 조절하기 위해 찍는다"

∴

현대통화이론MMT*은 '자국 통화를 발행하는 정부가 경기의 온도를 조절하는 방법'에 관한 이야기다. 핵심은 세 가지다. 첫째, 발행할 수 있는 자기 돈이 있는 정부는 가계나 회사처럼 '통장 잔고'를 먼저 보지 않는다. 장부의 숫자는 얼마든지 늘릴 수 있기 때문이다. 둘째, 진짜 제약은 돈이 아니라 실물이다. 남는 노동력, 공장·설비 여력, 원자재, 기술 같은 것이 넉넉하면 정부는 지출을 늘려도 물가가 확 튀지 않는다. 셋째, 세금과 국채는 '돈 마련 용도'라기보다 '온도 조절 장치'다. 세금은 돌아다니는 돈을 흡수해 과열을 식히고, 국채는 시중의 여분 자금을 빨아들여 금리를 안정시키는 데 쓰인다.

경제를 욕조, 돈의 흐름을 물, 정부를 수도꼭지라고 하자. 정부 지출은 수도꼭지를 틀어 욕조에 물을 채우는 일이다. 세금은 배수구다. 욕조에서 물을 빼 물이 넘치는 것을 막는다. 국채 발행은 욕조에 넘쳐흐르는 물을 양동이로 덜어 옆에 잠시 담아두는 일이다. 시중 유동성을 흡수해 금리 출렁임을 막는다. 이때 중요한 건 '수도꼭지를 틀 돈이 있느냐'가 아니라, 욕조가 넘치지 않게 물의 양과 속도를 잘 맞추는 일이다.

---

* "정부는 화폐를 발행할 수 있으므로 재정 파산의 위험이 없으며, 완전 고용을 위해 적극적으로 돈을 써야 한다"는 경제 이론. 세금을 재원 조달 수단이 아니라, 물가(인플레이션)를 조절하는 수단으로 보는 것이 특징이다.

● 욕조와 물로 비유한 돈의 흐름

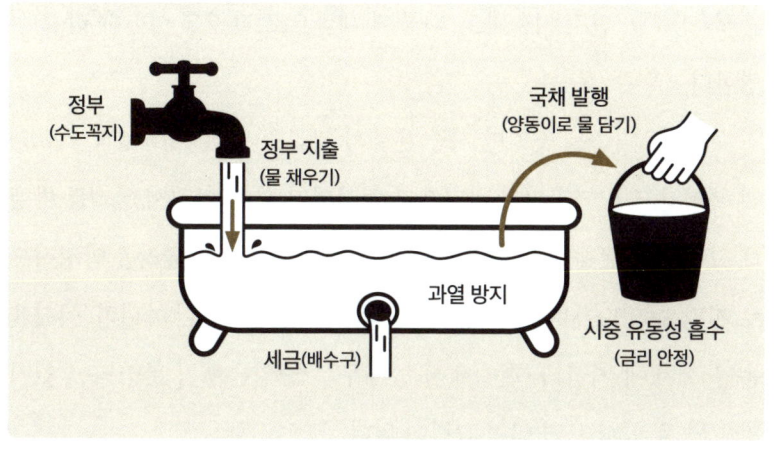

조금 더 구체적으로 보자. 자국 통화를 발행하는 정부는 세금을 먼저 걷지 않아도 '지출 버튼'을 누르면 중앙은행 계정에서 민간 계정으로 숫자가 옮겨진다. 예를 들어 도로를 깔고 공무원 월급을 주고 연금을 지급하면, 그만큼 새 돈이 민간 통장에 생긴다. 이것이 경제에 구매력을 직접 흘려보내는 순간이다. 가계·기업은 반대로 누군가의 지출이 있어야만 수입이 생긴다.

세금은 정부가 동장 산고를 채우기 위해서라기보다, 돌아다니는 돈을 일부 회수해 물가 압력을 낮추고, 동시에 돈을 꼭 써야 하는 이유를 만들기 위해 존재한다. MMT 관점에서 세금은 재원이 아니다. 돈을 찍으면 되기 때문에 별도의 재원은 필요하지 않다. 세금은 시중의 유동성을 줄여서 경기 과열을 막는 게 첫 번째 목표다. 세금 납부는 법정통화로만 가능하니, 사람들은 자연스럽게 그 통화를 벌고 보유하려

한다. 세금은 기본적인 화폐 수요를 만들어 준다. 그래서 MMT에선 흔히 "정부는 먼저 지출하고, 나중에 세금으로 과열을 식힌다"라고 설명한다.

정부가 지출을 늘리면 시중 은행의 지급준비금(중앙은행에 쌓인 돈)이 불어나고, 단기금리가 바닥으로 떨어지기 쉽다. 여기서 국채를 발행해 그 여분의 돈을 흡수하면, 중앙은행이 목표로 삼는 금리를 안정적으로 지킬 수 있다. MMT의 관점에서 국채는 자금 조달이 아니라 '이자율 운영 장치'에 가깝다. 현실에서는 재무부·중앙은행이 분리되어 있지만, 기능을 합쳐 보면 이런 그림이 된다.

그렇다면 국가는 돈을 무한정 쓸 수 있을까? 결코 그렇지 않다. 경제에 '공짜 점심'은 없기 때문이다. 문제의 핵심은 돈의 양이 아니라 우리 경제가 가진 '실물 생산 능력'이다. 노동력, 기계 설비, 자원 등 가용할 수 있는 모든 자원이 이미 꽉 차게 돌아가고 있는데 정부가 돈을 더 푼다면, 이는 생산을 늘리지 못하고 물가만 끌어올리는 결과를 낳는다. 바로 이 지점에서 MMT는 "정부 재정의 한계선은 장부상의 '적자 숫자'가 아니라, 실물 경제의 '물가(인플레이션)'"라고 정의한다.

만약 실업자가 많고 공장이 멈추어 있다면 돈을 풀어도 물가는 크게 오르지 않는다. 하지만 에너지나 식량, 반도체처럼 특정 분야의 공급이 막히는 '병목 현상'이 문제라면 단순한 현금 살포는 독이 된다. 이때는 지출을 늘리기보다 막힌 공급망을 뚫어주는 정밀한 투자나 수입 대체 같은 구조적 처방이 필요하다.

앞서 말한 '실업이 많을 때'를 두고, MMT는 한 걸음 더 나아간다.

실업은 정부 적자가 너무 적다는 신호라는 것이다. 민간이 저축하고 싶어 하고 해외로 돈이 빠져나가면(수입>수출), 그만큼 누군가는 적자를 내야 경제가 돌아간다. 정부가 그 빈자리를 메우지 않으면, 실업이 생긴다. 그래서 MMT 쪽은 '일자리 보장' 같은 프로그램을 제안한다. 정부가 '최저임금+a'의 공공일자리를 상시로 제공해, 민간이 고용을 줄일 때 완충 장치가 되게 하자는 생각이다. 이렇게 하면 임금·물가의 바닥을 안정시키고, 불경기 때 자동으로 지출이 늘어나는 자동 안정장치가 강화된다.

물론 이 이론이 만능열쇠는 아니다. MMT가 작동하기 위한 절대적인 전제 조건은 '통화 주권'이다. 자국 통화로 빚을 낼 수 있고, 환율이 시장에 의해 조절되며, 중앙은행이 독자적인 발권력을 가진 국가여야만 가능하다. 반대로 타국 통화(달러 등)에 얽매여 있거나 외채 부담이 큰 나라는 환율과 외화 유동성 위기 탓에 이 정책을 쓸 수 없다. 자본 유출이라는 '배수구'가 열려 있는 취약한 구조에서는, 정부가 돈을 푸는(수도꼭지를 트는) 것만으로는 경제라는 욕조를 채울 수 없기 때문이다.

코로나19 팬데믹 때 미국이 현금지원과 실업급여를 크게 늘렸던 건 전형적인 '먼저 지출로 돈을 넣는' 대표적인 사례였다. 이후 경기가 과열되고 물가가 오르자 금리를 올리고(국채·준비금 운영), 고소득층 감세를 되돌리거나 초과이익 과세 논의가 나왔던 건 '세금과 금리로 열 식히기'에 해당한다. 반대로 심한 불황 때는 감세·현금지원·공공투자로 수도꼭지를 더 틀어 물을 채우는 게 MMT식 대응이다.

물론 한계와 오해도 있다. 정치적 현실 때문에 세금 인상이나 지출

감축은 언제나 불편하고 지연될 수 있고, 개방경제에서는 환율 변동과 자본 이동이 물가와 자원 제약을 더 복잡하게 만든다. 또 중앙은행의 독립성을 어떻게 설계할지가 핵심 과제로 남는다. MMT는 통합 정부적 사고를 권하지만*, 실제 제도는 중앙은행 독립을 전제로 운영되므로 결국 목표 공유, 역할 분담, 실시간 정보 공개가 중요하다.

이를 구체적인 수치 예로 보면, 실업률이 높고 설비가동률이 70%, 핵심물가가 1%라면 실물 여유가 크기 때문에 정부가 100을 일자리 보장과 사회간접자본 유지 보수에 투입해도 물가 압력 없이 실물 생산으로 흡수된다. 반대로 설비가동률이 85%에 핵심물가가 3.5%라면 같은 100의 지출도 세목 조정과 금리 인상을 동시에 묶어야 한다. 따라서 MMT가 강조하는 논점은 "지출이 가능한가/불가능한가"가 아니라 "어떻게 운영할 것인가"라는 점이다. MMT는 정부가 주조 이익을 독점한다는 전제에서, 국채와 세금을 재원 조달 수단이 아니라 운영과 조율의 도구로 보고, 실물 자원과 물가 상황을 기준으로 정책을 설계하고 조정해야 한다는 이론이라고 정리할 수 있다.

케인스의 논리(케인스주의)와 MMT를 나란히 두면 본질적인 공통점이 보인다. 돈을 찍어내는 '발권'은 결국 미래의 가치를 가져와 '현재의 시간을 사는 기술'이라는 점이다. 두 이론 모두 위기 상황에서는 재

---

* 정부(재무부)와 중앙은행을 별개의 기관이 아니라 하나의 거대한 경제 주체로 묶어서 보는 관점. MMT는 이 둘을 합쳐서 봐야 정부 지출과 세금, 국채의 작동 원리를 제대로 이해할 수 있다고 주장한다.

● 실물 여유에 따른 시나리오 비교

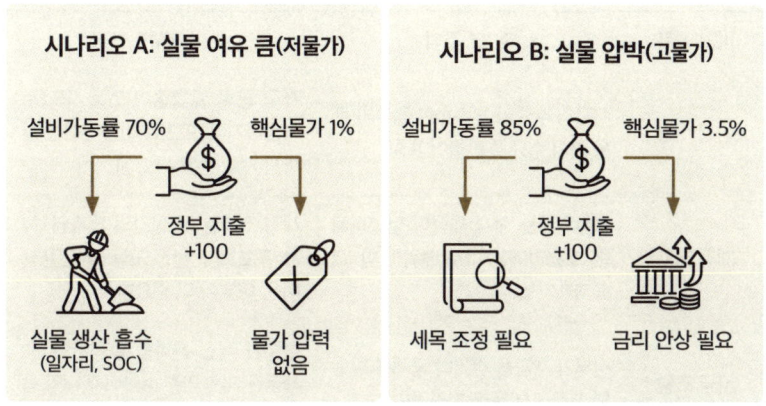

정(정부)과 통화(중앙은행)가 반드시 손을 잡아야 한다고 인정한다. 결정적인 차이는 세상을 보는 '프레임'에 있다. 케인스주의는 민간 경제가 멈추었을 때 정부가 나서서 그 빈틈을 메워야 한다는 '거시적 안정화'를 중시한다. 반면, MMT는 정부 지출이 세금 징수보다 선행한다는 사실을 강조하며, 국채는 자금 조달이 아닌 금리 관리 수단일 뿐이라는 '제도와 회계의 작동 원리'에 집중한다.

중앙은행을 대하는 태도도 다르다. 케인스는 중앙은행의 독립성을 중시하고, 기본 임무를 물가 안정에 둔다. 필요하면 장기금리에도 개입하지만, 어디까지나 충격을 누그러뜨리는 보조 수단으로 본다. MMT는 정부와 중앙은행의 정책 조율을 더 전면에 둔다. 중앙은행 금리 운용도 어려운 철학 문제가 아니라 기술적 설정으로 본다.

케인스에겐 주조 이익이 응급수술비다. 불황과 전쟁의 한시적 수혈이며, 출구에서 세금·성장·긴축으로 회복한다. 그래서 규모·기간·목

● 케인스주의 vs. MMT 비교

비교 항목	케인스주의	MMT
핵심 주장	시장의 수요가 부족하면 정부가 돈을 써서 수요를 만들어야 함.	자국 통화 발행권이 있는 국가는 파산하지 않으므로, 인플레이션 전까지 계속 돈을 써도 됨.
재정 적자	불황기에는 적자 재정이 필요하지만, 호황기에는 다시 메워야 함 (균형 재정 지향).	재정 적자는 곧 민간의 흑자임. 적자 규모보다 '완전 고용'과 '인플레이션' 여부가 더 중요함.
자금 조달	정부가 세금을 걷거나 국채를 발행해 시장에서 돈을 빌려와야 함.	정부가 직접 통화를 발행하면 됨. 세금은 재원 마련 수단이 아니라 통화량 조절(인플레이션 억제) 수단임.
정부의 역할	경기 침체 시 마중물 역할 (유동성 공급 및 공공사업).	'취업 보장제' 등을 통해 정부가 최종 고용주 역할을 수행함.
한계 및 위험	과도한 정부 부채는 미래 세대의 부담이 되고 구축 효과를 일으킬 수 있음.	통제 불능의 하이퍼인플레이션 발생 위험과 통화 가치 하락 우려가 큼.

적을 명확히 하고, 중앙은행 독립·물가목표제로 남용 위험을 줄인다.

MMT에는 주조 이익이 상시 운영비다. 정부는 항상 자국통화로 지출하고, 국채는 금리경로를 관리하는 도구다. 두 접근 모두 정착을 위해선 공통 과제가 있다. 투명한 공시, 정치적 시간불일치의 제도적 완충, 사용자 편익으로의 환류다.

요약하면, 케인스는 "빈칸을 빨리 채워라", MMT는 "실물 제약 안에서 운영하라"라고 말한다. 둘 다 주조 이익을 정당화할 수 있다. 차이는 언제·얼마나·어떻게 쓰느냐, 그리고 어떤 레일과 공개로 남용을 막느냐에 달려 있다. 시민의 눈높이에서 정당성의 본질은 간단하다. 돈이 어디로 갔는지 보이고, 물가와 일자리의 비용을 줄이며, 체감 편익이 돌아오면 정당하다. 그렇지 않으면 어떤 이론으로 포장해도, 주조 이익은 곧 구매력의 약탈로 읽힌다.

역사가 보여준 사실들

역사가 보여준 사실은 단순하다. 주조 이익은 국가가 위기를 돌파하는 가장 강력한 수단이었고 동시에 가장 위험한 유혹이었다. 케인스의 주장처럼 전시와 대불황의 국면에서 화폐 발행과 재정지출은 실제로 국가의 존망을 가르는 수혈이 되었다. 현대통화이론이 강조하는 것처럼 국채는 자금 조달 수단이 아니라 금리 관리의 도구로 쓰였다는 점도 분명하다.

　　그러나 동시에 발권 독점이 인플레이션을 넘어 초인플레이션으로 이어진 비극도 숱하게 반복되었다. 정치는 오늘은 돈을 풀고 내일은 꼭 조이겠다고 말하지만, 막상 내일이 오면 선거와 여론을 의식해 약속을 자주 바꾼다. '시간불일치', 즉 오늘 한 결정을 내일 가서 뒤집는 버릇이라고 보면 된다. 이런 걸 막아 줄 장치—규칙과 제도—가 약하다 보니, '먼저 쓰고 나중에 세금·물가로 갚는' 방식(선사용 후부담)이 그대로 통과되는 일이 적지 않았다. 당장은 편했지만, 결국 그 비용은 시간이 지나 시민이 나누어 떠안게 되었다.

케인스적 논리를 입증한 대표적 사실은 1930년대 대공황 이후의 미국과 유럽의 경험이다. 총수요가 무너진 상황에서 민간은 소비와 투자를 줄이고, 금리를 낮추어도 유동성이 돌지 않는 유동성 함정에 빠졌다. 이때 루스벨트 정부는 뉴딜정책이라는 이름으로 대규모 공공사업을 벌였고, 중앙은행은 저금리를 유지했다. 그 지출이 곧바로 민간의 소득으로 연결되면서 경제가 바닥을 치고 돌아서는 계기가 마련되었다. 당시 발권이 없었다면 대규모 실업은 훨씬 더 길어졌을 것이고, 사회적 불안은 폭발했을 것이다.

제2차 세계대전은 그 논리를 더 극적으로 증명했다. 미국과 영국은 국채 발행과 중앙은행의 금리 억제를 결합해 전비를 조달했고, 무기와 식량, 선박을 단기간에 생산해 냈다. 전후에는 인플레이션이 상승했지만 고율의 세금, 배급제, 가격 규제 같은 장치로 억제했고, 무엇보다도 고성장 국면이 부채 비율을 낮추었다. 지금 발권으로 돈을 쓰고, 나중에 세금과 성장으로 갚는 케인즈적 논리가 현실화한 것이다.

MMT적 논리도 실제 사례에서 확인된다. 국채가 단순히 조달 수단이 아니라 금리 운영의 도구였다는 사실은 특히 전후 미국에서 뚜렷하다. 1940년대 미국 재무부와 연준은 장기금리를 2.5%에 고정했고, 그 결과 국채 발행은 원활히 소화되었다. 이는 돈을 빌리기 위한 수단이 아니라 금리를 조정하는 정책 장치였다는 점을 잘 보여준다. 팬데믹 시기의 대응도 마찬가지다. 2020년 이후 미국과 유럽 각국은 대규모 현금 지원과 대출 보증을 시행했는데, 중앙은행이 국채를 대규모로 매입하며 금리를 낮게 묶어주지 않았다면 불가능했을 일이다. 이 과정에서 정부는 재정지출로 가계와 기업의 부도를 막았고, 중앙은행은 넘쳐난 지급준비금을 흡수하거나 관리하는 방식으로 금리를 통제했다. 이는 MMT가 말하는 '정부 지출이 먼저이고 국채는 운영 도구'라는 도식을 거의 그대로 보여준 사례였다. 실제로 당시 중요한 질문은 "돈을 어떻게 마련할 것인가"가 아니라 "돈을 어디에 쓰고 언제 거두어들일 것인가"였다.

그러나 역사가 남긴 다른 사례는 이 두 이론의 낙관을 거칠게 무너뜨린다. 1920년대 초 독일 바이마르 공화국에서 정부는 전쟁 배상금과 재정 적자를 메우기 위해 대규모로 화폐를 찍어냈고, 그 결과는 악명 높은 초인플레이션이었다. 빵 한 조각을 사기 위해 지폐 다발을 들고 가야 했던 그 경험은 발권 독점의 위험을 상징하는 사례로 남았다. 1980년대 중남미 국가들, 특히 아르헨티나와 브라질 역시 재정 적자 보전을 위해 화폐 발행을 남용하면서 물가는 수천 퍼센트까지 치솟았고, 국민의 저축은 휴지 조각이 되었다. 이는 '세금 대신 발권'의 유혹이 얼마나 쉽게 통제를 벗어나 구매력 약탈로 변하는지를 보여준다.

1970년대 미국과 영국은 "위기 땐 돈을 풀고, 경기가 살아나면 거두어들이자"는 교과서적 계획을 세웠지만, 막상 출구에서 자꾸 머뭇거렸다. 그 결과가 스태그플레이션*, 즉 '물가는 치솟는데 경기는 죽고 실

---

* 경기 침체Stagnation와 물가 상승Inflation의 합성어. 경기가 나쁜데 물가까지 오르는 최악의 경제 상황을 말한다. 경기를 살리려 돈을 풀면 물가가 더 뛰고, 물가를 잡으려 돈을 죄면 실업자가 늘어나기 때문에 경제 정책을 펴기가 매우 어렵다.

● 독일에서 지폐의 가치가 떨어져 벽지로 사용되는 모습(1920)

출처: 위키피디아

업은 느는' 최악의 조합이었다.

1960년대 말, 베트남 전쟁과 '위대한 사회' 복지 확대로 정부 지출이 크게 늘었고, 연준도 정치 압력으로 금리를 낮게 유지했다. 1971년 닉슨 대통령은 달러의 금 태환을 중단해 달러 가치를 시장 상황에 맞게 끌어내리고, 임금·가격을 법으로 통제했다. 단기적으로는 숨통이 트인 듯했지만, 통제로 눌러둔 가격은 곧 다시 튀어 올랐다. 1973년엔 중동전쟁을 계기로 OPEC이 원유 수출을 죄면서 국제유가

제3의 달러

가 몇 배로 뛰었다. 미국 전역에서 주유소에 길게 줄이 섰고, 난방비·물류비가 덩달아 올라 거의 모든 물가가 들썩였다. 임금은 물가를 따라 올리고, 기업은 다시 가격을 올리는 '임금 – 물가 밀고 당기기'가 시작되었다. 1979년 이란 혁명으로 유가가 또 뛰자 물가 상승률은 두 자릿수로 고착되었다. 성장률은 꺾이고, 실업률은 오르고, 사람들은 "물가도 못 잡고, 일자리도 못 지키네?"라는 불신을 키웠다. 인플레이션과 실업은 반대로 움직인다는 필립스 곡선*이 현실에서 깨진 순간이었다.

영국은 상황이 더 극적이었다. 1972년 정부는 연 10%라는 초고속 성장을 목표로 감세와 돈풀기에 사활을 건 이른바 '바버 예산Barber Budget'을 밀어붙였다. "돈을 풀어서라도 억지로 성장하자"라는 이 위험한 도박은 즉각적인 물가 폭등이라는 부작용을 낳았다. 이듬해엔 일이 더 꼬였다. 1973~1974년에 광부들이 대규모 파업을 하면서 전기가 모자라 '주 3일만 일하는' 임시 제도가 시행되었다. 1976년에는 파운드화 가치가 크게 떨어져 결국 IMF에 도움을 요청해야 했다. 1978~1979년 '불만의 겨울'에는 공공부문 파업이 줄줄이 터지면서 쓰레기가 거리에 쌓이고 공항과 공공서비스가 멈추는 모습까지 나왔다. 정부도 임금·가격 인상을 통제했지만 이미 사람들 머릿속엔 '물가

---

* 영국의 경제학자 윌리엄 필립스가 발견한 경험칙으로, "실업률이 낮아지면 물가가 오르고, 실업률이 높아지면 물가는 떨어진다"는 역의 상관관계를 나타낸 그래프. 하지만 1970년대 스태그플레이션이 발생하면서 이 이론의 설명력이 무너졌다.

는 앞으로도 계속 오를 것'이라는 기대가 굳어 있었다. 한 번 굳은 그 기대를 되돌리기에는 너무 늦었던 셈이다.

핵심은 '출구 전략'의 타이밍을 놓쳤다는 데 있다. 위기 초반에 돈을 푸는 건 약이 되지만, 물가가 오르기 전에 수도꼭지를 잠가야 했다. 그러나 정치는 선거와 여론을 의식해 긴축을 계속 미뤘고, 결국 "정부는 또 돈을 풀 것"이라는 믿음만 심어주어 더 큰 물가 상승을 불렀다.

대가는 혹독했다. 1979년 미국 폴 볼커 의장은 금리를 20% 가까이 높이는 고통스러운 처방을 쓰고서야 인플레이션을 잡을 수 있었다. 이 아픈 경험을 통해 세계는 중앙은행의 정치적 독립과 구체적인 물가 목표를 정하는 제도를 도입하게 되었다.

발권력은 위기의 순간 사회를 구하는 '수혈'이 되기도 하지만, 정치적 유혹에 휘둘려 제때 멈추지 못하면 국민의 구매력을 훔치는 '약탈'이 된다. 그래서 돈을 푸는 결단만큼이나, 언제 어떻게 거두어들일지 미리 정해두는 규칙이 필요하다.

도둑질에 대한 신랄한 비판

케인즈와 MMT가 강조하는 것은 정부가 경기 침체기에 적극적으로 지출을 늘리고 화폐를 발행하며, 국채를 운영 수단으로 활용함으로써 경제를 안정적으로 관리할 수 있다는 낙관적인 시각이다. 이 두 이론 모두 정부와 중앙은행을 경제 조율자로 보고, 발권력을 정부의 고유 권한으로 정당화하며, 국가가 돈을 찍어내는 과정에서 발생하는 주조 이익을 경제 운용의 필수 자원으로 간주한다.

한편, 영국의 경제학자인 프리드리히 하이에크Friedrich Hayek는 정반대의 문제의식을 가졌다. 그는 정부가 화폐 발행을 독점하는 순간, 경제 전체가 필연적으로 왜곡될 수밖에 없다고 보았다. 그의 핵심 주장은 간단히 말하면 "정부가 돈을 독점적으로 만들어내면 반드시 인플레이션과 경기 불안정이 뒤따르고, 결국 개인의 자유와 시장 질서가 무너진다"라는 것이다.

하이에크는 무엇보다도 먼저 화폐의 성격을 문제 삼았다. 인간 사회에서 화폐는 원래 시장 참여자들이 자발적으로 교환 수단을 택하고 신뢰를 형성하는 과정을 통해 발전해 왔다. 금, 은, 구리 같은 귀금속이 화폐로 쓰인 것도 그것이 국가 권력에 의해 지정되었기 때문이 아니라, 사람들이 자발적으로 그것을 보관성과 희소성, 나눌 수 있는 편리성 때문에 선호했기 때문이다. 그런데 근대 국가가 들어서면서 발권력을 국가가 독점하게 되었고, 특히 중앙은행이 법적으로 유일한 발권기관으로 자리 잡으면서 화폐는 더 이상 시장의 산물이 아니라 정치의 산물이 되었다.

하이에크는 이 지점에서 심각한 위험을 보았다. 정치 권력이 언제나 단기적 인기와 정치적 필요에 따라 화폐 발행을 남용할 유인을 갖기 때문이다. 선거를 앞두고 경기를 부양하기 위해 돈을 더 찍어내거나, 재정 적자 부담을 눈가림하기 위해 화폐를 발행하는 것은 정부에는 언제나 달콤한 유혹이다. 하지만 그렇게 찍어낸 돈은 결국 물가 상승으로 이어지고, 화폐 가치의 하락은 국민 전체, 특히 가장 취약한 계층에게 치명적인 부담을 안긴다. 하이에크는 이것을 '통화정책의 정치적 왜곡'이라고 불렀다.

정부의 발권력 독점이 낳는 결과는 크게 세 가지다. 첫째는 만성적인 인플레이션이다. 화폐를 독점적으로 발행하는 정부는 항상 재정 압박에 시달리고 있기 때문에 세금을 올리는 대신 은밀한 방식인 화폐 발행을 통해 부담을 떠넘긴다. 세금 인상은 눈에 띄지만 인플레이션은 은밀하기 때문에 정치적으로 훨씬 매력적인 도구다. 그 은밀한 세금인 인플레이션은 실질 구매력을 잠식하고, 저축을 파괴하며, 장기적인 투자 계획을 불가능하게 만든다.

둘째는 경기 순환의 불안정이다. 하이에크는 중앙은행이 금리를 인위적으로 낮추고 신용을 팽창시키면 기업들은 잘못된 투자, 즉 '과잉 투자'나 '잘못된 방향의 투자'를 하게 된다고 지적했다. 이런 왜곡된 투자 활동은 언젠가 현실의 제약과 부딪히면서 거품 붕괴와 불황을 낳는다. 이른바 오스트리아학파*의 경기순환이론이다. 즉, 정부의 화폐 공급 독점은 필연적으로 '인위적 호황 → 붕괴 → 불황 → 다시 경기부양'이라는 악순환을 낳는다.

셋째는 자유의 침식이다. 인플레이션은 단순한 경제 문제를 넘어

---

* 19세기 말 오스트리아 빈에서 태동한 경제학 흐름으로 멩거, 미제스, 하이에크 등이 대표적이다. 정부의 인위적인 개입을 비판하고, 개인의 자유로운 선택과 시장의 자생적인 질서를 최우선으로 여긴다.

사회의 규칙 자체를 불확실하게 만들고, 시민들의 장기 계획 능력을 파괴하며, 결국 자유로운 시장 질서가 유지될 수 없게 만든다. 하이에크는 『노예의 길The Road to Serfdom』에서 이런 메커니즘을 통해 전체주의적 경향이 강화된다고 경고했다.

하이에크는 이 문제를 어떻게 시정해야 한다고 보았을까? 그는 정부의 발권력 독점을 깨뜨려야 한다고 주장했다. 그의 급진적인 제안은 바로 '탈국가화된 화폐', 즉 민간 경쟁 화폐 체제였다. 『화폐의 탈국가화Denationalisation of Money』라는 저서에서 그는 왜 정부가 아니라 시장이 화폐를 공급해야 하는지 구체적으로 설명한다. 그의 아이디어는 간단하다. 만약 여러 민간 은행이나 기관이 각자 자신들의 화폐를 발행할 수 있고, 사람들은 그중에서 더 안정적이고 신뢰할 수 있는 화폐를 자발적으로 선택할 수 있다면, 화폐 발행자는 무책임하게 발권을 남용할 수 없을 것이다. 왜냐하면 가치가 흔들리고 인플레이션을 일으키는 화폐는 곧 시장에서 외면당하고 도태되기 때문이다. 반대로 안정성과 구매력을 잘 지켜내는 화폐만이 살아남아 널리 사용될 것이다. 이렇게 되면 화폐도 하나의 경쟁 상품이 되어, 소비자의 선택과 시장의 규율 속에서 품질이 담보된다. 하이에크는 이것이야말로 진정으로 합리적이고 자유로운 화폐 질서라고 보았다.

물론 그는 현실적으로 정부의 발권 독점을 하루아침에 무너뜨리는 것이 어렵다는 점도 잘 알고 있었다. 그래서 그는 점진적인 방안을 제안했다. 예를 들어, 정부가 법정화폐를 강제하지 않고 민간 화폐의 사용을 허용하는 것만으로도 경쟁은 시작될 수 있다. 특정 지역이나 공동체에서 발행된 민간 화폐가 안정적이면 점차 신뢰를 얻고 더 널리 퍼져나갈 수 있다. 국제적으로도 달러, 유로, 엔화 같은 주요 통화가 사실상 경쟁하는 상황은 이미 발생하고 있다. 하이에크는 이러한 경쟁을 제도적으로 확대하는 것이 필요하다고 주장했다. 결국 그의 구상은 화폐의 품질을 정치 권력이 아니라 시장 질서가 심판하도록 만드는 것이었다.

케인즈와 MMT가 "정부는 발권력을 통해 경기와 고용을 안정적으로 관리할 수 있다"는 낙관론을 내세운 반면, 하이에크는 "정부의 발권 독점은 언제나 남용과 왜곡으로 흐를 수밖에 없다"는 회의론을

● **경제를 바라보는 두 개의 시선: 개입 vs. 자유**

비교 항목	케인스 & MMT (정부 주도형)	하이에크 (시장 자율형)
핵심 가치	유효수요 창출: 돈을 써서 경기를 살리자.	자유 가격 기구: 시장의 신호등(가격)을 믿자.
정부의 역할	적극적 설계자: 불황엔 정부가 돈을 풀어야 한다.	심판과 관찰자: 정부는 규칙만 정하고 빠져라.
돈(통화)	정책 수단: 경기를 조절하기 위해 찍어내는 도구.	교환의 매개: 인위적으로 늘리면 경제가 왜곡된다.
불황의 원인	수요 부족: 소비와 투자가 줄어서 생긴 병.	잘못된 투자: 정부의 저금리 정책이 만든 거품의 붕괴.
위기 처방	돈 풀기: 재정 지출을 늘려 소비를 진작시킨다.	긴축과 인내: 고통스럽더라도 거품이 빠지길 기다려라.
비교 항목	케인스 & MMT (정부 주도형)	하이에크 (시장 자율형)

내세운다.

케인즈와 MMT는 정부의 능력을 신뢰하고, 하이에크는 시장의 자생적 질서를 신뢰한다. 케인즈적 접근은 '정부가 돈을 더 써야 한다'는 명령으로, MMT는 '정부가 이미 화폐 발행 권한을 갖고 있으니 필요한 만큼 쓰고 조율하면 된다'는 설계도로 이어지지만, 하이에크는 그 출발점부터가 잘못되었다고 본다. "정부가 돈을 쥐고 있는 한, 그 권력은 결국 남용된다. 따라서 권력을 통제하는 것이 아니라 권력을 분산시켜야 한다"는 것이다. 그의 관점에서는 주조 이익을 정부가 독점한다는 것 자체가 문제이고, 그 독점이 만들어내는 필연적인 결과가 인플레이션, 경기 불안정, 그리고 자유의 훼손이다. 그 해결책은 정부의 손에서 돈을 빼앗아 시장의 경쟁에 맡기는 것이다.

오늘날 비트코인이나 스테이블코인 같은 암호화폐 논의도 사실상 하이에크가 말한 '민간 화폐 경쟁'의 현대판 실험이라고 볼 수 있다. 제도적 한계와 기술적 문제는 많지만, 그의 발상은 여전히 화폐 제도의 근본적 질문을 던진다.

"우리는 왜 정부만이 돈을 만들 수 있다고 당연하게 여기는가? 만약 화폐가 시상의 선택과 경쟁 속에서 발전할 수 있다면, 더 나은 결과를 얻을 수 있지 않은가?"라는 질문이다.

이처럼 하이에크의 문제 제기는 단순히 이론적인 것이 아니라, 정부 발권력 독점이 낳는 장기적 결과와 사회적 위험을 경고하고, 그 대안으로 민간 화폐 경쟁이라는 급진적 해법을 제시한 데 있다. 케인즈와 MMT가 정부를 경제 운용의 설계자이자 보호자로 본 반면, 하이에크는 정부를 언제든 남용할 수 있는 위험한 플레이어로 보았고, 화폐를 국가 권력의 손이 아니라 시장의 손에 되돌려야 한다고 믿었다.

사용자 비용은
왜 무시되는가

국민은 누구나 화폐를 사용할 때 드는 비용인 '사용자 비용'이 최소화되기를 바란다. 화폐는 단순히 종이와 금속이 아니라 국가가 발행하고 관리하는 제도적 장치이며, 이를 쓰는 과정에서 국민은 다양한 형태의 비용을 부담한다.

가장 먼저 눈에 띄는 비용은 세금이다. 세금은 정부가 공식적으로 국민의 구매력을 이전받는 방식이며, 결국 국민이 벌어들인 소득의 일부를 강제로 이전함으로써 국가가 자원을 우선적으로 사용할 수 있게 만든다.

두 번째 비용은 인플레이션이다. 인플레이션은 화폐 가치의 하락을 통해 국민이 가진 현금과 예금의 구매력이 줄어드는 효과를 낳는다. 이는 보이지 않는 세금, 즉 인플레이션세라 불리며 화폐를 사용하는 모든 사람에게 일률적으로 부과된다.

세 번째는 이자 비용이다. 정부가 국채를 발행하거나 중앙은행이 금리를 조절하는 과정에서 시장 금리가 올라가면, 국민은 대출 이자로 더 많은 돈을 내야 하고 기업은 투자 비용이 높아져 결국 소비자 가격과 고용에 부담이 된다.

네 번째는 수수료다. 은행 계좌 유지비, 송금 수수료, 카드 결제 수수료 등 금융 인프라를 이용하는 과정에서 국민은 지속적으로 작은 비용을 지불하며, 이 역시 화폐 사용에 따르는 간접적 부담이다.

다섯 번째는 지연 비용이다. 정부의 예산 집행, 금융기관의 심사, 송금 절차가 길어질수록 자금이 필요한 시점과 실제 사용하는 시점 사이에 시간 차이가 생기고, 그 지연은 국민과 기업 모두에게 기회 비용의 손실을 안긴다.

이 모든 요소를 합치면 국민이 화폐를 사용하는 총 비용이 산출된다. 당연히 국민은 이 총 비용이 최소가 되기를 바란다. 국가가 화폐를 남발하지 않아 인플레이션이 낮고, 금리가 낮아 이자 부담이 적으며, 금융시스템이 효율적이어서 수수료와 지연이 줄어든다면 국민은 같은 돈으로 더 많은 실질적 구매력을 누릴 수 있다.

그러나 현실은 이상과 다르다. 위기 국면에서 국가는 발권을 늘려 단기간에 구매력을 끌어오고, 이는 시간이 지나면서 인플레이션으로 전환된다. 재정 적자를 메우기 위해 발행한 국채는 이자 비용을 불러오고, 금융기관은 위험 관리와 이윤 확보를 이유로 각종 수수료와 절차를 늘린다. 정치적 결정의 지연과 관료적 절차는 자금 흐름을 막아 지연 비용을 키운다.

결국 국민이 원하는 '화폐 사용 비용의 최소화'는 제도적 한계와 정치적 이해, 그리고 위기를 이유로 한 발권 남용 때문에 제대로 실현되지 못한다. 역사는 반복적으로 국가가 위기 대응이라는 명분으로 화폐 발행을 확대하고, 그 후폭풍을 국민이 세금과 인플레이션, 이자와 수수료, 지연 비용의 형태로 떠안아야 했음을 보여준다.

발행 이익은 집중되고, 사용자 비용은 흩어진다

국민의 화폐 사용 비용이 최소화되지 않는 이유는 주조 이익이 국가와 중앙은행, 상업은행에 집중되는 반면, 이 비용은 사회 전체에 옅게 분산되어 개개인이 집단적으로 저항하거나 제도적 변화를 요구하기 어렵기 때문이다.

미국의 경제학자 맨커 올슨Mancur Olson은 『집합행동의 논리』에서 바로 이 현상을 분석했다. 그는 "소수 집단의 이익은 집중되어 강력한 압력을 형성하지만, 다수 집단의 이익은 분산되어 행동으로 조직되지 못한다"라는 역설을 제시했다. 화폐 사용 비용은 국민 다수에게 옅게 흩어져 있기 때문에 불만은 분명 존재하지만, 각 개인이 느끼는 피해는 작은 편이어서 집단행동으로 발전하지 못한다. 반대로 발권으로 인한 혜택은 정부와 특정 산업, 금융기관처럼 소수 집단에 집중되므로 이들은 로비와 압력으로 자신들의 이익을 지켜낸다. 이 구조가 반복되면서 국민의 총 비용 최소화라는 보편적 이익은 정치 과정에서 후순위로 밀려난다.

경제적으로 가장 뚜렷한 사례는 인플레이션이다. 인플레이션은 모든 국민의 구매력을 고르게 깎아내리지만, 동시에 정부의 부채를 줄이고 특정 집단에 혜택을 준다. 케인스는 독일의 전후 배상금 문제를 분석하며 인플레이션을 "정부가 선택하는 은밀한 세금"이라 불렀다. 왜냐하면 세금은 국회 승인과 집행이라는 과정을 거쳐야 하지만, 화폐 발행은 훨씬 빠르고 조용하며 정치적으로 저항을 덜 받기 때문이다.

정치적으로는 선거 주기와 권력 유지의 유인이 작동한다. 미국의 경제학자 앤서니 다운스Anthony Downs의 『민주주의의 경제이론』에 따르면 정치인은 단기적으로 눈에 보이는 성과를 제공해야 재선 가능성을 높일 수 있다. 경기 부양과 복지 확대는 유권자에게 직접적이고 빠른 혜택을 주기 때문에 매력적이다. 문제는 그 비용이 인플레이션과 부채 증가, 금리 인상으로 몇 년 뒤 나타난다는 점이다. 2004년 노벨 경제학상을 수상한 핀 키들랜드Finn E. Kydland와 에드워드 프레스콧Edward C. Prescott은 이를 '시간 불일치' 문제로 설명했다. 현재의 정치 지도자는 미래의 비용을 떠넘길 수 있고, 따라서 장기적 비용 최소화보다 단기적 인기 관리가 합리적인 선택이 된다. 국민의 바람은 장기적으로 안정된 화폐와 낮은 비용이지만, 정치인의 인센티브는 항상 단기적 발권 확대에 기울어져 있다.

1970년대 미국을 보자. 베트남 전쟁과 복지 확대는 재정 적자를 키웠고, 닉슨 대통령은 달러의 금태환을 중지해 발권의 제약을 풀었다. 초기에는 전쟁 수행과 경기 부양이 가능했지만, 시간이 지나자 스태그플레이션이 나타났다. 국민은 물가 상승과 실업이라는 이중고를 겪었지만, 초기에는 비용이 분산되어 조직화된 저항이 없었다. 결국 1980년대 폴 볼커Paul Volcker 연준 의장이 극단적인 금리 인상으로 물가를 잡으면서 수백만 명이 실업자가 되었고, 국민은 뒤늦게 발권의 대가를 치렀다. 국민이 바라는 것은 화폐 비용 최소화였지만, 정치적 의사 결정은 단기적 필요를 우선했다.

라틴아메리카도 같은 패턴이다. 아르헨티나는 반복적으로 인플레이션을 겪었는데, 정부는 정치적 지지를 얻기 위해 단기적으로 보조금과 공공사업을 확대하고, 재원은 화폐 발행으로 충당했다. 노조와 특정 산업 집단은 보조금이라는 집중적 혜택을 누렸지만, 인플레이션이라는 분산 비용은 국민 전체가 나누어 떠안았다. 이 구조 속에서 국민 다수의 '비용 최소화'라는 바람은 정치적으로 뒷전으로 밀렸다. 브라질, 멕시코도 같은 길을 걸었다.

철학적 차원에서 장 자크 루소Jean-Jacques Rousseau의 '일반의지' 개념을 빌려보자. 국민 전체의 뜻인 '일반의지'는 화폐 가치가 안정되길 원한다. 반면, 특정 이익집단의 '특수 의지'는 당장의 보조금과 혜택을 갈구한다. 불행히도 정치는 목소리가 큰 특수 의지에 더 민감하게 반응한다. 결국 발권력은 소수에게 집중적인 혜택을 몰아주고, 그 비용은 화폐 가치 하락이라는 은밀한 방식으로 국민 전체에게 떠넘기는 장치로 전락한다.

현대 경제사도 이 패턴을 반복했다. 2008년 금융위기 당시 미국의 양적완화는 시스템 붕괴를 막았지만, 풀린 돈은 자산가들의 배를 불리며 불평등을 심화시켰다. 코로나19 팬데믹 시기의 대규모 재정 지출역시 급한 불은 껐으나, 뒤따른 인플레이션이라는 청구서는 결국 모든국민이 나누어 갚아야 했다. 위기는 특정 집단이 넘기지만, 그 대가는사회 전체가 치르는 셈이다.

오늘날 중앙은행이 추진하는 디지털 화폐 논의에서도 이와 비슷한 권력의 이익 선점 구조가 선명하게 드러난다. 여기서 말하는 중앙은행 디지털 화폐CBDC란 지폐나 동전 같은 실물 현금을 디지털 형태의 암호화된 코드로 변환하여 발행하는 국가 공인 화폐를 의미한다. 민간이발행하는 비트코인과 달리 중앙은행이 가치를 직접 보장하고 통제한다는 점이 특징이다.

CBDC는 이론적으로 거래 비용을 획기적으로 낮추고 결제 지연을 없애 국민의 금융 편익을 높일 잠재력을 지니고 있다. 그러나 실제설계 과정의 우선순위는 국민의 총비용 최소화가 아닌 정부의 세수 관리 효율성과 금융기관의 통제력 유지에 놓여 있다. 정부는 모든 자금흐름을 실시간으로 파악하여 세원 포착의 사각지대를 없애려 하고, 중앙은행은 통화 정책의 영향력을 개인의 지갑 깊숙한 곳까지 직접 관철시키려 한다.

결국 기술의 진보가 가져올 혜택은 제도적 우선순위에 밀려 뒷전으로 밀려나고, 그 자리는 국가의 정교한 감시와 행정 편의가 채우게 된다. 과거 인플레이션을 통해 공동체의 구매력을 앞서 가져갔던 발행자들의 관성이 디지털 화폐라는 새로운 옷을 입고 반복되고 있는 셈이다. 국민은 효율성이라는 명분 아래 금융의 익명성을 지불하고, 국가의 통제 비용을 일상의 자유라는 형태로 나누어 내야 하는 처지에 놓이게 된다.

결론적으로 역사가 보여준 사실은 명확하다. 국민은 언제나 세금과 인플레이션, 이자와 수수료, 지연이 최소화되기를 바라왔다. 하지만 정치와 제도는 단기적 권력 유지와 소수 집단의 이익에 의해 움직였다. 비용은 옅게 분산되어 국민의 저항력은 약했고, 발권의 혜택은 집중되어 강력한 로비로 이어졌다. 경제학자, 정치학자, 철학자들이 반복해서 지적했듯, 화폐 제도는 국민 다수의 보편적 이익보다 소수의 집중된 이해에 의해 설계되었다.

사용자 비용이
무시되지 않기 위한 해법들

정치와 제도가 소수 집단의 이익에 의해 움직이는 문제를 바로잡으려면 여러 나라 학자와 정치인, 정책가들이 쌓아온 이론과 제도의 경험을 참고할 필요가 있다.

첫째, 발권을 재량에 맡기지 말고 상한 규칙을 미리 정하는 것이다. 중앙은행 독립성과 물가 목표제가 이 같은 통찰을 통해 만들어졌다. 앞서 언급한 키들랜드와 프레스콧의 시간불일치 이론이 이 같은 주장의 밑바탕이 되었다. 정책 당국은 오늘 "내일엔 꼭 허리띠를 졸라매겠다"라고 말하지만, 내일이 되면 또 다른 유혹과 압력 때문에 약속을 바꾸기 쉽다. 예를 들어 불경기라서 돈을 풀며 "경기가 살아나면 곧 회수하겠다"라고 약속하지만, 막상 회수하려는 날이 오면 선거·고용·주식 시장 눈치 때문에 또 미루게 된다. 이런 일이 반복되면 사람들은 "어차피 또 풀겠지"라고 기대를 바꾸고, 그 결과 물가가 체질적으로 높아지는 악순환이 생긴다. 핵심 메시지는 하나다. 좋은 의도가 있어도 그때그때 재량으로 결정하면 약속을 지키기 어렵다. 그래서 '미리 정한 규칙'이 필요하다는 것이다.

로버트 바로Robert J. Barro와 데이비드 고든David B. Gordon의 '인플레이션 편의inflation bias' 모형*도 규칙을 미리 만들자는 주장을 뒷받침한다. 여기서는 중앙은행이 경기와 고용을 조금 더 끌어올리고 싶은 유혹 때문에, 약속한 것보다 살짝 더 높은 물가를 내심 용인하려 든다고 본다. 문제는 국민과 시장도 똑똑해서 그 의도를 미리 알아차린다는 점이다. 모두가 "중앙은행이 슬쩍 더 올릴 거야"라고 예상하면 임금·가격을 미리 올려버리고, 결국 경기는 별로 못 살리고 물가만 높아지는 '상시 고물가' 함정에 빠진다. '재량으로 가면 평균적으로 물가만 높아진다'는 경고다.

경제학자 케네스 로고프Kenneth S. Rogoff는 "그렇다면 물가를 더 중시하는, 일종의 '보수적conservative' 중앙은행장을 앉혀라"라고 제안했다. 여기서 '보수적'은 정치 성향이 아니라 목표의 우선순위다. 물가안정에

---

* 중앙은행이 단기적인 고용 증대나 경기 부양을 위해, 사회적으로 적정한 수준보다 더 높은 인플레이션을 용인하려는 경향. 시장은 이를 미리 예상하고 물가와 임금을 올리기 때문에, 결과적으로 고용은 늘지 않고 물가만 오르는 부작용을 낳는다.

훨씬 큰 가중치를 두는 인물을 임명하거나, 제도 자체를 그렇게 설계하면, 시장은 "이번엔 진짜로 물가를 잡을 거야"라고 믿게 되고 임금·가격 요구가 낮아진다. 결과적으로 물가를 덜 아프게 낮출 수 있다는 논리다. 핵심은 '사람 바꾸기' 자체가 아니라, 그런 사람이 일관되게 일할 수 있게 해주는 제도적 울타리(독립·목표·평가)를 만드는 것에 있다.

'시간불일치' '인플레이션 편의' '보수적 중앙은행장' 이렇게 세 주장은 1990년대 전 세계 개혁으로 이어졌다. 각국이 중앙은행을 정치로부터 떼어내 독립성을 강화했고, "앞으로 물가를 연 X% 안팎으로 유지하겠다"는 물가안정목표제를 도입했다. 규칙을 미리 밝히고, 그 규칙을 어기면 설명·책임을 묻는 체계를 만든 것이다. "말이 아니라 제도로 약속을 묶자"가 핵심 메시지다.

한국의 1997년 외환위기는 이 이론들이 왜 필요한지를 보여주었다. 환율 급등과 살인적인 물가 상승을 겪은 뒤, 한국은 중앙은행의 독립을 보장하고 1998년 '물가안정목표제'를 도입했다. 정치 눈치를 보지 말고 오직 물가라는 투명한 잣대로만 움직이라는 사회적 합의였다.

둘째, 밀턴 프리드먼의 'k-퍼센트 규칙'과 일명 '프리드먼 규칙'이다. 프리드먼이 제안한 두 가지 규칙 역시 '돈의 규칙을 미리 정해 두면 사람들이 덜 불안하다'라는 생각에서 출발한다. 핵심은 (1) 돈을 얼마나 늘릴지 매년 같은 속도로 정하고, (2) 가능하면 '돈을 들고 있는 비용'을 0원에 가깝게 만들어서 쓸데없는 낭비를 줄이자는 것이다.

먼저 'k-퍼센트 규칙'을 보자. 이는 중앙은행이 시중 통화량을 매년 일정한 비율(k%)로만 기계적으로 늘리자는 제안이다. 예를 들어

"우리는 해마다 딱 3~4%만 늘리겠다"라고 미리 못 박는 식이다. 마치 집 안의 온도조절기를 22도로 고정해 실내 온도를 일정하게 유지하듯, 돈의 공급을 고정해 경제가 갑자기 과열되거나 식지 않게 하자는 것이다.

이렇게 규칙이 정해지면 기업과 가계는 "내년에도 돈이 비슷한 속도로 풀리겠구나"라고 안심하고 예측할 수 있다. 덕분에 가격 책정이나 연봉 협상, 장기 투자 계획을 세우기가 훨씬 수월해진다. 반대로 그때그때의 경기나 정치 일정에 따라 돈을 확 풀었다가 조이기를 반복하면, 물가와 금리가 널뛰게 되고 사람들은 "내년엔 또 무슨 일이 터질까" 하는 불안을 떠안고 살아야 한다. k-퍼센트 준칙은 바로 이러한 불확실성, 즉 '깜짝 변화'를 원천 봉쇄하겠다는 약속이다.

단점도 있다. 경제가 예상 밖으로 크게 흔들리거나, 사람들이 돈을 쓰는 속도(화폐유통속도)가 갑자기 변하면, 매년 같은 비율로 늘리는 규칙만으로는 미세 조정이 어렵다. 그래서 현실에선 '원칙은 예측 가능하게, 다만 위기엔 한시적으로 예외 허용' 같은 보완을 붙이곤 한다.

프리드먼 규칙은 좀 더 이론적인 그림이다. 요지는 '현금을 들고 있는 데 드는 보이지 않는 비용을 0으로 만들자'는 것이다. 우리가 지갑 속에 현금을 넣어두면, 그 돈을 은행에 맡겼을 때 받을 수 있는 이자만큼 손해를 보게 된다. 경제학에서는 이를 일종의 '현금 보관료' 혹은 세금처럼 간주한다. 이 비용이 아까워서 사람들은 굳이 은행을 오가거나, 수수료를 물어가며 예금과 현금 사이를 부지런히 옮겨 다닌다. 프리드먼은 이 '보관료'가 사라진다면, 즉 명목금리가 '0'에 가까워진다면 사람들이 이런 무의미한 노력에 에너지를 쏟을 필요가 없어져 경제 전체의 효율성이 높아진다고 보았다.

이론적으로 이를 달성하려면 물가가 아주 완만하게 떨어지는(약한 디플레이션) 상태가 되어야 한다. 물가가 내리면 가만히 들고만 있어도 현금의 가치가 오르니, 마치 이자를 받는 것과 같은 효과가 나기 때문이다. 비유하자면, 돈을 세워두는 '현금 주차장'의 요금을 무료로 만들어서, 주차비를 아끼려 차(돈)를 여기저기 옮기느라 허비하는 시간과 수수료 낭비를 없애자는 발상이다.

물론 현실 세계에서는 디플레이션이 빚의 실질 가치를 키워 채무 부담을 높이고, 가격이나 임금이 잘 내려가지 않는 경직성 문제도 있어 이 이론을 그대로 적용하기는 위험하다. 따라서 실무에서는 이를 "현금(준비금)에도 이자를 지급하자"라는 현실적인 해법으로 변용한다. 핵심은 언제든 쓸 수 있는 안전한 돈이라도, 가능한 한 이자를 얹어주어 '현금을 들고 있는 비용' 자체를 없애겠다는 것이다.

방법은 두 갈래로 정리된다. (1) 은행이 수시입출금성 예금에도 가능한 한 이자를 지급하는 방식이다. 고객 입장에서 '언제든 꺼내 쓸 준비된 돈'을 들고 있어도 손해가 크게 줄어든다. 물가 상승률과 비슷한 수준의 이자만 붙어도, 현금 보유의 체감 손실은 사실상 상쇄된다.

(2) 중앙은행이 시중은행의 지급준비금에 시장 금리 수준의 이자를 지급하는 방식이다. 과거엔 준비금에 이자가 거의 없어서, 은행은 이자도 못 받는 돈을 묶어두느라 비용을 떠안았고, 그 압박이 고객에게 낮은 예금이자로 전가되곤 했다. 준비금에 이자를 붙이면 은행의

손해가 줄어들고, 그만큼 고객 계좌로 이자를 나누어줄 여지가 커진다. 동시에 단기금리의 조절력이 좋아지고, 통화정책의 전달도 매끄러워진다.

이 원리는 간단한 수치로 확인된다. 연간 물가 상승률이 3%일 때, 수시입출금 계좌에 연 3% 안팎의 이자가 붙으면, 고객은 '현금을 바로 쓸 자유'를 유지하면서도 실질 가치를 지킬 수 있다. 반대로 현금과 준비금이 무이자에 묶이면, 사람과 기업은 이 손해를 피하려고 쓸데없이 자금을 이 계좌 저 계좌로 옮기고, 더 높은 수익을 좇아 과도한 위험을 감수하거나, 결제 유동성을 최소로 보유하려 들기 쉽다. 사회 전체로 보면 수수료·시간·정보 탐색 비용 같은 마찰이 불필요하게 커진다.

결국 '현금에도, 준비금에도 합리적인 이자를'이라는 원칙은 두 가지 효과를 낸다. (1) 인플레이션세를 줄여 국민의 위험 부담을 낮춘다. (2) 은행과 중앙은행의 금리 신호가 예금·대출로 깔끔하게 전달되어, 경기 조절이 덜 요란해진다. 예측 가능한 규칙과 이자 설계로 현금의 숨은 비용을 줄이는 일─그것이 현대 통화정책이 추구하는 작지만 중요한 실무적 해법이다.

셋째, 미국 15대 대통령 제임스 뷰캐넌James M. Buchanan이 강조한 재정헌법과 균형재정 규칙은 정치의 단기적 유혹을 제약하는 장치다. 재정헌법은 헌법처럼 정치가 매번 바꾸지 못하는 상위 규칙을 하나 더 두어서, 정부가 돈을 쓸 때 지켜야 할 원칙을 못 박아 두자는 뜻이다.

'균형재정 규칙'은 국가 재정을 다루는 헌법과도 같은 핵심 조항이다. 원리는 간단하다. "경기가 정상일 때는 벌어들인 돈 안에서만 써라

(수입 ≥ 지출)", "빚을 냈다면 정해진 기간 내에 반드시 갚아라", "국가 채무가 경제 규모GDP의 일정 비율을 넘지 않게 하라"는 식의 구체적인 숫자 제한을 법으로 못 박는 것이다. 한국에서는 이 규범들을 통틀어 '재정준칙Fiscal Rules'이라 부른다. 이 규칙이 법적인 구속력을 갖게 되면 정권이 바뀌더라도 정치적 필요에 따라 지출이나 나랏빚을 마음대로 늘릴 수 없게 된다.

한국 역시 2003년부터 도입을 시도했으나, 코로나19 팬데믹 대응 과정에서 나랏빚이 급증하며 "이제는 정말 법으로 묶어둬야 한다"라는 목소리가 힘을 얻었다. 당시 한국의 국가채무 비율 자체는 OECD 평균보다 낮아 양호한 편이었지만, 문제는 빚이 늘어나는 '속도'였다. "지금의 편한 선택이 결국 미래 세대에게 빚 폭탄으로 돌아가는 것 아니냐"라는 위기감이 커진 것이다.

이에 국회와 정부는 "적자와 채무에 명확한 상한선을 긋자", "경기가 나쁠 땐 예외적으로 풀어주되, 회복되면 자동으로 다시 조이게 하자"라는 구체적인 룰을 논의했다. 핵심은 명확하다. 오늘의 정치적 결정이 내일의 세금 부담으로 전가되지 않도록, 애초에 재정 운용의 길목을 좁혀놓자는 것이다.

하지만 한국의 재정준칙은 아직 확고한 '재정 헌법'의 반열에 오르지 못했다. 법제화 논의는 계속되고 있지만, 여전히 진통을 겪고 있다. 구체적인 제한 수치(적자·채무 기준), 빗장을 풀어줄 예외 조건(재난·전쟁·심각한 불황), 그리고 다시 조이는 복귀 속도를 두고 정치적 공방이 끊이지 않기 때문이다. 그 결과 규칙은 여전히 느슨하며, 정권이나 상황 논리에 따라 고무줄처럼 해석되는 한계를 벗어나지 못하고 있다.

넷째, 수수료와 지연 비용을 줄이는 결제 인프라는 국민이 체감하기 가장 쉬운 영역이다. 영국의 'Faster Payments', 인도의 'UPI', 브라질의 'Pix'는 국민이 휴대폰만 있으면 24시간 무료에 가까운 송금을 가능하게 했다. 한국은 이 부분에서 이미 세계적 선두다. 1980년대부터 금융결제원이 전산망을 구축해 은행 간 이체가 하루 만에 가능했고, 2000년대 이후 인터넷뱅킹과 모바일뱅킹을 거쳐 오늘날 24시간 즉시 이체와 제로페이 같은 간편결제가 자리 잡았다. 카드 수수료 문제도 한국에서는 큰 정치적 쟁점이었는데, 소상공인의 요구와 정치적 압력 속에서 정부는 2010년대 이후 카드수수료 인하를 지속적으로 추진했다. 이는 곧 소비자가격에도 반영되므로 '모두의 비용 절감' 효과를 낳는다. 그러나 여전히 '카드사 수익 구조'라는 집중된 이해가 강하게 작용하기 때문에 완전한 비용 최소화에는 갈 길이 멀다.

다섯째, 새 돈을 만들 때 생기는 이익(주조 이익)을 복잡한 회계 뒤에 숨기지 말고, 국민이 계좌에서 바로 보게 하자는 제안들이다. 이 생각은 밀턴 프리드먼의 '헬리콥터 머니'라는 상상 실험에서 출발해, 아데어 터너Adair Turner의 '공개석 화폐금융·OMF'*, 그리고 알래스카 영구기금 배당 같은 실전 모델로 이어졌다.

---

* 아데어 터너 전 영국 금융감독청장이 제안한 개념. 중앙은행이 돈을 찍어 정부 재정을 직접 지원하되, 그 사실을 숨기지 않고 공개하며, 나중에 되갚을 필요가 없는 영구적인 자금 지원이라는 점을 명확히 하는 정책이다.

먼저 헬리콥터 머니다. 프리드먼은 '하늘에서 현금을 뿌린다면 사람들이 바로 쓰기 시작하고, 멈추어 선 경제가 다시 움직인다'라는 단순한 그림을 제시했다. 포인트는 세 가지다. 첫째, 돈을 새로 만들어서 바로 가계에 준다. 중간에 국채를 팔아 돈을 빌리는 절차가 없다. 둘째, 그래서 '나중에 세금으로 갚아야 할 빚'이 아니라는 점이 국민에게 명확히 보인다. 이건 금리 인하나 중앙은행의 양적완화보다 체감이 훨씬 크다. 통장에 돈이 꽂히기 때문이다. 다만 아무 때나 쓰면 안 된다. 디플레이션 위험이 크고, 기준금리가 바닥이라 더 이상 내릴 여지가 없을 때 같은 '막힌 배관 뚫기용'이다. 남용하면 물가만 오른다. 그래서 '한 번에 얼마, 어떤 조건에서, 몇 번까지' 같은 룰을 미리 박아두는 게 중요하다.

둘째는 아데어 터너가 정리한 OMF다. 개념은 직관적이다. 중앙은행이 돈을 찍어 정부 지출에 직접 꽂아주고, 이 사실을 숨기지 말고 투명하게 공개하자는 것이다. 기존의 양적완화는 정부가 국채를 발행하면 중앙은행이 유통시장에서 이를 사들이는 우회로를 택했다. 겉으로는 시장 거래 형식을 띠지만, 국민 눈에는 과정이 복잡하고 불투명해 보일 뿐이다.

반면 OMF는 우회하지 않는다. 중앙은행이 정부 계좌에 직접 돈을 입금하고, 정부는 그 돈을 가계 지원금이나 인프라 투자 등 실물 경제에 바로 쓴다. 회계적으로는 영구적 자금 공급이므로, 나중에 반드시 갚거나 회수해야 한다는 압박도 없다. 물론 여기에는 강력한 안전장치가 필수다. 지원 규모의 상한선(예: GDP의 1% 이내), 발동 조건(물가가 목표치보다 현저히 낮을 때), 그리고 사용처(한시적 지원이나 공공투자)를 명확히 해야 한다. 또한 독립적인 위원회가 이 과정을 감시해야 한다. 핵심은 숨어서 하지 말고, 정해진 규칙에 따라, 딱 필요한 만큼만 공개적으로 지원하자는 것이다.

셋째는 알래스카 영구기금 배당PFD이다. 이는 화폐를 찍어내는 것이 아니라 자원에서 나온 이익을 나누는 방식이지만, 국가의 부를 국민과 공유한다는 철학은 OMF와 맞닿아 있다. 알래스카주는 석유에서 얻은 수입 일부를 영구기금으로 적립해 전 세계 자산에 투자한다. 그리고 매년 거기서 나온 투자 수익의 일정 비율을 모든 주민에게 똑같이 나눠준다. 해마다 실적에 따라 수백 달러에서 많게는 2,000 달러 넘게 지급된다.

이 모델은 화폐 발행이 아니라 자원 지대를 나누는 방식이다. 하지만 배당이 매년, 자동으로, 누구에게나 똑같이 지급되기 때문에 정치인들의 선심성 공약이나 인기몰이와 분리된다는 강력한 장점이 있다. 무엇보다 국민들이 국가의 권리(자원 수익이나 주조 이익)가 내 통장에 어떻게 꽂히는지를 피부로 느끼게 해준다. 바로 이 점 때문에 국민배당이나 탄소 배당 같은 현대적 제도를 설계할 때 알래스카 모델은 가장 중요한 참고 사례로 꼽는다.

이 세 가지를 합치면 방향이 보인다. 첫째, 보이는 방식으로 주라. 통장 입금, 카드 포인트형 지급, 공과금 자동 차감 같은 '생활 접점'을 써야 체감이 크고 신뢰가 생긴다. 둘째, 규칙으로 묶어라. "물가가 목표보다 낮을 때만", "실업률이 기준선 위로 올라갈 때만", "총액은 GDP의

x% 이내" 같은 단순한 규칙이 과용을 막는다. 셋째, 자동으로 꺼지게 하라. 경기가 정상으로 돌아오면 자동 종료되도록 '선셋 조항'을 넣는다. 넷째, 회계와 정보를 공개하라. 중앙은행이 얼마를, 어떤 통로로, 어떤 용도로 공급했는지 실시간 대시보드로 보여주면 '숨은 조세' 논란이 줄어든다.

헬리콥터 머니와 OMF, 둘 다 "새 돈을 만들어 직접 국민에게 이익이 보이게 하자"는 장점이 있다. 그러나 차이도 있다. 헬리콥터 머니는 주로 가계 이전(현금 지급) 쪽에 초점을 맞춘다. OMF는 그 돈이 가계로 가든, 세금 인하로 가든, 공공투자로 가든 '재원 자체가 화폐 발행'임을 밝히는 설계다. 알래스카 모델은 화폐가 아니라 자원·공공 자산에서 생기는 이익을 나누는 방식이지만, '권력의 수익을 규칙대로 국민에게 환원한다'는 철학을 실전에서 증명해 왔다.

한국에서도 이와 비슷한 논쟁이 있었다. 2020년 코로나 팬데믹 당시 정부는 전 가구에 긴급재난지원금을 현금성으로 지급했다. 국민들은 정부가 푼 돈이 어딘가로 은밀히 사라져 물가만 올리는 게 아니라, 내 지갑에 직접 꽂히는 경험을 처음으로 하게 되었다. 이 사건은 멀게만 느껴지던 통화정책을 국민들이 피부로 느끼는 실질적인 문제로 바꿔놓았다. 물론 이후 물가가 급등하면서 "그때 뿌린 돈이 결국 청구서로 돌아온 것 아니냐"는 비판도 뒤따랐다. 이 사례는 돈을 직접 나눠주는 방식이 정책의 정당성을 얻기엔 좋지만, 뒷수습을 어떻게 할지 설계하는 일 또한 얼마나 중요한지를 잘 보여준다.

일정 조건이 충족되면 계약 내용을 바로 이행하는 블록체인 상의 스마트컨트랙트* 기술이 이런 통화정책에 유용하다. 정부가 '규칙이 박힌 돈'을 만들어 지갑으로 바로 보내고, 그 돈의 사용·만기·총량을 코드로 자동 집행하는 방식이다. 예를 들어 '물가가 목표보다 0.5%p 낮은 분기엔 성인 1인당 n만 원을 자동 지급하고, 6개월 내 미사용분은 소멸' 같은 '가벼운 헬리콥터'도 기술적으로 가능하다. 현금처럼 어디서나 쓸 수 있게 사용처는 넓게 열되, 총액 한도(GDP의 일정 비율 등)와 기간(지급·소멸 시점), 반복 횟수는 스마트컨트랙트가 알아서 지킨다. 과열 시에는 자동으로 지급 속도를 늦추거나 일시 정지하는 회로차단기(트래픽 캡)도 붙일 수 있다. 이런 설계는 '언제, 얼마, 누구에게, 어떤 조건으로' 돈이 풀리는지 누구나 대시보드로 확인할 수 있게 해 투명성을 높인다.

이 모든 아이디어의 핵심 목적은 두 가지로 요약된다. 첫째, 주조이익을 눈에 보이는 혜택으로 바꿔 국민의 신뢰를 얻는 것이다. 둘째, 남용을 막는 명확한 규칙을 함께 심어 물가 안정과 제도의 신뢰를 동시에 지키는 것이다. 통장에 찍히는 숫자가 곧 정책의 언어가 될 때, 말로만 하는 약속보다 훨씬 정직하고 투명한 경제 운용이 가능해진다.

여섯째, 하이에크가 주장한 화폐의 탈국가화는 한국에서도 한 차례 큰 화두가 되었다. 1997년 외환위기 당시 원화는 급격히 가치가 하락했고, 국민은 달러를 쓸 수밖에 없는 상황에 직면했다. 당시 IMF 구

---

* 블록체인 네트워크에서 미리 정해진 조건(예: 물가 상승률 0.5% 미만)이 충족되면, 제3자의 개입 없이 계약 내용(예: 지원금 지급)이 자동으로 실행되도록 설계된 디지털 계약 시스템.

제금융 조건으로 한국은 통화·금융제도의 대대적 개방을 경험했다. 이후 달러화 의존과 외환 시장 개방은 한국이 '국제 자본 이동과 환율 변동에 취약하다'는 문제를 남겼지만, 동시에 정부의 재량적 발권을 제약하는 외생적 규율로 작동했다. 원화의 신뢰를 유지하기 위해선 국민의 비용을 최소화하는 정책 일관성이 필요하다는 압력이 강화된 것이다.

일곱째, 바게홋의 위기 대처 원칙은 중앙은행이 금융 불안의 국면에서 어떤 태도로 '소방수' 역할을 해야 하는지를 규칙으로 정리한 것이다. 19세기 영국의 경제사상가 월터 바게홋은 시장이 패닉에 빠졌을 때 중앙은행이 해야 할 일은 세 가지라고 보았다. 첫째, 건전하지만 일시적으로 돈줄이 막힌 기관에 한해 넉넉하게 자금을 빌려줄 것. 둘째, 그 대가로 가치가 분명한 양질의 담보를 받을 것, 셋째, 평소보다 높은 이자(벌점 금리)를 적용할 것. 그는 이 세 가지가 함께 작동할 때만 '연쇄 붕괴'는 멈추고, 동시에 도덕적 해이도 억제된다고 보았다.

이 원칙의 논리는 단순하고 명쾌하다. 금융 공포의 본질은 '돈이 돌지 않는 현상'이다. 아무리 건실한 자산을 가진 은행이라도, 당장 내어줄 현금이 마르면 흑자 부도를 낼 수 있다. 이때 중앙은행이 빠르게, 그리고 충분하게 돈을 빌려주면 불길이 번지는 것을 막을 수 있다.

다만 무조건적인 구제는 도덕적 해이라는 다음 위기를 부른다. 그래서 반드시 '담보'를 요구한다. 담보는 "빌려준 돈을 반드시 돌려받는다"는 신뢰를 복구하는 장치다. 여기에 '벌점 금리Penalty Rate'를 더한다. 시장 금리보다 비싼 이자를 물려, 위기 상황이 아니라면 함부로 손 벌리지 말고 평소에 유동성 관리를 잘하라는 강력한 신호를 주는 것이다.

결과적으로 이 지원은 일시적인 '유동성 위기'를 겪는 곳만 살리고, 갚을 능력이 없는 '지급 불능' 상태인 곳은 시장에서 퇴출시킨다. 살릴 곳과 보낼 곳을 구분하는 '옥석 가리기'가 여기서 이루어진다.

현장에서의 운용 수칙은 다음과 같다. 첫째, 지원 속도는 빠를수록 좋다. 위기 초기에 단호하게 개입해야 시장의 공포가 굳어지는 것을 막을 수 있다. 둘째, 담보 기준은 엄격해야 한다. 국채나 우량 채권처럼 가치가 확실히 검증된 자산만 받아야 한다. 셋째, 금리는 시장보다 한 단계 높게 설정한다. 이것이 구조적인 보조금이 아니라, 급할 때만 쓰는 '임시 비상금'임을 가격으로 보여주는 것이다. 마지막으로 지원의 원칙과 범위를 투명하게 공개해야 한다. 누가, 어떤 담보로, 얼마를 빌려 갔는지가 투명할수록 '특혜 시비'는 사라지고 정책의 신뢰도는 올라간다.

이 원칙은 역사적으로도 증명되었다. 대공황이 최악의 비극이 된 건 중앙은행의 지원이 너무 인색했기 때문이었다. 반대로 2008년 금융위기와 팬데믹 당시 중앙은행들이 유동성 창구를 활짝 열고, 담보 범위를 명확히 하며 공격적으로 돈을 푼 것은 바게홋의 조언을 현대적으로 계승한 성공 사례다. 핵심은 언제나 같다. 지원은 빠르고 넉넉하게, 그러나 조건은 엄격하게.

바게홋의 위기 대처 원칙은 한국에서도 그대로 나타났다. 1997년 외환위기와 2008년 금융위기에서 한국은행은 금융기관에 긴급 유동성을 공급했지만, 조건이 불명확해 '도덕적 해이' 논란이 커졌다. 반면 2020년 코로나 위기 때는 담보 조건과 지원 한도를 비교적 명확히 설정했고, 국채 시장 안정펀드 같은 장치를 가동했다. 이는 국민이 떠안아야 할 '미래의 인플레이션·세금 비용'을 줄이는 효과를 노린 것이었다. 위기 때 조건 없는 지원은 결국 사용자 비용으로 돌아오므로, 조건을 명확히 하는 것이 국민의 장기 비용 절감으로 이어진다는 교훈이다.

여덟째, 자동 안정장치는 사용자의 비용을 줄이는 중요한 제도다. 한국의 사례로는 고용보험과 국민연금, 건강보험이 있다. 경기가 나빠지면 고용보험을 통해 실업급여가 자동으로 늘어나고, 경기가 좋아지면 자동으로 줄어든다. 2020년 코로나 위기 때 한국은 단기적으로 재정지출을 크게 늘렸지만, 동시에 기존 고용보험 제도가 자동적으로 수요를 뒷받침해 주었다. 문제는 가입 범위가 제한적이어서 사각지대가 크다는 점인데, 이는 사용자 비용 절감을 위한 제도의 보완 필요성을 보여준다.

아홉째, 수수료와 지연을 줄이는 소비자보호 정책도 있다. 미국의 소비자금융보호국CFPB과 유럽의 오픈뱅킹이 해외 사례다. CFPB는 2008년 금융위기 뒤 2010년 도드-프랭크 법으로 만들어진 독립 규제기관으로, 개인이 이용하는 금융상품(신용카드, 주택·학자금·자동차 대출, 예금·송금, 'BNPL(후불결제)', 대부업, 채권추심, 신용평가 등)을 감독하고 소비자를 보호하는 기관이다.

한국은 2019년 오픈뱅킹 서비스를 도입해 모든 은행 계좌를 하나의 앱에서 관리하고 송금할 수 있게 했다. 이는 송금 수수료를 대폭 줄이고, 은행 간 경쟁을 촉진해 소비자의 비용을 낮추었다. 또 2013년 계좌이동 서비스를 도입해 월급통장이나 자동이체 계좌를 쉽게 바꿀 수 있게 했는데, 이는 국민이 은행을 더 자유롭게 선택할 수 있게 만들어 수수료 부담을 줄이는 효과를 냈다.

　세계의 학자와 정치가들이 내놓은 대안과 한국이 겪은 경험은 한 방향을 가리킨다. 규칙을 세우고 정치적 재량을 묶어라, 중앙은행과 재정을 독립·감시하라, 결제와 수수료를 줄이는 인프라를 깔아라, 발권의 이익을 국민에게 직접 보이게 하라, 위기 대응은 조건을 명확히 해라, 자동 안정장치를 넓혀라, 소비자 보호와 오픈뱅킹으로 수수료와 지연을 줄여라. 한국은 외환위기와 금융위기, 팬데믹을 거치면서 이 중 상당 부분을 경험했고, 일부는 앞서 나가기도 했다. 그러나 여전히 정치적 시간불일치, 재정준칙의 미비, 고질적 부동산 시장 문제와 가계부채 등에서 국민의 화폐 사용 비용은 무겁게 남아 있다.

화폐 제도가
붕괴하는 이유

인류는 아주 오래전부터 화폐를 단순한 교환 수단 이상으로 다루어왔다. 그것은 곡식이나 금속처럼 눈에 보이는 실물과 달리, 공동체 전체가 약속한 신뢰의 산물이다. 따라서 화폐 제도는 기술적 장치라기보다는 정치·사회·경제가 얽힌 제도적 계약에 가깝다. 국가는 발권력을 독점하면서 인프라 운영의 대가로 세금과 인플레이션이라는 수입을 챙기고, 국민은 화폐를 사용하면서 발생하는 비용을 감내한다.

이 관계는 언제나 눈에 보이지 않는 교환으로 성립된다. 국민은 화폐를 통해 거래와 저축, 투자를 이어갈 수 있고 국가는 그 과정에서 자원을 끌어온다. 표면적으로는 공평한 계약처럼 보이지만, 실제로는 끊임없는 긴장이 숨어 있다.

이 긴장은 화폐가 가진 양면성에서 비롯된다. 화폐는 신뢰할 수 있는 교환 수단인 동시에, 국가가 필요에 따라 유동성을 공급하는 정책 도구다. 이 두 역할 사이의 긴장은 화폐를 단순한 경제재가 아닌 사회적 합의의 대상으로 만든다. 여기서 '균형'이란 물가 안정을 넘어, 국가의 발행 이익(주조 이익)과 국민의 가치 하락 손실(사용자 비용)이 납득 가능한 수준에서 타협된 상태를 뜻한다. 국민이 인플레이션을 정당한 사회적 비용으로 용인할 때 제도는 유지되지만, 그 부담이 과도해지면 신뢰는 무너진다.

문제는 이 균형이 고정적이지 않다는 점이다. 경제 호황기에는 통화 팽창이 용인되지만, 불황이나 정치적 목적에 의해 무리하게 돈을 풀면 부채와 비용이 급증한다. 특히 자본 이동이 자유로운 현대 금융 환경에서 신뢰의 붕괴는 과거보다 훨씬 빠르고 파괴적이다. 기대 심리가 꺾이는 순간 자금은 순식간에 이탈하고 시스템은 위기를 맞는다.

균형이 깨지면 경제 주체들은 즉각 반응한다. 금이나 달러, 비트코인 등 대체 자산으로 이동하거나 제도 개혁을 요구하며 생존을 도모한다. 하이에크의 통찰처럼 화폐는 국가의 강제력이 아닌 대중의 신뢰에 기반하기 때문이다. 결국 화폐 제도의 본질은 통화량 같은 숫자가 아니라, 주조 이익과 사용자 비용 사이에서 맺어진 사회적 계약이다. 역사는 이 계약이 언제든 파기될 수 있음을 보여주며, 그때마다 대중의 선택이 새로운 금융 질서를 결정해 왔다.

화폐 제도가 균형을 이룬다는 의미

경제사학자 배리 아이켄그린은 "화폐는 종이도 금속도 아니다. 그것은 신뢰를 제도화한 것"이라고 정의했다. 이 말은 균형의 본질을 설명한다. 화폐는 곧 신뢰의 체제이며, 그 신뢰는 국가와 국민 사이에 맺어진 암묵적 계약에서 나온다. 국가는 발권을 통해 자원을 끌어오는 대신 안정적 결제·가치 저장·가치 측정 기능을 제공해야 하고, 국민은 그 대가로 세금과 인플레이션세를 포함한 사용 비용을 부담한다.

이 사용 비용은 여러 층위에서 발생한다. 첫 번째 비용은 인플레이션이다. 존 스튜어트 밀은 "화폐가치의 하락은 모든 계약 관계를 왜곡시킨다"고 경고했다. 돈의 가치가 떨어지면, 액수로 적어 둔 약속이 원래 의도와 다른 결과를 낳는다는 뜻이다. 1년 뒤 1,050원을 갚기로 한 대출 계약을 예로 들면, 그 사이 물가가 10% 오를 경우 채무자는 실질 가치로 약 955원만 갚는 셈이 되어 이익을 보고, 채권자는 예측보다 적게 돌려받아 손해를 본다. 고정급 임금·연금도 마찬가지다. 월급이 300만 원으로 고정되어 있으면 물가가 오를수록 실질 임금은 줄어든다. 임대차 계약에서는 물가 상승기마다 집주인의 실질 임대료가 깎이고 세입자가 상대적으로 유리해진다. 장기 납품·도급 계약은 자재비·인건비가 급등할 때 계약을 다시 써야 하거나 한쪽이 큰 손실을 떠안게 된다.

밀이 꿰뚫어 본 인플레이션의 폐해는 두 가지 핵심으로 요약된다. 첫째는 부의 강제 이전이다. 인플레이션은 마치 보이지 않는 도둑처럼

● 인플레이션과 고정 계약의 명암

구분	현상 및 원인	이익을 보는 쪽	손해를 보는 쪽
금전 대차 계약 (대출)	물가 상승 시 갚아야 할 원금과 이자의 실질 가치 하락	채무자 (갚는 돈의 가치가 떨어져 부담 감소)	채권자 (돌려받은 돈의 구매력이 예전보다 감소)
고용 및 연금 (월급·연금)	금액은 고정되어 있으나, 물가 상승으로 실질 구매력 감소	고용주, 지급 기관 (실질적으로 인건비/지급 비용 절감)	근로자, 수급자 (같은 월급으로 살 수 있는 물건이 줄어듦)
부동산 임대차 (전·월세)	계약 기간 중 임대료는 고정, 화폐 가치만 하락	세입자(임차인) (상대적으로 저렴해진 가치로 주거)	집주인 (임대인) (받는 임대료의 실질 가치가 계속 깎임)
장기 납품·도급 (공사·납품)	계약 금액은 고정인데, 원자재·인건비(비용) 급등	발주자(주문자) (예전 가격으로 결과물을 받아 유리)	공급자, 시공사 (늘어난 비용을 혼자 떠안아 수익 악화)

예고 없이 부의 지도를 바꾼다. 돈의 가치가 떨어지면 돈을 빌려준 사람(채권자)은 손해를 보고 갚는 사람(채무자)은 이득을 본다. 똑같은 월급을 받는 고정소득자는 가난해지고, 실물을 가진 자산가는 더 부유해진다.

둘째는 이 불확실성 때문에 발생하는 거래 비용의 증가다. 언제 돈 가치가 떨어질지 모르니 사람들은 10년, 20년짜리 장기 계약을 꺼리게 된다. 대신 계약 기간을 짧게 쪼개거나, 물가가 오르면 돈을 더 달라는 식의 물가 연동 조항, 재협상 조건을 깐깐하게 요구한다. 당연히 계약서는 복잡해지고 서로 다툴 일도 많아진다.

따라서 밀에게 화폐 가치의 안정은 단순한 경제 목표가 아니라, 공정한 계약과 신뢰할 수 있는 사회를 위한 필수 전제였다. 자가 꼿꼿해야 건물을 올릴 수 있듯, 돈의 가치가 흔들리지 않아야 사람들은 장기 계획을 세우고 약속을 믿을 수 있다. 인플레이션을 방치하는 건 사회 전체의 협력 비용을 치솟게 만드는 행위라는 것이 그의 결론이다.

화폐 시스템을 유지하기 위해 국민이 치러야 할 비용은 여기서 끝이 아니다. 두 번째 비용은 금리다. 국가가 빚(국채)을 너무 많이 찍어내 돈에 대한 믿음이 깨지면, 돈을 빌려주는 사람들은 위험 수당(위험 프리미엄)을 요구하고 이는 금리 상승으로 이어진다. 대출 이자가 오르면 그 부담은 결국 가계와 기업이 고스란히 떠안는다.

세 번째 비용은 금융 시스템의 마찰 비용인 수수료와 시간이다. 은행 송금 수수료, 카드 결제 수수료, 며칠씩 걸리는 해외 송금 지연 시간 등은 모두 우리가 이 화폐 시스템을 이용하기 위해 지불하는 일종의 통행료다. 마지막 네 번째는 세금 그 자체다. 현대 국가에서 세금은 화폐로 납부된다. 국가는 세금을 통해 민간의 자원을 공공으로 이전시키고, 동시에 국민들이 세금을 내기 위해서라도 자국 화폐를 반드시 찾게 만드는 수요를 창출한다.

이 구조는 일종의 제로섬 게임이다. 국가는 발권을 통해 더 많은 주조 이익을 얻을수록 국민이 부담하는 사용 비용은 늘어난다. 따라서 균형이란 국가는 주조 이익을 무한정 탐하지 않고, 국민은 사용 비용이 수용 가능한 범위 안에 머물 때 성립한다. 문제는 이 균형이 고정된 상태가 아니라는 점이다. 정치적 압력, 경기 변동, 국제 환경의 변화에 따라 균형은 쉽게 흔들리고, 국민이 느끼는 비용이 선을 넘는 순간 제도의 신뢰는 급격히 무너진다.

19세기 독일 경제학자 게오르크 프리드리히 크나프Georg Friedrich Knapp는 『국가적 화폐이론The State Theory of Money』에서 "돈은 본질적으로 국가가 정한 토큰이고, 그 가치는 국가가 세금과 공과금으로 받아주기 때문에 생긴다"고 했다. 세금이 돈의 수요를 만들어 준다는 생각이다.

정부가 "올해 12월까지 1인당 100만 원의 세금을 원화로만 내라"라고 공지했다고 하자. 모두가 그 세금을 내야 하니, 원화를 꼭 구해야 한다. 급여를 원화로 받으려 하고, 상점은 손님이 준 원화를 받아둔다. 이유는 간단하다. 세금 납부에 반드시 필요하기 때문이다. 크나프의 핵심은 바로 여기다. 정부가 '어떤 토큰을 세금으로 받느냐'를 정하는 순간, 그 토큰에 최소한의 확실한 수요가 생기고, 그게 화폐의 뼈대가 된다는 것이다.

그럼 '균형'은 무엇일까? 크나프의 언어로 보면, 발권 능력(정부가 돈을 찍어 쓰는 힘)과 국세 징수 능력(그 돈을 세금으로 걷어 다시 흡수하는 힘)이 서로 어긋나지 않는 상태가 균형이다. 정부가 지출(새 돈 투입)을 크게 늘렸다면, 그만큼 세금이나 공과금, 혹은 채권 판매 등으로 민간에 풀린 구매력을 다시 적절히 흡수해야 한다. 그래야 총지출이 경제의 실제 생산 능력(일할 사람, 기계, 원자재)에 비해 과도하게 커지지 않고, 물가도 안정된다.

반대로 세금이라는 '회수 장치'가 고장 난 상태에서 돈만 계속 찍어내면 어떻게 될까? 세금을 제대로 걷을 의지가 없거나, 행정력이 무능해 체납이 만연한 상황을 상상해 보자.

시중에 풀린 돈이 다시 정부로 돌아올 배수구가 막혀 있으니, 돈은 둑 안에 계속 쌓이고 결국 물가라는 수위를 밀어 올린다. 눈치 빠른 사람들은 "정부가 돈을 또 풀기만 하고 거두지는 못할 거야"라고 예상하며 미리 물건을 사재기하고, 가게는 가격표를 자주 바꾸며, 노동자는 월급을 올려달라고 아우성친다. 이때 발생하는 물가 상승은 고지서만 없을 뿐, 사실상 국민의 지갑을 터는 '숨은 세금(인플레이션 조세)'이나 다름없다. 돈의 가치가 떨어져 내 구매력이 줄어드는 고통, 그 자체가 이미 세금을 낸 것과 똑같은 효과를 내기 때문이다.

구체적인 숫자로 살펴보자. 어느 해에 정부가 120만큼 돈을 찍어 쓰고, 세금으로는 90밖에 못 거뒀다고 치자. 민간에는 30이라는 돈이 잉여로 남는다. 만약 공장이 놀고 있고 일할 사람이 넘치는 불경기라면 이 돈이 생산을 자극해 도움이 될 수도 있다.

하지만 이미 공장이 24시간 돌아가고 일손이 부족한 상황이라면 이야기가 다르다. 갈 곳 잃은 30의 돈은 오직 물가를 끌어올리는 불쏘시개 역할만 한다. 이 상황이 매년 반복되면 사람들은 "물가는 어차피 오른다"는 믿음을 갖게 되고, 인플레이션은 좀처럼 잡히지 않는 악성으로 변한다. 크나프가 경고한 '균형 붕괴'가 바로 이 지점이다. 징수 능력(세금)과 지출 능력(발권)의 박자가 어긋날 때, 화폐에 대한 신뢰는 무너지고 경제 질서는 뿌리째 흔들린다.

조지프 슘페터는 "근대 국가는 세금으로 만든 집"이라고 했다. 국가는 멋진 구호로 서 있는 게 아니라, 사람들에게 세금을 걷고 그 돈을 예산으로 짜서 도로·학교·국방 같은 걸 운영할 때 비로소 존립한다. 그

● 재정 불균형(지출>세금)이 물가에 미치는 영향

단계 및 구분	상황	결과 및 영향
1. 정부의 행동(재정 상황)	지출 120 (뿌린 돈) > 세금 90 (걷은 돈)	민간에 돈이 30만큼 남음 (유동성 공급)
2. 경제에 여유가 있다면	공장 설비가 놀고 있고, 일할 사람도 많음	남는 돈(30)이 생산 투자로 이어져 생산량 증가
3. 경제가 꽉 찼다면	공장이 풀가동 중이고, 일손이 부족함	남는 돈(30)이 물건값만 밀어 올림 → 물가 상승 (인플레이션)
4. 반복될 경우 (크나프의 경고)	불균형(지출>세금)이 계속됨	① '물가가 계속 오르겠네' 하는 기대 심리 굳어짐 ② 화폐 신뢰 추락 및 질서 붕괴

래서 슘페터에게서 '균형'이란 단순히 물가를 안정시키는 기술 문제가 아니다. 시민이 "이 정도 세금은 내겠다, 대신 이 정도 서비스와 질서를 받겠다"라고 동의하는 상태 자체가 균형이다.

그는 예산서를 국가의 엑스레이처럼 봤다. 세입(세금)과 세출(지출)의 짝이 맞고, 그 과정을 시민이 납득하면 제도는 튼튼해진다. 반대로 정부가 정치적으로 부담되는 증세를 피하려고 빚만 늘리거나, 돈을 새로 찍어(인플레이션을 일으켜) 눈에 안 띄게 비용을 떠넘기면, 겉으로는 조용해도 속에서 신뢰가 무너진다. 세금은 국회 논의와 표결을 거쳐 공개적으로 결정되지만, 돈 풀이는 종종 '보이지 않는 세금'처럼 느껴지기 때문이다.

전쟁이나 큰 경기침체가 오면 정부는 돈이 많이 든다. 두 길이 있다. 하나, 세금을 올리거나 한시적으로 특별세를 걷어 정면으로 동의를 구한다. 둘, 화폐 발행과 빚으로 돌려막는다. 슘페터의 시각에선 첫 번째 길이 정치적으로 어렵더라도 장기 신뢰에 유리하다. 두 번째 길을 계속 택하면 물가가 오르고(인플레이션세), 이자는 늘며(채무 비용), 결국 "왜 우리 삶은 더 빡빡해지지?"라는 불만이 쌓인다. 시민의 동의가 흔들리면, 화폐제도도 함께 흔들린다. 돈의 가치는 신뢰의 또 다른 이름이기 때문이다.

카르멘 라인하트Carmen M. Reinhart와 케네스 로고프Kenneth S. Rogoff가 『이번엔 다르다This Time Is Different』에서 주장한 내용도 비슷하다. 나라 살림이 수입(세금)보다 너무 커져서 빚이 눈덩이처럼 불면, 결국 화폐 시스템 자체가 흔들린다는 것이다. 순서는 대체로 이렇다. 정부가 세금만으로는 지출을 못 메우니 계속 빚을 낸다. 시장이 "갚을 수 있을까?"하고 의심하면 이자는 급히 뛴다. 그때 정부가 택하는 쉬운 길은 중앙은행을 통해 돈을 더 찍는 거다. 겉으로는 세금을 올리지 않고도 재정을 메울 수 있지만, 그 대가가 바로 물가상승(인플레이션)이다. 이렇게 찍어 쓴 돈은 먼저 정부와 금융권을 거쳐 퍼지고, 나중에 받은 시민은 오른 물가와 떨어진 화폐가치로 비용을 치른다.

이 과정이 길어지면 환율도 망가진다. 투자자들이 "이 나랏돈 위험하다"고 판단해 빠져나가면 통화가 급락하고 수입 물가가 더 오른다. 그러면 다시 물가가 뛰고, 중앙은행은 뒤따라 금리를 올리지만 이미 불이 번진 뒤라 약발이 약하다. 끝이 좋지 않다. 정부가 스스로 "빚 일부를 못 갚겠다"고 선언(디폴트)하거나, 표면상 디폴트는 피하면서 화폐 가치를 크게 떨어뜨리는 방식으로 사실상 같은 결과를 만든다.

1980년대 남미의 잃어버린 10년은 빚을 갚으려다 화폐 가치를 망가뜨린 대표적 비극이다. 정부가 감당할 수 없는 빚을 돈을 찍어(발권) 갚으려다 보니 초인플레이션과 통화 가치 폭락을 자초했고, 결국 국가 부채를 강제로 탕감받는 수모를 겪었다. 1998년의 러시아, 2000년대의 아르헨티나도 판박이다. 나랏빚을 못 갚아 디폴트(채무불이행)를 선언하자 환율은 무너졌고 물가는 미친 듯이 뛰었다. 급기야 내 돈을 은행에서 못 찾게 하는 예금 인출 제한 같은 극약 처방까지 동원됐지만, 결말은 언제나 고통스러운 빚잔치였다.

반면 유로화를 쓰는 그리스(2010년대)는 상황이 달랐다. 독자적인 화폐가 없으니 돈을 찍어 빚을 갚는 꼼수를 쓸 수 없었다. 대신 살인적인 긴축 재정과 구조조정이라는 정공법으로 빚을 갚아야 했다. 가는 길은 달랐지만 도착점은 같았다. 빚이 과도하면 신뢰가 깨지고 금융위기가 닥친다는 불변의 법칙이다.

한국의 사례를 보자. 1997년 외환위기는 균형 붕괴의 교과서다. 당시 정부와 기업은 빚을 내서 덩치를 키웠고, 원화 가치는 고정환율제라는 인위적인 보호막 뒤에 숨어 있었다. 그러나 외국 자본이 썰물처럼 빠져나가고 외환 곳간이 바닥나자, 이 보호막은 하루아침에 찢겨 나갔다. 국민은 환율 폭등과 고물가라는 혹독한 비용을 치렀고, IMF 구제금융이라는 외부의 강제 구조조정을 받아들여야 했다. 화폐의 균형이 국내 문제를 넘어 국제 금융 질서라는 거대한 파도와 연결되어 있음을 뼈저리게 배운 사건이었다.

가장 최근 사례인 2020년 코로나19 팬데믹 시사하는 바가 크다. 정부는 재난지원금을 통해 국민 지갑에 직접 돈을 꽂아줬다. 당장 국민은 혜택을 누렸고 정부의 돈 풀기는 정당성을 얻는 듯했다. 하지만 공짜 점심은 없었다. 이후 글로벌 공급망 위기와 맞물려 물가가 치솟자, 잊고 있던 청구서가 날아들었다. 지원금이라는 단기 이익은 달콤했지만, 생활 물가 상승이라는 장기 비용은 쓰라렸다.

결국 이 불안한 균형을 지탱하는 최후의 보루는 제도다. 노벨 경제학상 수상자 더글러스 노스Douglass C. North는 경제 성장의 열쇠는 제도의 질에 있다고 갈파했다. 화폐도 마찬가지다. 균형은 단순히 금리를 조절하고 예산을 짜는 기술적 조합에서 나오지 않는다. 신뢰할 수 있는 법과 원칙, 그리고 이를 투명하게 운영하는 정치의 수준이 결정한다. 국민이 시스템을 믿고 내가 치르는 비용이 정당하다고 납득할 때, 비로소 화폐의 균형은 유지된다.

결론적으로 화폐 제도의 균형은 숫자가 아니라 신뢰의 문제다. 국가는 발권을 통해 자원을 끌어오되 그 대가로 물가 안정, 결제의 원활함, 제도의 투명성을 제공해야 한다. 국민은 이 기능을 인정하는 한에서 세금과 인플레이션이라는 비용을 지불한다. 균형은 주조 이익과 사용 비용 사이의 보이지 않는 계약이며, 그 계약이 지켜질 때 화폐 제도는 지속된다. 그러나 신뢰가 한 번 흔들리면 균형은 무너지고, 국민은 곧바로 탈출구를 찾는다. 따라서 균형은 정태적 개념이 아니라 국가와 국민이 끊임없이 협상하며 만들어가는 살아 있는 계약이라고 정의할 수 있다.

균형이 깨지는 경로

화폐 제도의 균형은 언제나 안정적으로 유지되는 것 같지만 실제로는 매우 취약하다. 배리 아이켄그린이 지적했듯이 "화폐는 신뢰의 제도화"인데, 신뢰는 숫자나 법률 조항보다 훨씬 빠르게 무너진다. 균형이 깨지는 순간은 대체로 세 가지 기둥 중 하나가 흔들리면서 시작되는데, 그 기둥은 물가 안정, 제도적 신뢰, 결제 인프라다. 균열은 작은 틈새에서 생겨나고, 불신이 커지면 도미노처럼 다른 기둥들을 차례로 쓰러뜨린다.

첫 번째 경로: 재정과 통화의 끈이 끊어질 때

화폐 제도의 균열은 보통 재정에서 출발한다. 정부가 세수로 감당할 수 있는 것보다 더 많은 지출을 계속하면 부채는 불어나고, 이를 메우기 위해 국채 발행에 의존하게 된다. 문제는 국채 이자가 경제 성장률보다 더 빠르게 커질 때 발생한다. 단순히 차환을 반복하는 것만으로는 눈덩이처럼 불어나는 부채를 막을 수 없고, 결국 중앙은행이 국채를 직접 사주거나 유동성을 풀어야 한다.

토마스 사전트Thomas J. Sargent와 닐 월러스Neil Wallace는 1981년 「불편한 통화주의 산술」이란 제목의 논문에서 이 문제를 정리했다. 그들의 주장은 간단하다. 재정 적자가 장기적으로 지속되면 결국 중앙은행은 화폐를 발행할 수밖에 없고, 인플레이션은 불가피하다. 세금을 올리는 것은 정치적 반발이 크지만, 인플레이션은 눈에 띄지 않게 모든 사람의 지갑을 조금씩 깎아내기 때문에 정치가들에게 유혹적인 수단이 된다. 그러나 이 순간 바로 화폐 제도의 균형은 금이 가기 시작한다.

한국의 사례로 보면, 1970~80년대 고도성장기에는 정부가 대규모 차입을 통해 SOC 건설과 산업 지원에 나섰고, 당시에는 높은 성장률 덕분에 부채 부담이 드러나지 않았다. 그러나 1990년대 들어 성장률 둔화와 함께 재정 부담이 커지자 금융 시스템이 취약해졌다. 특히 1997년 외환위기 당시, 재정 적자와 단기 외채 부담이 맞물리며 원화 신뢰가 붕괴한 것은 전형적인 균형 붕괴 사례였다.

두 번째 경로: 환율 앵커의 붕괴

고정환율제는 한 나라 화폐에 대한 최후의 신뢰 장치로 작동한다. 그러나 이를 지키기 위해서는 충분한 외환보유액이라는 실탄이 필요하다. 만약 재정 적자가 커지고 무역수지가 적자로 돌아서면서 외환보유액이 빠르게 소진되면, 국민과 투자자들은 "이 나라가 과연 환율을 지킬 수 있을까"라고 묻기 시작한다. 불신이 커지면 국민은 달러를 사들이고, 외환보유액은 더욱 빠르게 줄어든다. 결국 정부는 고정환율을 포기할 수밖에 없다.

경제사학자 찰스 킨들버거Charles P. Kindleberger는 이를 "신뢰의 역전"이라고 했다. '신뢰의 역전'이란 한마디로, 정부의 말보다 시장의 행동이 현실이 되는 순간을 말한다. 평소엔 정부가 "괜찮다, 지킬 수 있다"고 하면 사람들도 대체로 믿고 넘어간다. 그런데 어느 날부터 투자자·예금자·소비자들이 "아닌 것 같은데?"라고 의심하기 시작하면, 말은 더 이상 통하지 않는다. 시장이 가격으로 '불신'을 보여주기 시작하고, 그게 곧 현실이 된다.

먼저 "정부가 돈을 갚기 어려울지도 모른다"는 의심이 싹트면, 시장은 즉각 국채 금리 급등으로 반응한다. 국채를 투매하니 채권 가격은 똥값이 되고, 반대로 금리는 치솟는 것이다. 최근 미국 장기국채 금리가 발작적으로 뛴 현상이 정확히 이 메커니즘이다.

동시에 통화 가치는 추락한다. 그 나라 돈을 들고 있기 싫다는 신호다. 은행에서는 예금이 썰물처럼 빠져나간다. 내 돈을 더 안전한 곳으로 옮기겠다는 '뱅크런'의 전조다. 주가와 부동산 같은 담보 가치는 떨어지고, 기업들의 돈줄은 막힌다. 이때 정부가 "펀더멘털은 튼튼하다, 문제없다"는 말만 앵무새처럼 반복하면 오히려 역효과만 낳는다. 시장은 "문제가 없는데 왜 금리가 미친 듯이 뛰고 환율이 요동치느냐"라고 반문한다. 정부의 말과 시장의 가격이 어긋나는 순간, 신뢰의 주도권은 정부 손을 떠나 시장으로 넘어가 버린다. 이것이 '신뢰의 역전'이다.

찰스 킨들버거가 간파했듯, 이 과정은 단순한 심리적 공포가 아니다. 행동과 가격이 서로를 자극하며 굳어지는 기계적인 폭주다. 불신이 커지면 금리가 오르고 환율이 깨진다. 이는 경제를 더 위축시키고, 결과적으로 정부의 빚 갚는 능력을 실제로 망가뜨린다. 그러면 시장의 불신은 더 커진다. 이 악성 '자기 강화의 고리'가 형성되면, 정부가 아무리 "방어하겠다"고 약속해도 백약이 무효다.

그렇다면 이 죽음의 고리를 무엇으로 끊을 수 있을까? 말이나 의지가 아닌, 확실한 세 가지 행동이 필요하다.

첫째, 즉시 효과가 나타나는 '현금 폭탄'이다. 중앙은행의 무제한 돈 풀기(유동성 공급), 다른 나라와 돈을 빌려오는 통화 스와프, "예금 전액을 국가가 책임진다"는 선언 같은 '진짜 돈'을 보여줘야 한다.

둘째, 신뢰를 회복할 구체적인 설계도다. 막연한 계획이 아니라 숫자가 박힌 재정 감축안, 부실은행 정리, 자본 확충, 그리고 "최악의 상황도 버틸 수 있다"는 스트레스 테스트 결과를 투명하게 까발려야 한다.

셋째, 이 조치들이 실제 시장 가격과 행동으로 증명되어야 한다. 금리와 환율, 그리고 중앙은행의 대차대조표가 정부의 약속을 뒷받침해야 한다. 요지는 간단하다. 신뢰가 뒤집힌 비상 상황에서 유일한 치료제는 '따뜻한 말'이 아니라 '차가운 숫자'다. 시장 참여자들이 계산기를 두드려보고 "이 정도 돈과 계획이면 버티겠네"라고 납득하는 순간, 비로소 금리는 내려오고 떠났던 예금은 돌아온다. 정부의 말발이 다시 먹히는 건, 바로 그다음부터다.

이 경로의 대표적인 사례는 1997년 아시아 외환위기였다. 태국은 바트화를 달러에 고정해 왔지만 부동산 버블 붕괴와 외환보유액 고갈로 고정환율을 유지할 수 없게 되었다. 바트화 폭락은 한국, 인도네시아, 말레이시아로 파급되며 연쇄적 위기를 불러왔다. 한국에서도 원화를 방어하기 위해 막대한 외환보유액을 소진했지만, 결국 방어에 실패하고 IMF 구제금융을 신청하게 되었다. 환율 앵커의 붕괴는 국민에게 곧바로 생활비 폭등이라는 사용 비용으로 돌아왔다.

세 번째 경로: 기대의 붕괴와 자기충족적 예언

화폐 제도의 균형은 숫자가 아니라 기대에서 무너지는 경우가 많다. 로버트 머턴이 말한 "자기충족적 예언self-fulfilling prophecy"은 금융 위기에서 특히 강력하게 작동한다. 국민이 "정부가 이 상황을 감당하지 못할 것이다"라고 믿는 순간, 그 불신은 행동으로 바뀌고, 행동이 현실을 만든다. 은행에 몰려가 예금을 인출하거나 달러를 사들이는 움직임이 바로 그것이다. 1930년대 미국 대공황 시기의 뱅크런, 2008년 글로벌 금융 위기의 리먼 브라더스 파산 직전 자금 이탈은 모두 기대의 붕괴가 현실로 이어진 사례다.

한국에서도 2011년 유럽 재정위기 여파가 번지자, 외국인 자금이 급격히 이탈하면서 원화 가치가 급락한 적이 있다. 당시 한국 정부와 한국은행이 신속하게 외환스와프 체결과 시장 안정화 조치를 발표하지 않았다면, 단순한 불신이 실제 위기로 전환되었을 가능성이 크다. 기대가 무너지는 순간 균형은 순식간에 무너진다는 사실을 보여준다.

네 번째 경로: 은행과 국채의 공멸

국채와 은행은 한 몸처럼 얽혀 있다. 은행은 국채를 가장 안전한 자산으로 들고 있고, 국채 가격이 떨어지면 은행의 자본 건전성이 훼손된다. 은행이 흔들리면 국채 수요가 줄어들어 국채 가격이 더 떨어지는 악순환이 생긴다. 학자들은 이를 "죽음의 소용돌이doom loop"라고 불렀다. 1998년 러시아 위기에서 루블화 가치가 폭락하고 러시아 국채가 디폴트에 빠지자, 이를 보유한 은행들이 줄줄이 파산했고, 이는 다시 국채 수요 붕괴로 이어졌다.

한국의 경우 2011년 저축은행 사태에서 비슷한 구조가 관찰되었다. 부실 대출이 늘어나며 은행 건전성이 흔들리자 국채 시장에 대한 불신이 덩달아 확대되었고, 금융 시장이 일시적 경색을 겪었다. 비록 정부의 긴급조치로 진화했지만, 은행과 국채의 운명이 어떻게 긴밀히 묶여 있는지를 보여준 사례였다.

다섯 번째 경로: 결제 인프라의 마비

화폐 제도의 균형은 결국 일상의 결제 시스템이 작동한다는 믿음에서 나온다. 월급이 제때 들어오고, 카드가 승인되고, 송금이 막힘없이 이루어지는 것은 평범한 일이지만, 이 평범함이 깨질 때 사람들은 화폐 제도의 붕괴를 체감한다. 과거에는 은행 창구 앞의 줄이 뱅크런의 상징이었다면, 오늘날에는 스마트폰 몇 번의 클릭으로 뱅크런이 발생한다. 2023년 미국 실리콘밸리은행 사태에서 하루 만에 수백억 달러가 빠져나간 것이 그 예다. 결제망이 막히면 월급, 공과금, 소비가 동시에 멈추며 경제 전체가 경색된다.

한국에서도 2021년 카카오페이와 네이버페이 같은 빅테크 결제망이 일시적으로 장애를 일으키자 사용자들의 불안이 크게 증폭된 바 있다. 하루이틀의 장애였지만, "혹시 더 큰 문제로 번지는 게 아닌가"라는 불안은 신뢰의 균열을 보여주었다. 이는 디지털 시대의 새로운 균형 붕괴 경로임을 드러낸다.

여섯 번째 경로: 그림자금융의 균열

화폐 제도는 은행 예금만으로 유지되지 않는다. 머니마켓펀드MMF, 레포 거래 같은 그림자금융*도 사실상 화폐 기능을 수행한다.

경제학자 하이먼 민스키는 현대 금융 시스템의 가장 치명적인 아킬레스건으로 그림자 금융의 팽창과 그 필연적인 파멸을 지목했다. 그가 남긴 안정이 불안정을 낳는다Stability breeds instability는 격언은 경제가 평온할수록 오히려 거대한 위기의 씨앗이 자라난다는 역설을 꿰뚫는다.

원리는 이렇다. 경제가 호황을 누려 자산 가격은 오르고 연체율은 낮은 평화로운 시기가 길어지면, 사람들은 이 호시절이 영원할 것이라는 착각에 빠진다. 이때부터 경계심은 사라진다. 개인과 기관은 보유 자산을 담보로 맡기고 더 싼 이자로 더 많은 돈을 빌리기 시작하며, 복잡한 파생상품을 겹겹이 쌓아 올린다. 단기 자금을 빌려 장기 자산에 투자하는 위험천만한 도박이 일상이 되지만, 겉으로는 모든 것이 매끈하고 풍요로워 보일 뿐이다.

하지만 이 낙관론의 끝에는 민스키 모멘트Minsky Moment라는 파멸의 순간이 입을 벌리고 있다. 민스키 모멘트란 과도한 빚으로 쌓아 올린 자산 거품이 한순간에 터지며 금융 시스템이 붕괴하는 시점을 말한다.

---

* 은행처럼 자금을 중개하지만, 은행 수준의 엄격한 규제나 예금자 보호 적용을 받지 않는 금융기관 및 상품. 투자은행, 헤지펀드, MMF 등이 대표적이며, 고수익을 노릴 수 있지만 위기 시에는 중앙은행의 즉각적인 보호를 받지 못해 뱅크런(대규모 인출 사태)에 취약하다.

이 붕괴로 가는 과정은 부채의 성격에 따라 세 단계로 나뉜다. 첫 번째는 벌어들인 소득으로 원금과 이자를 갚는 건전한 투자 단계다. 두 번째는 소득으로 이자만 겨우 감당하며 자산 가격이 오르기만을 바라는 투기적 투자 단계다. 마지막 세 번째는 소득만으로는 이자조차 갚지 못해 새로운 빚을 내어 기존의 이자를 돌려막는 폰지 금융 단계다.

시장이 폰지 금융 단계에 진입하면 경제는 아주 작은 충격에도 스스로 무너질 만큼 취약해진다. 금리가 살짝 오르거나 자산 가격 상승세가 둔화되는 순간, 빚을 갚기 위해 자산을 투매하는 연쇄 반응이 일어나며 시장은 순식간에 얼어붙는다. 결국 오랜 시간 공들여 쌓아 올린 안정이 임계점을 넘는 순간, 가장 파괴적인 불안정으로 돌변하여 경제 전체를 집어삼키는 것이다.

2003~2007년 미국이 그랬다. 주택담보대출은 MBS같은 채권과 부채담보부증권CDO와 같은 더 복잡한 구조로 포장되어 전 세계에 팔렸고, 증권사와 은행은 그 채권을 담보로 매일같이 레포(담보부 단기자금)를 빌렸다. 현금을 굴리는 MMF는 기업어음CP과 은행 단기채를 사며 사실상 '예금 같은 안전자산'으로 취급되었다. 모두가 "이 정도면 안전하다"고 믿을 때 레버리지는 가장 높아졌다. 민스키가 말한 위험의 누적이다.

집값이 꺾이자 균열은 담보에서 시작되었다. 부실이 드러나면서 MBS·CDO 가격이 흔들리고, 돈을 빌려준 쪽은 담보 평가를 깎고(헤어컷 상향) 추가 담보를 요구했다. 현금을 채우지 못하는 기관은 보유 자산을 급히 팔았다. 이 강제 매각이 가격을 더 떨어뜨리고, 담보가치 하락이 다시 추가 담보 요구를 부르는 내리막 나선이 형성되었다. 민스키의 경고가 현실이 되는 순간이었다.

결정타는 2008년 9월, 투자은행 리먼브라더스의 파산이었다. 바로 다음 날, 리먼의 단기 부채(어음)를 대량으로 보유하고 있던 대형 MMF인 리저브 프라이머리 펀드의 주당 가치가 심리적 마지노선인 1달러 밑으로 추락했다. 이른바 브레이크 더 벅Break the Buck 사태다.

이것이 충격적이었던 이유는, 투자자들이 MMF를 사실상 원금이 보장되는 예금처럼 철썩같이 믿고 있었기 때문이다. "MMF조차 안전하지 않다"는 공포가 시장을 강타하자, 투자자들은 너도나도 돈을 빼달라고 아우성치는 펀드 런(대량 환매)이 벌어졌다. 펀드사들은 고객에게 돈을 내주기 위해 보유하고 있던 기업어음CP과 단기 채권을 시장에 헐값으로 쏟아냈다.

그 결과 기업들이 매일매일 자금을 융통하던 단기 자금 시장이 마비되었다. 멀쩡하게 이익을 내던 건실한 기업들조차 당장 쓸 현금(급전)이 끊겨 흑자 부도 공포에 떨게 된 것이다.

동시에 은행끼리 돈을 빌리는 레포 시장에서도 불길이 치솟았다. 돈을 빌려주는 쪽은 담보 가치를 깎는 비율인 헤어컷을 대폭 높였고, 담보가 부족하니 돈을 더 가져오라는 마진콜을 때렸다. 빚을 갚기 위해 자산을 강제로 팔아야 하고, 팔면 가격이 더 떨어져 또다시 담보 부족에 시달리는 죽음의 악순환이 이어졌다. 금융 시스템은 사실상 정지 상태에 빠졌다.

불길을 끈 방법은 원칙적으로 단순했다. 담보를 다시 받아주고,

현금을 충분히 넣어 강제 매각의 사슬을 끊는 것. 미국 정부는 MMF에 한시적 보증을 부여했고, 연준은 기업어음 직접 매입 창구^{CPFF}, MMF 환매자금 대출^{AMLF}, 프라이머리 딜러 유동성창구^{PDCF} 등 최종대부자 기능을 총동원했다. "지금 당장 팔지 않아도 된다"는 믿음이 돌아오자, 가격 추락 → 담보가치 하락 → 추가 담보 요구의 민스키 모멘트가 멈추었다.

한국에서도 2003년 카드대란 때 비슷한 구조가 나타났다. 카드채를 담보로 한 단기자금 조달이 막히자, 금융권 전체가 연쇄 위기에 빠질 뻔했다. 당시 한국은행이 긴급 유동성을 공급하며 간신히 균형을 지켰지만, 그림자금융의 취약성이 드러난 순간이었다.

균형이 깨질 경우 사용자의 선택

화폐 제도의 균형이 무너지는 순간, 국민은 선택을 강요받는다. 국가는 발권을 통해 자원을 끌어올 권한을 독점하지만, 사용자는 언제든 대안을 찾아 탈출할 수 있다. 하이에크가 지적했듯, "화폐는 국가가 강제로 붙잡아둘 수 없는 상품"이며, 신뢰가 무너지는 순간 사용자는 발걸음을 옮긴다. 그 선택지는 역사적으로 반복되어 왔고, 오늘날에도 새로운 형태로 나타나고 있다.

가장 오래되고 본능적인 대안은 금, 은, 토지 같은 실물 자산이다. 로마 제국 말기, 은화의 은 함량이 극도로 낮아지자 사람들은 은화를 외면하고 금이나 물물교환을 선호했다. 기원후 3세기에 이르면 은화는 법적 화폐였으나 시장에서는 가치 없는 금속 조각에 불과했다. 바이마르 독일에서도 1923년 초인플레이션 속에서 담배, 술, 빵 같은 실물이 교환의 매개체로 기능했다. 케인스가 말한 "인플레이션은 사회를 무너뜨리는 가장 교묘한 무기"라는 말은 바로 이런 상황을 두고 한 것이다.

한국에서도 외환위기 직후 달러가 귀해지고 원화 가치가 폭락하자, 많은 사람이 달러 현금이나 금을 사들이며 자국 통화에서 실물 자산으로 이동했다. 당시 금모으기 운동은 국가 차원의 대응이었지만, 개인 입장에서는 "화폐 대신 실물을 보유해야 안전하다"는 본능적 선택이었다. 최근에도 물가 불안이 커질 때마다 금값이 오르는 현상은 화폐 신뢰가 흔들릴 때 실물 자산으로의 도피가 반복되는 사실을 보여준다.

두 번째로 흔한 선택은 기축통화 같은 강한 외화로 이동하는 것이다. 트리핀이 말한 '트리핀 딜레마'는 기축통화를 발행하는 국가가 세계 유동성을 공급하면서 동시에 신뢰를 약화시키는 모순에 빠진다고 설명했지만, 사용자 입장에서는 달러가 언제나 마지막 피난처였다. 1997년 아시아 외환위기 때 한국, 인도네시아, 태국 국민들은 자국 통화를 버리고 달러를 사들이며 외화로 도피했다. 자국 통화가 폭락하고 물가가 급등하자, 외화 보유가 곧 생존 전략이 되었다.

한국에서도 외환위기 당시 원화의 신뢰가 붕괴하면서 시장에서는 달러 현금이 사실상 결제 수단처럼 통용되었다. 대형 상가에서는 원화보다 달러를 더 선호했고, 환율 변동성이 극심하자 국민은 원화를 보유하는 것을 위험으로 인식했다. 이 경험은 이후 외환보유액 확대와 외환 시장 안정화 장치 도입이라는 제도적 변화를 이끌었다. 국민이 외화를 선택한 결과, 국가는 환율 앵커를 회복하지 않고서는 제도를 유지할 수 없다는 사실을 깨닫게 된 것이다.

균형이 무너질 경우 사용자가 취할 수 있는 또 하나의 선택은 새로운 제도를 수용하는 것이다. 프랑스 혁명기의 아시냐 지폐는 처음에는 국유지를 담보로 한 합리적 화폐로 받아들여졌지만, 발행 남용으로 가치가 폭락하자 국민은 금화와 물물교환으로 돌아갔다. 결국 혁명 정부는 새로운 제도를 마련하지 못했고, 극심한 혼란 속에서 구체제보다 더 강력한 중앙집권적 체제를 낳았다. 1971년 닉슨 쇼크 이후 금과 달러의 연결이 끊어지자, 세계는 변동환율제를 받아들이며 새로운 제도를 수용했다. 처음에는 불안했지만, 시간이 지나며 새로운 균형이 형성되었다.

한국의 경우, 1997년 IMF 위기 이후 국민은 강제적으로 새로운 제도를 수용했다. 외환 시장 자유화, 금융 시장의 개방, 한국은행 독립 강화 같은 조치는 모두 기존의 '관리된 금융 체제'에서 ' 시장 기반 체제'로의 전환이었다. 당시 국민은 구조조정과 고통을 감수해야 했지만, 결과적으로 새로운 제도를 받아들임으로써 화폐 제도의 신뢰를 재구축할 수 있었다.

오늘날에는 민간 화폐와 디지털 대안이 중요한 선택지로 등장했다. 하이에크가 『탈국가적 화폐』에서 주장한 '민간이 발행하는 경쟁 화폐'는 비트코인과 스테이블코인에서 부분적으로 현실화되었다.

2008년 글로벌 금융위기 이후 비트코인이 등장한 것은 국가 화폐에 대한 불신의 표현이었다. 국민 일부는 높은 변동성과 불안정성에도 불구하고, 국가가 개입할 수 없는 탈중앙화 화폐를 선택했다.

한국에서도 2017년 이후 비트코인과 이더리움 같은 암호화폐 열풍이 불었다. 이는 단순한 투기 열기가 아니라, 원화 가치와 제도적 신뢰에 대한 잠재적 불만의 표출이기도 했다. 동시에 한국은행을 비롯한 전 세계 중앙은행들이 중앙은행 CBDC를 검토하게 된 것도 같은 맥락이다. 사용자가 민간 대안을 선택하지 않도록, 국가가 직접 디지털 대안을 제공해 균형을 지키려는 시도다.

마지막으로, 사용자가 선택할 수 있는 옵션은 탈출이 아니라 정치적 저항과 제도 개혁이다. 국민이 더 이상 달러나 금으로 피신할 수 없는 상황에서는 정치적 행동을 통해 균형을 회복하려 한다. 1970년대 미국의 스태그플레이션은 국민적 불만을 불러왔고, 결국 폴 볼커의 초고금리 정책이라는 고통스러운 개혁을 받아들일 수밖에 없었다. 이는 국민이 단기 고통을 감수하면서도 장기적 신뢰 회복을 선택한 사례였다.

한국에서도 1997년 IMF 위기 이후 대규모 구조조정과 금융개혁이 정치적 합의 속에서 이루어졌다. 국민은 고용 불안과 임금 삭감을 겪었지만, 결국 제도의 신뢰를 회복하기 위해 그 고통을 받아들였다. 이는 카르멘 라인하트와 케네스 로고프가 강조했듯, "부채 위기는 화폐 위기이고, 화폐 위기는 결국 정치적 선택"이라는 명제를 그대로 보여준다. 국민은 탈출할 수도 있지만, 때로는 제도를 바꾸는 길을 선택한다.

STABLECOIN

2장

닉슨 쇼크 이후의
삼각동맹

무이자로 국채를 발행하는
미국 정부

닉슨 쇼크 이후 주조 이익 개념의 변화

주조 이익은 오랫동안 단순했다. 국가는 화폐를 발행할 권리를 독점했고, 그 과정에서 발행 비용보다 큰 가치를 얻는 차익을 챙겼다. 로마 시대에는 은화 속 은 함량을 줄여 남는 부분이 주조 이익이었고, 근대 국가에서는 금이나 은으로 교환할 수 있는 지폐를 발행하며 동일한 이득을 취했다. 즉 전통적인 주조 이익은 금속 화폐의 제련 차익이나, 금태환 지폐의 발행 차익으로 정의되었다.

그러나 1971년 닉슨 쇼크 이후 달러가 금태환성을 완전히 상실하면서, 주조 이익의 의미는 근본적으로 변했다. 화폐는 더 이상 금속이나 금 보유고로 뒷받침되는 실물이 아니었고, 오직 법과 신뢰만으로 성립하는 순수한 법정 통화fiat money가 되었다. 이 전환은 주조 이익의 성격을 단순한 발행 차익에서, 국가 재정·통화 운영, 금융 시장 구조 전반에 걸친 복합적 권리로 확장시켰다.

1971년 닉슨 쇼크의 본질은 달러가 황금이라는 실물 족쇄를 끊어내고, 오직 미국의 국가 신용만으로 존재하는 체제로 넘어갔다는 선언이다. 바로 이 순간부터 미국 정부는 빚(국채)을 무한정 늘릴 수 있는 구조적 자유를 얻게 되었다.

과거 금태환 체제에서는 금고에 보관된 금의 양만큼만 돈을 찍을 수 있었다. 하지만 법정 화폐Fiat Money 체제에서는 그런 물리적 제약이 사라졌다. 정부가 마음만 먹으면 얼마든지 찍어낼 수 있게 된 것이다. 이에 따라 주조 이익의 개념도 완전히 달라졌다. 과거의 주조 이익이 고작 동전을 만들 때 들어가는 금속 원가와 액면가의 차이를 챙기는 수준이었다면, 이제는 국채와 달러를 결합해 전 세계로부터 자금을 조달하는 막강한 재정적 권능으로 확장되었다.

이 시점에서 경제학자 로버트 트리핀이 지적한 트리핀 딜레마가 현실로 닥쳤다. 기축통화국인 미국은 세계 경제가 돌아가도록 끊임없이 달러를 공급해야 한다(적자). 하지만 달러를 너무 많이 풀면 가치가 떨어져 신뢰가 무너진다. 미국은 이 모순을 어떻게 해결했을까? 닉슨 쇼크 이후 미국은 달러-국채 결합 구조라는 묘수를 냈다. 전 세계가 물건을 팔아 번 달러로 다시 안전한 미국 국채를 사게 만듦으로써, 달러를 풀면서도 가치를 유지하고 빚을 통해 이익을 얻는 새로운 차원의 주조 이익을 창출해 낸 것이다. 이 거대한 '달러-국채 순환' 모델이 작동하기 위한 선결 조건이 있다.

첫째, 닉슨 쇼크 이후 미국은 금에 묶이지 않는 돈의 세계로 들어갔다. 예전엔 정부가 국채를 많이 찍으면 금이 빠져나가고 환율이 흔들리면서 "그만해"라는 경고등이 곧바로 켜졌다. 그런데 변동환율·법정통화 체제에선 그 경고등이 약했다. 이제 정부가 돈이 더 필요하면 국채를 발행하고, 의회가 승인하면 된다. 그리고 필요하면 연준이 그 국채를 사주거나(양적완화 등), 은행 시스템을 통해 시장에 돈이 풀리게 도와줄 수 있다. 즉 의회의 도장과 연준의 협조만 있으면 재정 지갑을 크게 열 수 있는 길이 열린 셈이다.

재정학자 제임스 뷰캐넌이 말한 핵심은 간단하다. 정치는 늘 "당장 좋고, 나중에 비싼" 선택을 하고 싶은 유혹에 시달린다. 금태환 시절에는 그 유혹을 막아 주는 자동 브레이크(국제수지·금 유출)가 있었다. 하지만 닉슨 쇼크 이후에는 그 브레이크가 약해졌다. 그래서 미국 정부는 적자 확대 → 국채 발행 → 중앙은행·금융을 통한 돈 풀기라는 경로를 비교적 부담 없이 쓸 수 있게 되었다.

이건 동전의 은 함량을 줄여 이익을 챙기던 옛날식 주조 이익과는 모습이 다르지만, '발행 권한으로 공동체의 구매력을 먼저 쓰는' 점에선 닮았다. 다만 지금은 국채-중앙은행-은행을 통한 새로운 형태의 재정 권능으로 작동한다. 요약하면, 닉슨 쇼크 이후 미국은 국채 발행을 통해 사실상 매우 큰 자금 동원력을 손에 넣었고, 그만큼 미래(인플레이션·이자 비용)에 부담을 미루기 쉬워진 구조가 되었다.

둘째, 연준은 국채 시장의 최종 수요자로서 달러 발권을 통해 국채를 매입함으로써, 주조 이익의 두 번째 층위를 만들어 냈다. 뒤에서 더 자세히 다룰 내용이지만, 과거에는 화폐 발행 차익이 동전·지폐 발행의 직접적 수익이었다면 이제는 국채 발행을 통한 재정 지출 자체가 사실상의 발권이 되었고, 그 과정에서 발생하는 인플레이션과 금리 비용은 국민과 세계 투자자들이 부담하는 구조가 되었다.

셋째, 이 구조는 국제적으로 '달러 특권exorbitant privilege'을 강화했다. 1960년대 프랑스 재무장관 발레리 지스카르 데스탱Valery Giscard dEstaing 이 비판했던 이 "과도한 특권"의 핵심은 미국이 빚(국채)을 내고 달러를 마구 찍어내도, 전 세계가 울며 겨자 먹기로 이를 받아들일 수밖에 없는 불공평한 구조를 뜻한다. 닉슨 쇼크 이후 달러는 더 이상 금으로 바꿔주지 않는 종이돈이 되었지만, 아이러니하게도 국제 무역과 금융의 절대 기준으로 더 확고히 자리 잡았다.

그 결과 기이한 구조가 만들어졌다. 미국 정부가 빚문서인 국채를 발행하면, 전 세계 투자자들이 앞다투어 이를 사준다. 과거 왕들이 돈을 찍어 생기는 인플레이션 고동(주조 이익의 비용)을 자국 백성들에게만 떠넘겼다면, 닉슨 쇼크 이후의 미국은 그 비용을 전 세계가 'N분의 1'로 나눠 짊어지게 만든 셈이다.

원유를 살 때도 달러, 수출 대금도 달러, 가장 안전한 비상금도 달러 자산(미국 국채)이어야 한다. 그러니 각국 정부와 중앙은행, 글로벌 기업들은 싫든 좋든 미국 국채를 사서 쟁여둘 수밖에 없다. 덕분에 미국은 적자가 아무리 심해도 달러로 된 국채를 팔아 손쉽게 돈을 빌리고, 심지어 이자도 남들보다 싸게 치르는 특혜를 누린다.

또 미국의 빚은 자기 통화(달러)로 표시되어 있다. 극단적으로 돈이 모자라면 연준이 유동성을 공급해서 결제 실패를 막을 수 있다. 그래서 부도 같은 기계적 파산 위험은 낮고, 빚이 늘어날수록 먼저 나타나는 건 금리 상승·달러 약세·물가 압력 같은 가격 신호다. 즉, 미국은 '돈이 아예 안 구해져서 무너지는' 나라가 아니라, 조건(금리·환율·물가)이 나빠지는 방식으로 제동이 걸리는 나라라는 뜻이다.

한국을 비롯한 세계 각국의 경험도 이를 뒷받침한다. 1997년 아시아 외환위기 당시 한국은 국채 발행이 곧바로 외환위기로 이어졌지만, 미국은 같은 시기 막대한 재정 적자와 국채 발행에도 불구하고 달러에 대한 신뢰 덕분에 위기를 겪지 않았다. 이는 닉슨 쇼크 이후 미국이 얻은 새로운 주조 이익의 실체였다. 미국 정부의 국채 발행은 단순한 내적 조달 수단이 아니라, 국제적으로 비용을 분산시키는 기제로 작동했다.

결론적으로 닉슨 쇼크 이후 주조 이익 개념은 세 가지 점에서 근본적으로 바뀌었다. 첫째, 금 보유고나 세금 선징수 같은 물리적 제약이 사라지고, 국채 발행과 달러 발권이라는 제도적 절차만 남았다. 둘째, 국채 발행 자체가 사실상의 발권으로 전환되면서 주조 이익이 단순 차익에서 재정 권능으로 확장되었다. 셋째, 그 비용은 자국민만이 아니라 전 세계가 분담하는 글로벌 구조가 되었다. 이는 과거 주조 이익 개념이 화폐 발행 차익에 머물렀던 것과는 질적으로 다른 차원이었다.

이제 문제는 명확하다. 미국 정부는 국채 발행을 통해 주조 이익을 극대화할 유인을 갖게 되었고, 연준은 이를 뒷받침하며, 월가는 금융화된 구조 속에서 새로운 형태의 이익을 누린다. 그러나 이 세 주체가 주조 이익을 분점하는 방식은 서로 다르고, 그 과정에서 발생하는 비용은 국민과 세계 투자자에게 전가된다. 다음 단계에서는 각각의 주체, 즉 미국 정부·연준·월가가 어떻게 이 구조 속에서 주조 이익을 흡수하고 재분배하는지를 따로 살펴보아야 한다.

미국 정부의 '무제한 무이자 마통'

닉슨 쇼크 이후의 체제에서 화폐는 오직 국가의 법과 제도, 그리고 신뢰만으로 존속하게 되었고, 이 변화는 주조 이익 개념을 근본적으로 바꾸었다.

닉슨 쇼크 이후의 미국 정부는 국채 발행을 단순한 재정 보충 수단이 아니라 사실상의 무이자 대출 수단으로 활용할 수 있게 되었다. 표면석으로는 이자지급이 존재하지만, 인플레이션율과 성책금리, 그리고 금융 규제와 글로벌 달러 수요가 맞물려 실질 조달 비용이 장기적으로 0원에 수렴하거나 음수가 되는 경우가 잦았다. 다시 말해 미국 정부는 국채 발행을 통해 빚을 지지만, 시간이 지나면 이 빚의 실질 가치는 인플레이션으로 녹아내리고, 채권자들은 안전자산이라는 이름 아래 이를 기꺼이 보유했다. 따라서 국채 발행은 무이자 대출과 거의 동일한 효과를 갖게 된 것이다.

1970년대 초반의 오일쇼크는 이 기이한 구조가 작동하는지 확인하는 첫 번째 시험 무대였다. 당시 산유국들은 기름값을 올려 막대한 달러를 벌어들였고, 이 돈은 다시 미국 금융 시장으로 흘러들어갔다. 이것이 바로 페트로달러 재활용Petrodollar Recycling이라 불리는 현상이다.

작동 원리는 정교하다. 미국은 전 세계 원유 결제를 오직 달러로만 하도록 강제했다. 그러니 기름이 필요한 모든 나라는 무조건 달러를 보유해야만 했다. 반대로 석유를 팔아 달러 벼락부자가 된 산유국들은 그 넘쳐나는 돈을 굴릴 곳이 필요했다. 가장 안전하고 언제든 현금으로 바꿀 수 있는 투자처는 결국 미국 국채뿐이었다.

결과적으로 미국 입장에선 기막힌 선순환 구조가 완성된다. 미국은 종이돈(달러)을 찍어 실물 자원인 석유를 사 온다. 산유국은 그 대금으로 받은 달러로 다시 미국 국채를 사준다. 결국 미국 밖으로 나갔던 돈이 고스란히 미국 금융시장으로 되돌아오는 것이다. 이를 통해 미국은 별다른 노력 없이도 거대한 국채 수요처를 확보했고, 전 세계의 자원을 사실상 무이자로 빌려 쓰는 엄청난 특권을 누리게 되었다.

트럼프 행정부가 베네수엘라의 마두로 대통령을 축출한 작전도 이 맥락에서 읽어야 한다. 표면적으로는 독재 타도지만, 그 이면에는 페트로달러 체제의 균열을 막고 미국의 공짜 차입 시스템을 수호하려는 의도가 깔려 있었다. 당시 세계 1위 원유 매장량을 가진 베네수엘라는 중국과 손잡고 위안화로 석유를 거래하는 페트로위안 체제를 시도했다. 이는 달러 패권에 정면으로 도전하는 행위였다. 산유국들이 번 달러로 미국 국채를 사주는 관행, 즉 미국 정부에 대한 장기 무이자 대출 시스템이 흔들려서는 안 되기 때문이었다.

물론 위기도 있었다. 1980년대 초 폴 볼커 연준 의장이 인플레이션을 잡기 위해 살인적인 고금리 정책을 폈을 때다. 당장 미국 정부가 부담해야 할 국채 이자 비용은 치솟았다. 하지만 이는 전화위복이 되었다. 금리가 높다는 건 달러 자산을 들고 있으면 쏠쏠한 수익이 난다는 뜻이다. 외국 투자자들은 오히려 더 많은 달러 자산을 사들였고, 결과적으로 달러와 미국 국채에 대한 신뢰는 더 단단해졌다.

미국 정부는 잠시 고금리의 고통을 감수한 대가로, 이후 장기적인 저금리 호황을 맞이했다. 1990년대와 2000년대 초반에 이르러서는 물가 상승률보다 금리를 낮게 유지하는 금융 억압Financial Repression 환경 속에서, 사실상 비용이 거의 들지 않는 공짜 수준으로 나랏빚을 조달할 수 있게 되었다.

정부가 빚을 조용히 줄이는 방법을 카르멘 라인하트Carmen M. Reinhart 와 벨렌 스브란치아M. Belen Sbrancia는 "금융 억압"이라고 이름 붙였다. 해당 개념의 원리는 다음과 같다. 첫째, 이자보다 물가가 조금 더 높게 흐르도록 만든다. 둘째, 은행·보험·연금 같은 큰 손들이 국채를 일정 비율 이상 꼭 들고 있게 규칙을 세운다. 이렇게 되면 채권을 가진 쪽은 겉으로 이자를 받지만, 물가가 더 빨리 올라 실질 가치가 줄어든다. 바로 그만큼 정부의 실질 부채가 덜어진다.

국채 이자가 연 2%이고 물가 상승률이 4%라면 채권 보유자의 실질 수익은 -2%다. 장부에는 이자가 찍히지만, 장바구니 물가가 더 빨리 올라 돈의 구매력이 줄어드는 셈이다. 이 '보이지 않는 손해'가 해마다 누적되면, 정부 입장에선 별다른 소란 없이 부채의 실질 크기를 깎아낸 효과가 난다. 바로 이것이 금융 억압의 첫 축, '금리 < 물가'라는 조합이다.

둘째 축은 수요를 규칙으로 묶는 장치다. 금융 규정에서 국채를 가장 안전한 자산으로 취급하고, 유동성·자본 규제의 계산법에 국채를 유리하게 반영하면, 은행과 보험사는 국채를 '의무적으로' 많이 보유하게 된다. 결과적으로 국채에는 항상 든든한 손님이 대기하고, 금리는 낮게 유지되기 쉽다. 수요는 규제로 고정하고 수익률은 정책으로 낮추니, 채권자는 조금씩 실질 손해를 감수하고 정부는 낮은 비용으로 긴 자금을 쓴다.

달러가 기축통화인 미국에서 이 메커니즘은 훨씬 더 강력하게 작동한다. 전 세계가 달러를 필요로 하니, 미국 국채는 내놓기만 하면 팔리는 '글로벌 베스트셀러'다. 여기에 금융 규제는 미국 국채를 세상에서 가장 안전한 자산으로 대우하고, 연준은 필요할 때마다 돈을 풀어 장기 금리가 튀지 않도록 꾹 눌러준다.

이 세 가지 조건이 맞아떨어지면, 미국 정부는 세상에서 가장 싼 이자로 돈을 빌릴 수 있다. 특히 물가 상승률이 은행 이자율보다 높은 시기에는 마법 같은 일이 벌어진다. 채권자가 받아야 할 돈의 실질 가치는 물가가 오른 만큼 쪼그라들고, 반대로 정부가 갚아야 할 빚의 실질 가치도 저절로 줄어든다. 아무도 세금을 더 걷겠다고 선언하지 않았지만, 결과적으로는 채권자가 손해를 보는 방식으로 나랏빚을 대신 갚아주는 '숨은 세금' 구조가 작동하는 것이다. 이것이 바로 파산 선언 없이 소리 소문 없이 진행되는 '부채의 청산'이다.

2000년대 들어 중국의 WTO 가입과 글로벌 저축 과잉 현상은 이 구조를 난공불락으로 만들었다. 벤 버냉키Ben Bernanke가 주창한 '글로벌 저축 과잉'은 수출로 돈을 번 신흥국들이 그 돈을 다시 미국 국채 시장으로 쏟아부었다는 뜻이다. 중국, 일본, 독일 같은 무역 흑자국들은 벌어들인 달러를 가장 안전하게 보관하기 위해 미국 국채를 사들였다.

그 덕분에 미국 재무부는 빚(국채 발행)을 계속 늘리면서도 이자(금리)를 올려줄 필요가 없었다. 오히려 미국이 국채를 많이 찍어내는 것이 전 세계에 안전한 투자처를 제공해 금융 시스템을 안정시키는 행위로 받아들여졌다. 빚을 내는 행위가 단순한 자금 조달을 넘어, 전 세계가 필요로 하는 '글로벌 공공재'를 공급하는 역할로 격상된 것이다.

세계는 왜 미국의 빚을 갈구하는가

2008년 글로벌 금융위기는 이 구조를 다시 한 번 검증했다. 금융위기의 진원지가 미국이었음에도 불구하고, 세계 자금은 달러와 미국 국채로 몰려들었다. 심지어 2011년 미국의 신용등급이 S&P에 의해 강등되었을 때조차 미국 국채 금리는 오히려 하락했다. 이는 국채 발행이 단순히 국가 재정의 뒷받침이 아니라, 전 세계 금융 시스템의 안전판이라는 사실을 보여주는 극적인 장면이었다.

전 세계 금융 시스템은 담보로 활용하거나 위기 시 즉각 현금화할 수 있는 안전자산을 끊임없이 갈구하는데, 이때 가장 신뢰받는 자산이 바로 미국 재무부 국채다. 시중은행은 대출 담보나 파생상품의 증거금이 필요할 때, 각국 중앙은행과 연기금은 경제 위기에 대비한 비상금을 쌓아둘 때 미국 국채를 최우선으로 선택한다. 미국 국채는 전 세계 어디서나 통용되는 월드 패스와 같아서 수요가 항상 공급을 앞지르며, 투자자들은 이자가 다소 낮더라도 현금처럼 쓸 수 있는 이 편리함 때문에 기꺼이 국채를 사들인다.

이처럼 미국 국채가 가진 독보적인 편리함에 붙는 일종의 자릿세를 경제학에서는 편의수익convenience yield이라고 부른다. 투자자들이 이 편리함의 대가로 낮은 이익을 감수하기 때문에 미국 정부는 다른 나라나 기업보다 훨씬 낮은 금리로 자금을 조달할 수 있게 된다. 결국 미국 국채에 대한 전 세계적 수요는 국채 금리를 낮추는 강력한 압력으로 작용하며, 미국은 이를 통해 실질적으로 조달 비용이 거의 들지 않거나 심지어 돈을 빌리면서도 이득을 보는 경제적 특혜를 누린다.

이제 미국, 공급 쪽을 보자. 2008년 금융위기와 유럽 재정위기를 거치며 미국 국채의 경쟁자들은 전멸했다. 민간 파생상품과 유럽 국채가 위험해지자, 시장에 믿을 건 오직 미국 국채만 남게 되었다. 설상가상으로 은행 규제는 국채 의무 보유량을 늘렸고, 연준은 양적완화로 시중 물량마저 싹쓸이했다. 살 물건은 씨가 마르는데 사야 할 곳만 넘쳐나니, 미국 국채는 귀해지면서 금리가 더 낮아질 수밖에 없었다.

이 분위기에서 미국 재무부가 국채를 더 찍으면 어떤 일이 생길까? 시장은 "잘 되었다, 담보 쓸 물건이 늘었다"라며 상당 부분을 소화한다. 세계의 안전자산 갈증이 미국 국채 발행을 받아주는 바다 역할을 하면서 금리를 과하게 끌어올리지 않게 만든다. 투자자 입장에선 "이자 조금 덜 받더라도 언제든 담보로 쓰고 현금화하기 쉬운 게 낫다"라는 선택이고, 거꾸로 보면 그 편리함의 대가만큼 금리가 낮아지는 효과다.

거시경제학자 리카르도 카발레로Ricardo Caballero와 에마뉘엘 파리Emmanuel Farhi는 이 메커니즘이 장기 저성장·저금리, 때로는 버블과 붕괴의 반복까지 설명한다고 본다. 안전자산 공급이 민간에서 무너질수록(위기 때), 그리고 규제가 안전자산 수요를 더 묶을수록, 이 공급 사슬은 더 강하게 작동한다. 결국 "세계가 안전 담보를 원한다"라는 구조적 힘이, 미국 국채 발행을 늘려도 금리가 쉽게 치솟지 않게 만드는 배경이 된다.

2020년 코로나19 팬데믹은 무이자 대출 구조가 실제로 어떻게 작동하는지를 보여주었다. 미국 정부는 경제 붕괴를 막기 위해 대규모 경기부양책을 내놓았고, 그 자금을 국채 발행으로 조달했다. 당시 국채 금리는 연 1% 수준에 머물렀다. 그런데 몇 년 뒤 물가 상승률은 7%까지 치솟았다. 이 말은 돈을 빌려준 사람들은 연 1% 이자를 받았지만, 물가가 그보다 훨씬 더 올랐기 때문에 실질적으로는 매년 손해를 본 셈이라는 뜻이다. 반대로 미국 정부는 빌린 돈의 실질 가치가 물가 상승으로 줄어들면서 사실상 공짜에 가깝게 돈을 빌린 효과를 얻었다.

여기에 중앙은행인 연준이 개입했다. 연준은 대규모로 국채를 사들이면서 정부 지출을 뒷받침했다. 국채에서 나오는 이자 수익은 다시 재무부로 돌려주었기 때문에 통합 정부의 관점에서 보면 국채 발행분의 대부분은 사실상 무이자 대출로 전환된 것이나 다름없었다. 결과적으로 채권자들은 손해를 감수했고, 미국 정부는 역사적으로 드물게 마이너스 실질 비용으로 막대한 재정을 조달할 수 있었다.

현금 지폐는 사실상 정부가 국민에게 빌린 돈과 같다. 하지만 이 빚에는 이자가 붙지 않는다. 예를 들어 내가 100달러 지폐를 갖고 있으면, 이는 미국 정부에 100달러를 빌려준 것과 비슷하다. 100달러를 미국 정부에 가져가면 언제든 그만큼의 가치를 제공하겠다는 약속이기 때문이다. 보통 빌려주면 이자를 받지만, 지폐를 들고 있는 동안 나는 단 한 푼의 이자도 받지 못한다. 오히려 분실 위험이나 위조 위험은 내가 감수해야 한다. 그 대신 지폐는 결제와 거래에 편리함을 주기 때문에 사람들은 기꺼이 이를 받아들이는 것이다. 이렇게 보면 달러 지폐는 미국 정부에는 무기한으로 갚지 않아도 되는 무이자 대출이고, 보유자 입장에서는 이자 없는 채권을 들고 있는 셈이다.

이제 마지막으로 정리해야 할 내용이 있다. 왜 미국 정부는 국채 발행을 지속적으로 늘릴 수밖에 없을까? 첫째, 구조적 재정 적자 때문이다. 국방비, 사회보장, 메디케어와 같은 의무지출은 정치적으로 줄이기 어렵고, 세금 인상은 강력한 저항을 불러온다. 따라서 부족분은 국채 발행으로 메워질 수밖에 없다.

둘째, 세계의 안전자산 수요 때문이다. 글로벌 은행, 보험사, 연기금은 규제와 리스크 관리 차원에서 미국 국채를 반드시 일정량 이상 보유해야 하며, 이는 재무부의 발행 확대를 제도적으로 뒷받침한다.

셋째, 달러의 대체 불가능성이다. 유로, 엔, 위안은 달러를 대체할 만큼의 신뢰와 자본자유화, 시장 깊이를 갖추지 못했고, 결과적으로 미국 국채는 유일무이한 안전자산으로 남았다.

넷째, 실질 조달 비용이 낮다. 인플레이션이 변동하더라도 장기 평균에서 실질금리는 낮게 유지되었다. 따라서 국채 발행은 정치적으로도 가장 저항이 적은 재원조달 수단이 되었다. 다섯째, 롤오버의 관성이다. 만기가 돌아오는 기존 부채를 교체하려면 새로운 발행이 불가피하고, 부채 규모가 커질수록 발행은 더욱 자동화된 행정 절차가 된다.

결론적으로 미국 정부의 국채 발행은 단순한 재정 수단이 아니라 국제금융 시스템을 뒷받침하는 안전자산 공급이자, 무이자 대출 구조의 핵심 고리로 작동하게 되었다. 국채 발행이 늘어날수록 국민과 세계 투자자들은 실질적인 사용 비용을 분담하지만, 미국 정부는 발행을 지속적으로 확대할 수 있는 권능을 누리게 된다. 이 구조는 국가 재정과 세계 금융이 동시에 의존하는 메커니즘이 되었고, 닉슨 쇼크 이후 주조 이익 개념은 바로 이 구조적 무이자 대출의 형태로 완전히 재정의되었다.

눈덩이처럼 불어난 미국 부채

닉슨 쇼크 이후 미국의 국채는 '조금씩 늘었다'가 아니라 '체계적으로 커졌다'고 말하는 편이 정확하다. 1971년 1분기 미국의 총연방부채는 약 3,916억 달러였는데 1980년에는 8,000억 달러대 중반으로 커졌고 1990년에는 3조 달러를 넘겼다. 2008년 글로벌 금융위기 즈음엔 10조 달러를 넘어섰고 팬데믹을 거치며 2020년 1분기 23조 2,000억 달러에서 같은 해 4분기 27조 7,000억 달러로 한 번에 껑충 뛰는 계단식 점프가 나왔다. 2025년 중반에는 36조 달러대를 찍고 8월에는 37조 달러 선을 넘어섰다. 반세기 남짓한 시간에 원금 규모가 거의 100배 가까이 불어난 셈이다. 이건 우연이 아니라 제도, 정책, 국제금융이 맞물려 생긴 결과다.

숫자의 크기도 중요하지만 더 중요한 건 '비율'이다, 경제 전체의 크기, 즉 국내총생산이라 부르는 GDP에 비해 빚이 얼마나 크냐가 나

● **미국 부채의 급등 추이**

단위: 10억 달러

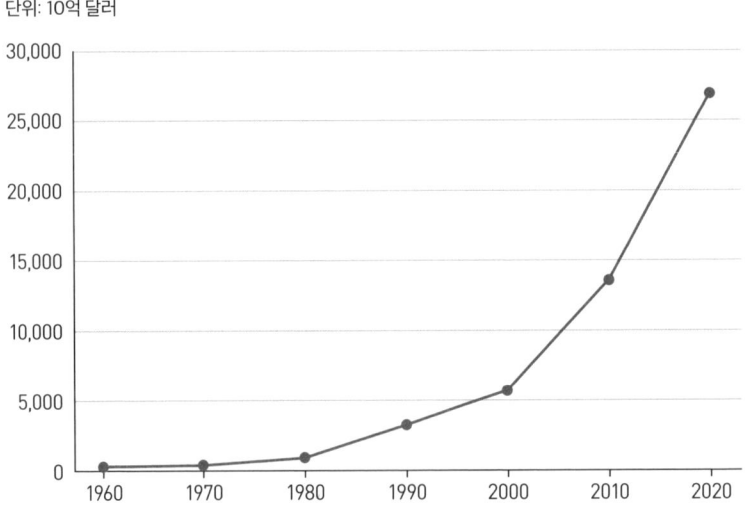

제3의 달러

라 살림의 지속가능성을 가늠한다. 1970년대 중반까지는 공공이 보유한 연방부채를 GDP로 나눈 비율이 30%대였는데 2000년대 중반에는 60%대로 올라섰고 금융위기 이후에는 70%에서 100% 사이를 오르내렸다. 앞으로도 이 비율은 100% 안팎 혹은 그 이상으로 오를 것이라는 전망이 지배적이다. 이는 우리가 만들어 내는 경제적 성과(파이)가 커지는 속도보다 빚이 불어나는 속도가 더 빠른 상황이 이제는 일시적 위기가 아닌 기본 시나리오가 되었다는 뜻이다.

미국 정부의 부채는 성격에 따라 크게 두 가지로 나뉜다. 하나는 공공 보유 부채이고, 다른 하나는 정부 내부 계정이다. 공공 보유란 시장, 가계, 연기금, 은행, 그리고 해외 투자자처럼 정부 바깥에 있는 주체들이 들고 있는 빚문서를 말한다. 반면 내부 계정은 사회보장신탁기금처럼 정부 안의 주머니끼리 주고받은 빚이다. 실제 금융 시장과 금리 정책에 즉각적인 영향을 미치는 것은 바로 시장에서 활발히 거래되는 공공 보유분이다.

이 공공 보유 부채 중에서도 특히 눈여겨볼 것은 외국인 투자자의 비중이다. 대략 전체의 3분의 1 정도를 외국이 쥐고 있는데, 일본, 중국, 영국 같은 나라들이 대표적인 큰손이다. 외국인이 미국 빚을 많이 사주면 수요처가 넓어진다는 점에서는 긍정적이다. 하지만 치명적인 단점은 막대한 이자가 꼬박꼬박 국경 밖으로 빠져나간다는 점이다.

더 큰 위험은 변동성이다. 지정학적 갈등이 터지거나 환율이 급변하는 등 외부 충격이 오면 외국인들은 언제든 채권을 팔아치울 수 있다. 만약 그들이 일시에 돈을 뺀다면 국채 가격은 폭락하고 금리는 급등하게 된다. 국채 금리가 뛴다는 건 정부가 돈을 빌릴 때 더 비싼 이자를 물어야 한다는 뜻이며, 이는 곧장 시중 금리를 자극해 가계와 기업의 대출 이자 부담까지 동시에 끌어올리는 결과를 낳는다.

부채 급증에 따른 문제를 보자. 첫 번째 문제는 이자 비용 급증이다. 금리가 낮을 때 발행한 채권도 시간이 지나면 만기가 돌아오고 그때의 시장 금리가 올라가 있으면 더 높은 이자로 갈아타야 한다. 팬데믹 기간 쌓아 올린 원금 자체가 크기 때문에 이자 지출은 눈덩이처럼 불어난다. 정부 예산은 결국 한 장부 안에서 다툰다. 같은 돈으로 국방, 교육, 도로, 복지에 쓸 수도 있었는데 그만큼을 이자로 먼저 떼이게 되면 미래 성장에 필요한 투자 여력이 줄어든다. 이건 단순한 숫자 문제가 아니라 경제의 체력이 갉아 먹히는 문제다.

두 번째 문제는 결국 물가와의 줄다리기다. 빚이 계속 쌓이면 언젠가 세금을 더 걷거나 지출을 줄이거나 아니면 돈의 가치를 떨어뜨려 실질적으로 빚을 줄이는 방법을 쓰게 된다. 돈의 가치가 떨어지는 건 인플레이션이고 인플레이션은 각자의 지갑에서 조금씩 돈을 빼앗아 가는 보이지 않는 세금과 같다. 정부 입장에서는 물가가 조금 오르면 빚의 실질 부담이 줄어 편하지만 국민 입장에서는 생활비가 올라 숨이 차다. 어느 선이 사회적으로 받아들일 만한 선인지가 항상 논쟁거리가 된다.

세 번째 문제는 금융 시스템이 겪는 갑작스러운 발작이다. 은행, 연금, 보험사 같은 거대 기관들은 규정상 가장 안전한 자산을 일정 비율 이상 의무적으로 가지고 있어야 한다. 그래서 가장 선호하는 것이 미국 국채다. 그런데 시장 금리가 급격히 오르면 문제가 생긴다. 채권의 금

제3의 달러

리와 가격은 반대로 움직이기 때문에, 금리가 오르면 기관들이 기존에 사둔 장기 국채의 가격은 뚝 떨어진다.

이러면 재무제표 장부상에 막대한 손실이 찍히고, 이는 곧바로 자금 조달의 불안으로 이어진다. 2023년 미국 지역은행(실리콘밸리은행 등) 사태가 정확히 이런 경로였다. 단순한 평가 손실이 당장 돈이 마르는 유동성 위기로 번지는 건 한순간이다. 이때 시장은 늘 같은 질문을 던진다. "과연 누가 마지막 방어막이 되어 줄 것인가? 중앙은행이 다시 사줄까, 재무부가 빚 구조를 바꿔줄까, 아니면 해외 큰손들이 버텨줄까?" 이 질문에 대한 답이 불투명할수록 시장의 불안은 커지고 금리의 변동 폭은 널뛰기를 한다.

네 번째 문제는 통제하기 어려운 바깥세상의 변수다. 미국 국채의 약 3분의 1을 외국인이 들고 있다는 사실은 명확한 양날의 검이다. 평온한 시기에는 든든한 수요 기반이지만, 상황이 급변하면 언제든 위협이 된다. 예를 들어 어떤 나라가 자국 통화 가치가 폭락하는 것을 막기 위해 비상금으로 쟁여둔 달러 국채를 내다 팔아야 할 수도 있고, 미·중 갈등 같은 정치적 이유로 중국이 국채 보유량을 줄이는 전략을 쓸 수도 있다.

이렇게 되면 국채를 사줄 큰손이 사라지는 수요의 구멍이 생긴다. 파는 사람은 많은데 살 사람이 줄어들면, 미국 정부는 국채를 팔기 위해 더 비싼 이자를 쳐주겠다고 약속해야 한다. 이는 곧바로 미국 전체의 자금 조달 비용 상승으로 연결된다.

다섯 번째 문제는 정치적 리스크다. 미국에는 정부가 빚을 어디까지 낼 수 있는지 법으로 상한선을 정해둔 부채 한도라는 것이 있다. 빚이 이 천장에 닿을 때마다 의회는 한도를 올려줄지 말지를 두고 벼랑 끝 대치를 벌인다. 이 과정에서 "미국 정부가 돈을 못 갚는 사태(디폴트)가 올 수도 있다"는 뉴스가 쏟아진다.

설령 실제 파산으로 가지 않더라도, 서로 마주 보고 달리는 자동차처럼 양보 없이 돌진하는 치킨 게임은 전 세계 투자자들에게 미국 정치 시스템에 대한 신뢰를 갉아먹는다. 단기적으로는 "그래도 미국만 한 곳이 없다"며 돈이 몰리는 역설적인 현상이 나타나기도 하지만, 장기적으로는 분명한 비용이 따른다. 신뢰가 흔들리는 만큼 더 얹어 줘야 하는 이자, 즉 가산 금리가 서서히 붙으며 나라 살림을 갉아먹는 것이다.

여기까지가 위험의 목록이라면, 왜 이런 경로가 가능했고 또 계속될 가능성이 있는가에 대한 긍정의 목록도 있다. 첫째로 세계는 여전히 달러를 필요로 한다. 무역의 큰 틀, 원자재 가격 표시, 국제결제 시스템, 각국 중앙은행의 외환보유 운용이 모두 달러를 중심으로 돌아간다.

둘째로 미국 금융 시장은 깊고 넓다. 사고팔기 쉬운 시장이라는 건 언제든 현금화가 가능하다는 뜻이고 이 유동성 자체가 프리미엄이다.

셋째로 규정과 제도는 안전자산 쏠림을 만든다. 은행 유동성 규정과 보험사의 자본 규정은 국채 보유를 사실상 의무로 만든다.

넷째로 위기 때마다 확인된 패턴이 있다. 충격이 오면 세계는 달러와 미국 국채로 몰린다. 2008년도 그랬고 2020년도 그랬고 심지어 2011년 미국의 신용등급이 한 번 깎였을 때조차 국채 금리는 내려갔다. 이건 "믿을 만한 마지막 피난처"라는 타이틀이 아직 유효하다는 뜻이다.

앞으로는 무엇을 봐야 할까? 첫째는 성장이다. 분자에 있는 부채를 그대로 두더라도 분모인 GDP가 더 빨리 커지면 비율은 내려간다. 생산성 향상과 일자리 확대, 인프라 개선 같은 진짜 성장 프로젝트가 필요한 이유다. 둘째는 매년의 살림살이 흐름이다. 일시적인 돈줄 조이기가 아니라 세금과 지출의 구조를 손봐서 매년 영수증과 지출이 맞아떨어지게 하는 힘, 즉 근본적인 살림 개선이 있어야 부채가 기울기를 낮춘다. 셋째는 발행 전략이다. 시장이 예측할 수 있는 공급 계획과 만기를 너무 짧게 몰지 않는 균형 잡힌 구조, 즉 너무 자주 갈아타지 않아도 되게 만들어야 금리에 붙는 위험 할증이 줄어든다. 넷째는 보유자 기반의 다변화다. 외국 의존이 너무 높은 구간에서는 국내 장기 투자자의 저변을 넓혀 충격 흡수력이 생기게 해야 한다.

프랑스 재정위기로 본 긴축의 역설

2025년 9월, 프랑스 대통령궁과 총리 관저가 야심 차게 내놓은 긴축 예산안이 의회의 문턱을 넘지 못하고 좌초했다. 행정부의 간판은 가브리엘 아탈 총리였지만, 무대는 여당이 과반을 차지하지 못한 쪼개진 의회였고, 시점은 팬데믹 이후 물가와 금리는 높고 성장은 더딘 최악의 경제 국면이었다.

정부는 나랏빚을 줄이기 위해 전기요금 지원을 줄이고, 의료비 보조를 깎고, 연금 지출을 늦추는 등의 고통스러운 항목들을 한데 묶어 제출했다. 당연히 야당은 물론이고 여당 내 일부 의원들조차 반기를 들었다.

결국 불신임 정국이 조성되며 예산안은 폐기되었다. 이 사건은 단순한 여야의 힘겨루기가 아니다. 복지라는 약속, 민주주의라는 절차, 그리고 유로존이라는 엄격한 재정 규율이 서로 다른 방향으로 잡아당기며 찢어지는 구조적 모순이 터져 나온 것이다.

이러한 결과는 알베르토 알레시나Alberto Alesina와 실비아 아르다냐Silvia Ardagna가 지적했듯, 허리띠를 졸라매는 긴축은 장기적으로는 국가 재정의 신뢰를 살리는 약이 되지만, 단기적으로는 유권자에게 확실한 고통을 주는 독이 된다. 손실은 지금 당장 특정 계층에 집중되어 나타나고, 그로 인한 이득은 아주 나중에 모두에게 분산되어 돌아오기 때문이다.

만커 올슨Mancur Olson의 집단행동 이론을 대입해 보면 상황은 더 명확해진다. 보조금이 깎여 손해를 보는 이익집단은 똘똘 뭉쳐 거세게 항의하지만, 재정 건전성이라는 장기적 이익을 누릴 대다수 국민은 흩어져 있어 목소리를 내지 않는다. 프랑스의 의료, 전기, 연금 분야는 그 자체로 강력한 이익집단이며, 국회의원들의 표 하나하나는 그들의 압력과 직결되어 있다. 당장 표를 얻어 재선해야 하는 의원들의 시계와, 먼 훗날 성과가 나타나는 재정 개혁의 시계는 결코 일치하지 않는다. 1980년대 제임스 뷰캐넌이 설명한 정치의 시간 불일치 문제가 정확히 이 지점에서 발생한다.

긴축은 더 필요해지고 더 어려워진다. 이번 부결이 갖는 의미는 여기에 있다. 제도상 선택지가 줄어드는 만큼 남은 선택지는 더 고통스럽고, 그 고통은 선거 주기와 충돌한다. 한 번 제도로 굳어진 복지 혜택은 더 이상 '공짜 선물'이 아니라, 국민들이 당연히 누려야 할 '권리'로 인식된다. 그래서 혜택을 아주 조금만 줄이려 해도 곧바로 거센 저항에 부딪힌다.

프랑스는 오랫동안 국가 전체 경제 규모의 절반 이상을 공공 지출로 쓰는 '큰 정부'를 유지해 왔다. 연금, 의료, 실업 급여, 각종 보조금 같은 장치들이 법과 행정 시스템, 그리고 노사 관계 속에 그물망처럼 얽혀 있다. 그러니 정부가 "재정을 위해 조금만 손보자"라며 내놓는 개혁안도 현장에서는 "내 권리를 빼앗는다"라고 느껴져 즉각적인 대규모 파업과 시위로 번지기 일쑤다.

그렇다면 왜 나랏돈을 사용하게 되는 기준(바닥)은 자꾸만 높아지기만 할까? 먼저 '와그너의 법칙'으로 설명할 수 있다. "나라가 부유해질수록 복지나 교육, 보건 같은 공공 서비스에 대한 수요가 소득이 늘어나는 속도보나 훨씬 더 빠르게 늘어난다"라는 원리다. 개인도 살만해지면 더 좋은 집과 차를 원하듯, 국민들도 소득이 오르면 '더 질 좋은 공적 서비스'를 정부에 요구하고, 국가는 그 눈높이에 맞춰 지출을 늘리게 된다.

여기에 '피콕-와이즈먼 가설'의 '대체(치환) 효과'가 기름을 붓는다. 전쟁이나 오일쇼크, 금융위기, 팬데믹 같은 거대한 충격이 닥치면, 국민들은 평소라면 절대 반대했을 높은 세금과 막대한 재정 지출을 "지금은 비상시국이니까 어쩔 수 없다"라며 용인한다.

문제는 위기가 끝난 뒤다. 급한 불을 끄고 나서도 지출 규모가 예전 수준으로 완전히 돌아가지 않는다. 위기 대응을 위해 새로 만든 제도와 조직, 높아진 급여 기준이 눌러앉아 '새로운 일상New Normal'이 되어버리기 때문이다. 프랑스는 1970년대 오일쇼크, 90년대와 2000년대의 실업난과 산업 전환, 2008년 금융위기, 그리고 2020년 팬데믹을 거치며 마치 계단을 오르듯 지출의 바닥이 한 칸씩 높아졌다. 팬데믹 때 긴급하게 만든 보조금과 지원 장치의 일부는 위기가 끝난 뒤에도 철거되지 않았고, 그만큼 다음 해 예산의 출발선 자체가 높아진 것이다.

의회는 이러한 긴장을 제도적으로 확대한다. 2024년 이후 프랑스 정치는 과반이 부재한 다원적 의회 구도로 들어왔다. 중도, 좌파, 극우가 서로 다른 우선순위를 내건 채 교차 연합을 만들고 깨뜨린다. 재정 축소안은 어디선가 반드시 강한 거부권을 만난다. 미국의 경제학자 앤서니 다운스Anthony Downs가 지적한 '집합적 선택의 역설'처럼, 다수의 선호는 일관된 사회적 선택으로 합성되지 못하고 순환한다. 정치에서 다수가 있다고 해서 언제나 하나의 결론이 나오는 것은 아니다. 이른바 집합적 선택의 역설(일명 콘도르세 역설)은 서로 다른 집단의 선호가 순환을 만들 때, 다수결이 명확한 승자를 내지 못한다는 사실을 보여준다. 예를 들어 A(강한 긴축)·B(완만한 조정)·C(현상 유지)라는 세 가지 안이 있을 때, 집단 1은 A > B > C, 집단 2는 B > C > A, 집단 3은 C

>A >B를 선호한다고 하자. 다수결로 1대1 비교를 하면 A는 B를 이기고, B는 C를 이기지만, C가 다시 A를 이긴다. A >B >C >A라는 고리가 생기는 순간, 의회는 어느 안을 올려도 다른 둘의 연합에 가로막히기 쉽다.

이 순환은 절차의 문제를 낳는다. 무엇을 먼저 표결에 올리느냐, 누가 누구와 일시적 연합을 하느냐에 따라 결과가 예상하지 못한 방향으로 뒤집힐 수 있고, 표결은 미루어지기 일쑤다. 시장과 시민이 보는 현실은 간단하다. 결정이 늦어지고 불확실성은 커진다. 긴축이든 지출 확대든 어느 쪽이든 "지금 이 조합"에서는 통과가 어렵다는 신호가 반복해서 나온다.

따라서 이번 부결은 정책의 옳고 그름을 최종 판정한 사건이라기보다, 현 의석 구도에서 어떤 형태의 조정안도 안정적 다수를 만들기 어렵다는 사실을 드러낸 것에 가깝다. 다수는 존재하지만 하나로 결집하지 못하고 빙글빙글 순환한다. 이때 필요한 것은 메시지의 음량을 키우는 일이 아니라, 의제의 쪼개기(안의 단순화), 표결 순서의 재설계, 교차 연합이 가능한 최소 공약수의 도출 같은 설계적 해법이다. 정치가 풀지 못한 순환을 절차가 풀어야 한다는 점에서, 이 문제는 의지의 문제가 아니라 메커니즘의 문제다.

유럽의 엄격한 재정 규율과 냉정한 시장의 신호는 이 복잡한 문제에 또 다른 그림자를 드리운다. 유럽연합에는 '안정성장협약'이라는 규칙이 있어 재정 적자와 국가 부채 비율을 일정 수준(GDP 대비 적자 3%, 부채 60%)으로 묶어둔다. 과도하게 빚을 내면 경고를 받고 시정을 요구받는 '과도적자 절차' 같은 제도적 가드레일이 존재한다. 하지만 이를 지키기 위해 예산을 깎을 때 발생하는 정치적 비난과 고통은 온전히 각국 의회가 짊어져야 한다.

반면 규율을 어기면 대가는 혹독하다. 신용등급 강등 경고가 날아오고, 돈을 빌리는 비용(금리)이 즉각 상승한다. 금리가 조금만 올라도 전체 예산에서 이자로 나가는 돈이 눈덩이처럼 불어난다. 이렇게 되면 교육, 보건, 인프라 투자처럼 국가의 미래를 위해 꼭 써야 할 예산이 빚 갚는 돈에 밀려나게 된다. 이번 예산안 표결이 단순히 종이 한 장의 문제가 아닌 이유가 여기에 있다. '지금 줄이지 못한 1의 빚'이 이자가 붙어 내년에는 '더 큰 1'의 청구서로 돌아오기 때문이다.

물론 해결책(정책 아이디어)이 없는 건 아니다. 첫째, '자동안정장치'를 강화해 정치인이 개입하기 전에 시스템이 알아서 지출에 브레이크를 걸도록 만드는 방법이다. 둘째, '다년 중기재정계획'이나 '독립 재정기구'를 통해 선거를 의식하는 '정치의 시간'과 국가 살림을 다루는 '재정의 시간'을 분리하자는 접근이다. 셋째, 지출을 꼼꼼히 검토해 보편적 복지와 선별적 복지를 다시 설계하고, 같은 돈으로 더 높은 효율을 내자는 방법이다. 넷째, 세금은 세율 자체를 올리기보다 세금을 안 내던 구멍(면세·감면)을 줄여 과세 기반을 넓히자는 접근도 있다.

하지만 이 모든 해법은 정치적 대타협 없이는 한 발자국도 움직일 수 없다. 어떤 개혁이든 반드시 손해를 보는 집단이 생기기 마련이고, 그들은 언제든 큰 목소리로 저항할 준비가 되어 있다. 결국 "오늘 조금의 고통을 분담하고 내일 닥칠 더 큰 비용을 막자"라는 사회적 계약이 필요하며, 이를 위해선 국민을 설득할 수 있는 신뢰와 정직한 언어가 절실하다.

이번 예산안 부결이 던지는 메시지는 결코 단순하지 않다. 행정부는 "국가 재정의 신뢰를 지키려면 지금부터 허리띠를 졸라매야 한다"라고 호소한다. 반면 의회는 "시민들의 삶이 너무 팍팍하니 복지를 줄일 수 없다"고 맞선다. EU는 "약속한 규칙을 지켜라"라고 압박하고, 시장은 "정치 싸움 그만하고 예측 가능한 실행력을 보여달라"라고 요구한다.

이 네 가지 목소리는 모두 타당하다. 그래서 긴축은 경제학적으로는 반드시 가야 할 길(필연)이지만, 정치학적으로는 가기 힘든 길(불가능)처럼 보인다. 이 모순된 역설은 선거와 제도, 국제 규범이 얽히고설켜 만든 구조적인 문제다.

결국 관건은 순서와 신뢰다. 정부가 허리띠를 졸라매자며 지출 구조조정을 언급하는 순간, 시민들은 본능적으로 "나의 삶에서 무엇을 앗아갈 것인가"가 아니라 "국가는 내 삶의 최소한을 어떻게 지켜줄 것인가"를 묻게 된다. 이 질문에 답하지 못하는 긴축은 실패한다. 에너지·식료처럼 생계 연동 항목의 보호, 노동·주택·규제 개혁과 연결된 성장 로드맵, 세입·세출의 공정성에 대한 납득 가능한 근거, 의회와 지방정부·노사단체가 참여하는 공개적 교환이 준비되어야 한다. 복지를 깎는 긴축이 아니라 복지의 질과 재정의 신뢰를 동시에 지키는 재설계라는 서사가 필요하다. 재정 수지의 개선이라는 숫자는 이 신뢰 형성의 과정이 끝난 뒤에야 비로소 자연스럽게 따라오는 결과물일 뿐이다.

연준의 보이지 않는 돈, 그리고 진짜 돈의 메커니즘

연준이 돈을 찍는 방법

사람들은 "정부가 돈을 찍는다"라고 말하지만, 제도와 회계를 따라가 보면 '실제'로 통화를 만들어내는 주체는 연준이다. 여기서 말하는 돈은 일상에서 쓰는 지폐뿐 아니라 은행들이 연준에 예치해 두는 전자적 예금, 즉 지급준비금까지 포함한 기초통화다. 지폐는 내가 손에 쥐는 종이돈, 지급준비금은 은행이 중앙은행에 가진 예금이다. 두 가지를 합친 것이 연준의 부채이자 경제의 바닥자금이다. 이 기초통화를 늘리고 줄이는 스위치를 쥔 곳이 바로 연준이다.

지폐를 찍는 인쇄 작업은 재무부 산하 인쇄국이 맡지만, "이 지폐를 경제에 풀 것인가 말 것인가"를 결정하고 실제로 내보내는 권한은 연준에 있다. 은행이 창구와 ATM에 둘 현금이 부족하면 지역 연준에 지폐를 요청하고, 그 대가로 연준에 보관해 두던 자기 돈을 넘긴다. 이때 넘기는 돈이 바로 지급준비금이다. 지급준비금은 시민이 쓰는 예금이 아니라, 은행이 중앙은행(연준)에 보유하는 전자예금으로서 은행끼리 서로 결제할 때 쓰는 전용 돈이다. 우리 눈에 보이는 지폐가 '종이 돈'이라면, 지급준비금은 '은행만 쓰는 중앙은행의 전자 돈'인 셈이다.

예를 들어 A 은행 고객이 B 은행 고객에게 큰돈을 이체하면, 두 은행 사이에서는 지급준비금이 A 은행 계정에서 B 은행 계정으로 이동하면서 결제가 끝난다. 카드 결제·외화 결제 같은 일상의 뒤처리도 결국 은행들 사이에서 지급준비금으로 정산된다. 은행이 현금을 더 달라고 하면 연준은 그 은행의 지급준비금에서 같은 금액을 차감하고 지폐를 건네준다. 반대로 현금이 남아 다시 맡기면, 지폐는 줄고 지급준비금은 늘어난다. 경제 전체로 보면 '지폐 + 지급준비금 = 기초통화' 총합은 그대로이고, 구성만 바뀐다.

동전은 재무부 산하 미 조폐국이 만들지만, 금액 비중이 작다. 통화량을 크게 좌우하는 축은 지폐와 지급준비금이다. 그래서 사람들이 "돈을 새로 만들었다"라고 말할 때, 실무적으로는 연준이 지급준비금을 새로 창출했다는 뜻인 경우가 많다.

연준이 시장에서 국채 100달러어치를 사들이는 순간을 가정해 보자. 연준의 자산 칸에는 국채가 100 올라가고, 동시에 그 국채를 판 사

● 지폐와 지급준비금의 순환 구조

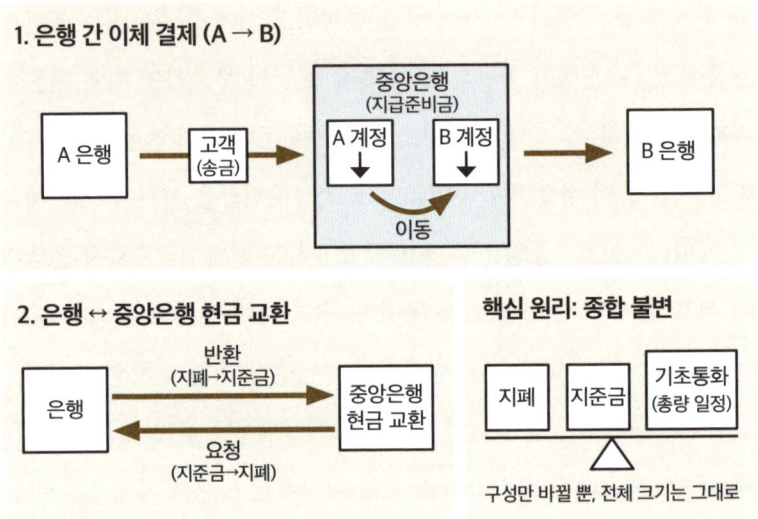

1. 은행 간 이체 결제 (A → B)

중앙은행
(지급준비금)

A 은행 → 고객(송금) → A 계정 ↓　　B 계정 ↓ → B 은행

이동

2. 은행 ↔ 중앙은행 현금 교환

은행 → 반환(지폐→지준금) → 중앙은행 현금 교환

은행 ← 요청(지준금→지폐) ← 중앙은행 현금 교환

핵심 원리: 종합 불변

지폐 ｜ 지준금 ｜ 기초통화(총량 일정)

구성만 바뀔 뿐, 전체 크기는 그대로

람의 거래 은행이 연준에 갖고 있던 지급준비금 계정에 100이 새로 적힌다. 이 100은 기존 어딘가에서 빼 온 돈이 아니라, 연준이 장부에 새로 만들어 넣은 전자적 기초통화다. 같은 시각 그 은행은 고객의 예금을 100 늘려서 대금을 입금한다. 고객 입장에서는 보유하던 국채가 사라지고 은행예금 100이 생긴다. 시스템 전체로는 연준의 자산과 부채가 각각 100 늘고, 민간에는 예금이 100 늘어난다. 이때 시중 현금이 곧바로 늘어난 것은 아니다. 고객이 ATM에서 뽑아 현금으로 바꾸면 그만큼 은행의 지급준비금이 줄고 시중 지폐가 늘어난다. 지폐와 지급준비금의 합계, 즉 기초통화의 총량은 변함없고, 구성만 바뀐다.

연준이 돈을 거두는 길은 반대로 움직인다. 연준이 보유 국채를

100 팔면, 사는 쪽 은행의 지급준비금이 100 줄어 연준으로 넘어가고, 연준의 자산과 부채가 각각 100 감소한다. 시장의 기초통화가 축소되는 셈이다. 더 짧은 호흡으로 유동성을 빨아들이는 방법도 있다. 연준이 하루짜리 역레포*를 제시해 MMF나 은행이 현금을 맡기도록 하고, 담보로 국채를 빌려준다.

유동성 호흡 조절, 레포와 역레포

레포와 역레포는 금융시장에서 국채를 담보로 현금을 주고받는 일종의 전당포 거래로, 시중의 돈 흐름을 조절하는 핵심 장치 역할을 한다. 레포는 현금이 필요한 금융기관이 국채를 맡기고 돈을 빌려오는 방식으로, 중앙은행이 이를 시행하면 시중에 유동성이 공급되어 경제가 활성화되는 효과가 있다.

반대로 역레포는 중앙은행이 국채를 담보로 제공하고 시중의 남는 현금을 빌려오는 방식인데, 이는 마치 진공청소기처럼 시중의 과잉 유동성을 빨아들여 물가를 안정시키고 금리의 하한선을 지지하는 역할을 수행한다. 이러한 시스템은 단순히 은행 간의 거래를 넘어 미국의

---

* 역환매조건부채권. 발행사가 보유한 현금을 연준이나 금융기관에 빌려주고, 그 대가로 국채를 담보로 받는 초단기 거래. 사실상 현금을 국채 담보로 굴리는 것이라, 현금성 자산 중에서도 가장 안전하고 유동성이 높은 자산으로 취급된다.

달러 패권을 유지하는 거대한 순환 고리를 만든다. 다음 날 되갚으면서 원리금을 돌려주지만, 맡겨 둔 시간 동안 시장의 현금은 일시적으로 빠져 있다. 이 장치는 단기금리를 목표 범위에 묶어 두는 배수구 역할을 한다.

지폐는 우리가 쓰는 종이 돈이고, 지급준비금은 은행이 중앙은행에 들고 있는 전자 돈이다. 연준은 이 두 가지의 합계를 늘리거나 줄이는 스위치를 쥐고 있다. 은행이 현금이 필요할 때는 지급준비금을 현금으로 바꾸어 받아 가고, 현금이 남을 때는 다시 지급준비금으로 되돌려 놓는다. 총량은 그대로이고, 구성만 오가는 구조다.

연준이 시중에 돈(자산)을 공급하고 조절하는 파이프라인은 크게 몇 가지로 나뉜다. 가장 기본인 전통적 공개시장운영은 아주 짧은 만기의 국채나 레포를 사고팔아 하루나 수일 단위의 급한 불을 끄는 미세조정 작업이다. 반면 양적완화는 수도꼭지를 완전히 트는 것과 같다. 만기가 긴 국채와 MBS를 대규모로 사들여, 은행들이 가진 지급준비금(현금)을 오랫동안, 그리고 엄청난 양으로 늘려주는 방식이다. 금융 위기처럼 다급한 상황에서는 할인창구 대출이나 긴급대출창구라는 비상문을 연다. 이때는 은행으로부터 담보를 잡고 직접 현금을 꽂아준다.

최근의 운영 체계는 좀 더 정교해졌다. 연준은 은행이 맡겨둔 돈(지급준비금)에 이자IORB를 줌으로써 "이 금리보다 싸게는 돈을 굴리지 말라"라는 일종의 바닥을 만든다. 반대로 시중에 돈이 너무 넘쳐 금리가 목표보다 내려가려 하면, 역레포 장치로 유동성을 빨아들여 금리가 정해진 범위 밖으로 나가지 못하게 묶어둔다. 이 모든 것은 결국 기초통화의 양을 늘렸다 줄였다 하며 돈의 값을 조절하는 도구들이다.

정부의 지갑인 재무부와의 호흡도 중요하다. 재무부는 세금을 걷거나 국채를 찍어 빌린 돈을 연준 내부에 있는 재무부 일반계정TGA이라는 금고에 쌓아둔다. 이 계좌의 수위 조절이 시장에 큰 영향을 미친다.

원리는 이렇다. 정부가 예산으로 100을 지출하면, 연준에 있는 TGA에서 100이 빠져나간다. 이 돈은 민간으로 흘러들어가 수혜자 은행의 지급준비금을 100만큼 늘리고, 국민들의 예금 통장 잔고도 100만큼 불어난다. 즉, 정부 지출은 시중에 돈을 푸는 효과를 낸다.

반대로 재무부가 국채를 팔아 100을 빌리는 상황을 보자. 투자자들은 국채를 사기 위해 자기 은행 예금에서 돈을 인출해 정부에 건넨다. 그러면 시중 은행의 지급준비금은 100만큼 줄어들고, 그 돈은 다시 연준 내의 TGA로 빨려 들어간다. 즉, 국채 발행은 시중의 돈을 흡수하는 효과를 낸다. 이렇게 재무부가 돈을 걷고 쓰는 과정에서 시중의 자금(준비금) 수위는 계속 출렁거리게 되는데, 연준은 이때 공개시장운영이나 레포·역레포 카드를 꺼내 들이붓거나 퍼내면서 시장 금리가 흔들리지 않도록 균형을 잡는다.

미국의 국채 발행과 연준의 통화정책은 겉으로 보기에 한 몸처럼 움직일 때가 많지만, 법과 절차는 둘 사이에 분명한 경계를 세워 둔다. 여기서 핵심은 연준은 재무부가 막 발행한 새 국채를 직접 살 수 없다는 점이다. 국채는 먼저 재무부의 경매를 통해 시장에 나와야 하고, 그 경매에서 물량을 책임지는 주체가 월가의 프라이머리 딜러들이다. 이들은 대형 은행·증권사로, 경매에 적극 참여해 국채를 사들이고, 이후 연금·보험·해외 중앙은행 같은 고객에게 되팔거나 스스로 재고를 보유한다. 연준이 유동성을 늘릴 필요가 있다고 판단하는 경우에도, 연준은 이 딜러나 투자자들로부터 2차 시장에서만 국채를 매입한다. 경매(재무부 ↔ 딜러)와 매입(연준 ↔ 시장)을 물리적으로 분리해 둔 이 구조가 "정부가 마음만 먹으면 중앙은행이 바로 돈을 찍어준다"라는 의심을 막는 방화벽 역할을 한다.

돈의 흐름을 따라가면 구조를 이해하기 쉽다. 먼저 재무부가 국채를 발행하면, 프라이머리 딜러가 이를 의무적으로 받아 유통시킨다. 이후 경기 부양이 필요할 때 연준이 등장한다. 연준은 시장에 풀린 국채를 다시 사들이는데, 이 과정에서 지급준비금이 채워지며 시중에 돈이 풀린다. 결과적으로 국채 금리가 내려가 정부의 이자 부담도 줄어든다. 원칙은 늘 같다. 발행은 시장으로 던지고, 매입은 시장에서 거둔다.

프라이머리 딜러를 '국채 도매상 + 시장 유지요원'이라고 생각하면 쉽다. 재무부가 국채를 경매에 내놓으면, 이 딜러들은 무조건 일정 물량을 사주어야 하는 의무가 있다. 경매가 텅 비지 않게, 즉 정부가 그날 꼭 돈을 조달할 수 있도록 최후의 손님이 되어 주는 역할이다. 이렇게 산 물량은 연금·보험·해외 중앙은행 같은 고객에게 나누어 팔거나, 당분간 재고로 쌓아 둔다.

국채를 쌓아 두려면 돈이 든다. 딜러는 그 국채를 담보로 레포라는 단기 대출을 받아 자금을 메운다. 쉽게 말해 '국채를 맡기고 하루~몇 주 쓰는 운영자금'을 빌리는 전당포형 대출이다. 다음날이나 다음 주가 되면 갚고, 필요하면 다시 빌려서 재고를 굴린다.

국채 가격은 금리와 반대로 움직인다. 금리가 갑자기 뛰면 가지고 있던 채권 가격이 떨어져 손실이 난다. 그래서 딜러는 선물·스와프 같은 파생상품으로 위험을 덜어 둔다. 주택에 화재보험 드는 것처럼, 금리 오를 때 이득이 나는 포지션을 조금 깔아 놓아 채권 손실을 일부 상쇄한다. 완벽하진 않지만, 급변할 때 버티는 데 도움이 된다.

신용 창조의 비밀과 기울어진 운동장

은행 대출은 '예금을 모아서 빌려주는 일'이 아니라, 신용을 승인하는 순간 새 예금을 만들어 내는 일이다. 절차는 이렇게 흘러간다. 차주가 A 은행에 대출을 신청하면 은행은 신용도·담보·상환능력을 기준으로 승인 여부를 결정한다. 이때 은행은 당장 손에 쥔 예금 잔고가 충분한지부터 확인하지 않는다. 대출은 예금을 이전하는 행위가 아니라, 장부에 새로운 돈의 껍질을 만들어 넣는 결정이기 때문이다. 승인이 떨어지는 즉시 은행 장부에는 두 줄이 동시에 찍힌다. 자산 쪽에는 '대출채권 +1억 원', 부채 쪽에는 '고객예금 +1억 원'. 종이돈이 오간 적이 없어도 차주의 계좌에는 1억 원이 들어온다. 우리가 "대출이 예금을 만든다"고 말하는 까닭이 여기에 있다.

차주가 그 돈을 쓰는 순간 결제가 시작된다. 받는 사람이 같은 A 은행 고객이라면 은행 내부에서 계좌만 바뀐다. 차주 계좌는 1억이 빠지고, 매도인 계좌에 1억이 들어간다. 은행 밖으로 자금이 나간 것이 아니므로 별도의 준비금 이동은 거의 필요 없다. 반대로 받는 사람이 B 은행 고객이라면 이야기가 달라진다. A 은행은 매도인의 B 은행 계좌에 1억을 약속했으므로, 중앙은행에 보유한 자기 계정에서 B 은행 계정으로 같은 금액을 넘겨야 한다. 이때 움직이는 것이 지급준비금이며, 이는 은행끼리의 약속을 최종적으로 깔끔히 맞추어 주는 결제의 윤활유 역할을 한다. 순서는 항상 같다. 먼저 예금이 창출되고, 그다음 결제가 일어나며, 마지막으로 준비금이 뒤따라 이동한다.

준비금이 부족한 은행은 당장 대출을 멈추는 게 아니라, 일단 일을 진행하고 부족한 돈을 나중에 채워 넣는 방식을 쓴다. 이를 사후적 조달이라 한다. 다른 은행에서 급전을 빌리거나(콜·레포 시장), 가지고 있던 채권을 담보로 중앙은행에서 돈을 타내거나, 예금 금리를 올려 고객 돈을 더 끌어오거나, 아니면 자산을 팔아서 메운다. 현대 중앙은행은 목표한 금리를 유지하기 위해 시장 전체의 준비금 수위를 조절해주기 때문에, 개별 은행 입장에서는 "일단 결제하고 나중에 메우는" 관행이 가능하다. 즉, 은행 금고에 지금 당장 현금이 얼마나 있는지가 대출 승인 여부를 결정짓는 절대적 기준은 아니라는 뜻이다.

대출이 실행되는 순간의 메커니즘을 살펴보자. 은행이 대출 승인 버튼을 누르면, 민간의 예금 총액은 그 즉시 늘어난다. 은행이 허공에서 숫자를 입력해 돈을 창조했기 때문이다. 반면 은행들이 결제에 쓰는 진짜 돈인 준비금의 총량은 변하지 않는다. 준비금은 중앙은행이 수도꼭지를 틀어야만 양이 변하고, 평소에는 A 은행에서 B 은행으로 이동만 할 뿐이다.

그렇다면 은행은 무한대로 대출을 해줄 수 있을까? 은행을 진짜로 옥죄는 건 준비금의 양이 아니라 자본비율이나 유동성 규제 같은 법적 제약, 그리고 돈을 떼일 확률(신용위험)과 이익이 남느냐(수익성) 하는 경영상의 판단이다. 이 조건들이 빡빡해지면 은행은 대출 문을 걸어 잠그고 이자를 높인다. 요약하자면 이렇다. 은행은 대출을 승인해 먼저 예금(숫자)을 만들어 차주에게 쥐여주고, 차주가 그 돈을 이체해서 쓰면 그때 은행들끼리 준비금을 주고받으며 뒷수습을 한다. 그래서 교과서적 통념과 달리 "대출이 예금을 낳고, 준비금은 그 뒤를 따라가며 받쳐준다"고 말하는 것이다.

연준의 대차대조표와 주조 이익

연준의 장부상 '부채' 항목은 전 세계가 사용하는 달러의 최종적인 형태를 보여준다. 여기서 부채라고 해서 나쁜 빚을 의미하는 게 아니다. 중앙은행이 발행한 돈은 회계상 모두 부채로 잡힌다.

이 부채는 크게 세 가지로 나뉜다. 첫째는 우리 지갑 속에 있는 '지폐(현금)'다. 이는 이자가 붙지 않는, 사실상 만기가 없는 영구적인 빚이다. 둘째와 셋째는 은행들이 연준에 맡겨둔 '지급준비금'과 '역레포'다. 이것들은 실물이 없는 전자 화폐이며, 연준이 금리(이자)를 쳐주는 돈이다. 지폐는 전 세계 사람들의 금고와 지갑에 흩어져 있지만, 지급준비금은 은행 간 결제 시스템의 윤활유로서 오직 중앙은행의 전산 장부

안에만 존재한다. 이 세 가지가 달러 유동성의 가장 밑바닥을 받치는 최종 안전판이다. 그래서 "도대체 달러는 어디서 솟아나는가?"라는 질문의 끝은 결국 연준의 대차대조표로 귀결된다.

문제는 미국 밖이다. 한국은행이나 유럽중앙은행 같은 해외 중앙은행은 위기가 닥쳐도 달러를 직접 찍어낼 권한이 없다. 그렇기에 글로벌 경제 위기로 달러가 말라버릴 때를 대비해, 진짜 달러의 주인인 연준과 연결된 '비상 급수관'이 필요하다. 그 급수관이 바로 연준의 대차대조표에 연결된 파이프라인이다. 대표적으로 '통화 스와프 라인'과 'FIMA 레포'라는 두 가지 배관이 있다. 이름은 어렵지만 원리는 간단하다.

먼저 통화 스와프 라인을 살펴보겠다. 경제 위기가 터져 해외 은행들이 달러를 구하지 못해 발을 동동 구르는 상황을 가정해 보자. 이때 각국 시중 은행은 자기네 나라 중앙은행에 "달러 좀 구해달라"라고 긴급 요청을 보낸다. 그러면 그 나라 중앙은행은 연준과 미리 뚫어놓은 스와프 라인을 가동한다. 연준에게 "우리나라 돈(원화, 유로 등)을 담보로 맡길 테니, 그 가치만큼의 달러를 일정 기간만 빌려 달라"고 청하는 것이다.

이 거래가 성사되면 연준의 장부에는 변화가 생긴다. 자산 항목에는 상대국 통화가 담긴 '중앙은행 스와프'가 새로 기록되고, 반대편 부채 항목에는 그 나라 중앙은행 이름으로 된 '달러 예치금'이 생긴다. 즉, 연준이 장부상으로 달러를 뚝딱 만들어 상대국 중앙은행 계좌에 꽂아준 것이다.

달러를 받아온 외국 중앙은행은 이 돈을 자국 내 은행들에게 경매 방식으로 빌려준다. 은행들은 이 돈으로 수출 대금을 치르거나, 만기가 돌아온 외화 빚을 갚거나, 환율 방어용 증거금을 내는 등 급한 불을 끈다.

약속한 기간(만기)이 끝나면 이 과정은 정확히 역순으로 진행된다. 외국 중앙은행은 빌려 썼던 달러 원금에 이자를 얹어 연준에 갚고, 연준은 맡아두었던 그 나라 통화를 돌려준다. 이때 적용하는 환율은 스와프 계약을 맺을 때 미리 고정해 둔다. 덕분에 위기 상황에서 환율이 미친 듯이 널뛰더라도 양쪽 중앙은행 모두 환율 변동으로 인한 손해를 보지 않고 안전하게 거래를 마칠 수 있다.

다음은 'FIMA 레포Foreign and International Monetary Authorities repo'다. 많은 해외 중앙은행과 공적기구는 미국 국채를 외환보유의 핵심으로 들고 있고, 그 상당수는 연준의 보관 계정에 예탁되어 있다. 급히 달러 현금이 필요할 때 이 채권을 시장에 내던지면 채권 가격이 폭락할 수 있다. FIMA 레포는 이때 쓰는 '안전한 담보대출' 통로다. 쉽게 말해 외국 중앙은행이 보유한 미국 국채를 연준에 잠시 담보로 맡기고 달러를 빌려 쓰는 것이다. 덕분에 국채 투매로 인한 시장 충격을 막고, 필요한 달러를 안정적으로 구할 수 있다.

외국 중앙은행이 "이 미국 국채를 담보로 하루(또는 며칠) 동안 달러를 빌리겠다"고 신청하면, 연준은 그 국채를 일시적으로 사 오고(자산: '레포' 증가), 해당 기관 계정에 달러 예치를 늘려 준다(부채 증가). 다음 날(또는 만기)에 외국 중앙은행이 달러와 이자를 갚으면, 연준은 국

● 위기 시 달러를 공급하는 두 개의 배관

비교 항목	통화스와프 라인	FIMA 레포
제공 담보	상대국 통화 (예: 원화, 유로, 엔 등)	미국 국채 (해외 중앙은행이 보유한 것)
작동 방식	자국 화폐와 달러를 맞교환 (만기 시 원상 복구)	국채를 담보로 한 단기 대출 (형식상: 국채 매도 후 재매수)
주된 용도	시중 은행에 달러를 뿌려주기 위함 (수출 대금, 외화 빚 상환 등 실물 경제용)	국채를 시장에 내다 팔지 않고 현금을 구하기 위함 (국채 가격 폭락 방지용)
핵심 장점	환율 변동 위험 없음 (계약 시 환율을 고정해 둠)	미국 국채 시장 안정 (투매로 인한 금리 폭등을 막음)
공통점	① 연준의 대차대조표(장부)를 늘려서 돈을 푼다. ② 달러 결제가 멈추지 않게 하는 '최종 안전판' 역할을 한다.	

채를 되돌려 준다. 외국 중앙은행 입장에선 '팔았다가 바로 사오는' 형식이라, 국채를 시장에 던지지 않고도 현금을 마련한다. 덕분에 미국 국채 가격의 급락을 막고, 달러 자금 시장도 안정된다.

두 장치는 공통점이 뚜렷하다. 첫째, 모두 연준의 대차대조표 위에서 돌아간다. 연준은 '자산(통화스와프·레포)'을 늘리고 '부채(해외 당국의 달러 예치)'를 늘리는 방식으로, 말 그대로 배관에 물을 퍼붓는다. 둘째, 마지막 결제의 출발점이 연준이라 "달러는 언제나 최종 결제가 된다"는 믿음이 생긴다. 해외 은행과 기업은 "최악의 순간에도 우리 중앙은행 → 연준으로 이어지는 라인이 열려 있다"라는 걸 알기에 패닉에 덜 휩쓸린다. 셋째, 시장 기능을 살려 둔다. 스와프 라인은 은행

간 달러 대출 금리의 급등을 누르고, FIMA 레포는 국채 '투매'를 막아 기준 담보의 가격을 지킨다. 결제의 파이프가 막히지 않도록 물을 채우는 일, 바로 그것이 달러 패권의 실질적 내용이다. 위기 때 연준이 대차대조표를 키우며 이 배관에 신속히 유동성을 흘려보낼 수 있다는 사실 자체가 신뢰를 만든다. 그리고 그 신뢰가 매일의 송금·상환·담보거래를 멈추지 않게 한다.

연준의 자산 항목은 미국의 '안전자산 산업'과 직결된다. 미국 국채는 전 세계 담보 시장과 머니마켓의 표준이고, 연준이 국채를 사들이면 그 가격이 지지되고 장기금리가 눌리며, 다시 정부의 조달 비용과 글로벌 할인율에 파급된다. 안전자산을 찾는 세계의 수요가 만성적으로 초과되는 동안, 연준은 필요 시 마지막 매수자로 등장해 시장 깊이를 보장한다. 이 역할이 없으면 달러 자금 시장은 사고 한 번에 멈출 수 있고, 멈추는 순간 "달러는 늘 안전하다"는 전제가 부서진다. 대차대조표의 크기와 구성은 그래서 기술인 동시에 권력이다. 연준이 어떤 속도로 얼마만큼, 어떤 종목을 사거나 팔 수 있는지의 믿음이 곧 글로벌 금리의 바닥과 천장을 규정한다.

이 거대한 대차대조표는 단순히 시장을 통제하는 권력의 수단일 뿐만 아니라, 동시에 막대한 재정적 수익을 창출하는 원천이기도 하다. 좁은 의미의 주조 이익은 중앙은행이 돈을 만들어 얻는 재정적 이익을 말한다. 회계적으로 보면 연준이 보유한 자산에서 생기는 이자수익에서, 부채에 대해 지급하는 이자와 운영 비용을 뺀 나머지다. 지폐는 이자를 주지 않는 부채이므로, 지폐가 많을수록 연준의 자금조달 비용이 낮아지고, 그만큼 국채 등 이자수익 자산에서 생기는 순이익이 커진다. 이 순이익은 연준이 비용을 제하고 재무부에 송금한다. 이것이 미국 통합 정부 차원에서의 주조 이익의 핵심 흐름이다.

넓은 의미의 주조 이익은 '인플레이션세'까지 포함한다. 인플레이션이 오르면 현금과 무이자 예금을 들고 있는 사람들이 실질 가치 손실을 겪고, 그만큼 발행 주체는 부담이 줄어든다. 세계 곳곳에서 달러 지폐를 쥐고 있는 사람들 역시 이 보이지 않는 비용을 나누어 낸다. 달러가 기축통화인 한, 인플레이션세의 일부는 국경을 넘어 걷힌다. 이것이 어쩌면 연준과 미국 재무부라는 통합 정부가 거두는 주조 이익의 핵심이다.

최근 체제에서는 준비금과 역레포에 연준이 이자를 지급한다는 점이 핵심이다. 금융위기 이후 도입된 이 방식은 은행의 뱅크런을 막기 위한 안전장치이자, 단기금리의 바닥을 만드는 기준선 역할을 한다. 연준이 주는 이자가 일종의 하한선이 되고, 역레포가 잉여 유동성을 흡수하며 금리를 목표 범위 내에 묶어두는 원리다. 다만 이 구조는 부채에 비용이 발생한다는 맹점이 있다. 금리가 가파르게 오르면 연준이 보유한 자산 수익보다 은행에 줘야 할 이자 비용이 커져 일시적 적자가 발생한다. 실제로 최근 연준은 재무부 송금을 중단했지만, 이는 금리 사이클이 돌아서면 자연스럽게 해소될 회계적 현상이다.

무엇보다 연준의 수익 모델 그 자체가 주조 이익의 메커니즘이다. 연준은 이자가 0%인 지폐나, 비교적 낮은 비용으로 조달한 자금(역레포, 정부 예금 등)을 밑천 삼아, 이자가 꼬박꼬박 나오는 자산(국채, 주택저

당증권 등)에 투자한다. 싼 이자로 돈을 구해서 비싼 이자를 주는 곳에 투자하는 이 차익 거래 구조가 살아있는 한, 중앙은행의 주조 이익은 형태만 바뀌었을 뿐 여전히 건재하다.

재무부로부터 연준의
'분리·독립'이 만들어진 역사

출발점은 1913년이다. 1907년 공황 이후 민간 거물의 긴급자금에 의존하지 않고 결제 시스템을 안정시킬 중앙은행을 만들자는 요구가 커졌고, 그 결과 연방준비제도법이 제정되었다. 다만 탄생 초기의 연준은 완전히 독립적이지 않았다. 연방준비위원회에는 재무장관과 통화감독국장이 당연직으로 참여했고, 설계 철학도 정부 직접 통제도, 월가 과두도 아닌 절충형에 가까웠다.

대공황을 거치며 권한 배치가 빠르게 바뀐다. 1933년 은행법은 공개시장조작을 제도권으로 끌어들였고, 1935년 은행법 개정은 오늘날의 구조를 사실상 확정했다. 연준의 중앙기구가 '연방준비제도 이사회'

로 재편되고, 장기·교차 임기의 7인 이사 체제가 정비되었으며, 재무장관과 통화감독국장은 이사회에서 배제되었다. 명분은 "정책의 일관성과 전문성, 행정부로부터의 제도적 거리 두기"였다. 물리적으로도 연준은 별도 본관(메리너 에클스 빌딩)으로 자리를 옮기며 상징적 분리를 완성했다.

그러나 2차대전이 시작되자 독립성은 다시 후퇴한다. 전비 조달을 위해 재무부는 단기국채와 장기국채 금리를 사실상 고정하길 원했고, 연준은 전쟁과 전후 초기까지 이 금리 상한을 지켰다. 재무부의 명분은 "저금리로 싸게 빚을 굴려야 전쟁을 치를 수 있다"였고, 그 대가로 연준은 물가 압력에 맞추어 금리를 올릴 자유를 잃었다. 통화정책이 재정조달의 하위 기능으로 묶인 시기였다.

전환점은 1951년 '재무부 – 연준 협정Treasury-Fed Accord'이다. 한국전쟁과 인플레이션 급등 속에서 연준은 더 이상 금리 고정을 유지할 수 없다고 주장했다. 연준 의장 토머스 맥케이브Thomas McCabe, 뉴욕 연은의 앨런 스프롤Allan Sproul, 전·현직 리더 메리너 에클스Marriner Eccles 등이 "전시 조달 체제를 끝내고 물가안정을 위한 정책 자율을 회복해야 한다"고 강하게 밀어붙였다. 재무부는 존 스나이더John Snyder 장관이 "조달 비용 최소화"를 앞세워 저금리 고수를 원했다. 백악관 회동과 서한 공방 끝에 1951년 3월 협정이 발표되면서 금리 고정 의무가 해제되었고, 연준은 공개시장조작을 자율적으로 운용할 권리를 되찾았다.

흥미로운 건, 그 협상을 하던 재무부 측 인사였던 윌리엄 매체스니 마틴William McChesney Martin이 곧바로 연준 의장이 되었다는 점이다. 그런데 그는 오히려 "파티가 막 신나질 때 펀치볼(술 그릇)을 치워야 한다"고 했다. 뜻은 간단하다. 경기가 과열되기 시작하면 정치인이 싫어하더라도 돈줄을 죄고 금리를 올려야 한다는 것. 인기보다 물가안정과 긴 안목을 우선하겠다는 선언이었다.

1951년 협정이 재무부와 연준의 역할을 갈라놓았고, 마틴 의장은 이를 "필요할 때는 단호히 긴축한다"는 원칙으로 굳혔다. 현대적 의미의 연준 독립은 사실상 여기서 시작되었다. 이후 1977년 연준법 개정은 여기에 '최대 고용과 물가안정'이라는 이중책무의 가드레일을 덧깔았다.

당시 미국은 물가는 오르는데 경기는 꺼지는 전례 없는 복합 위기를 겪고 있었다. 월가와 채권 시장은 "물가부터 잡자"고 외쳤지만, 고금리에 민감한 제조업과 노동계는 "일자리가 먼저"라며 맞섰다. 이 치열한 줄다리기 한복판에서 의회는 연준의 목표를 법으로 못 박아 균형추를 세우고자 했다. 러스트벨트의 붕괴와 대량 실업이라는 정치적 위기 속에서, 카터 행정부가 내건 "완전 고용"의 기치가 법제화로 이어진 것이다.

이렇게 판을 짜놓으면 연준은 더 이상 물가 하나만 잡겠다고 고용을 나몰라라 하거나, 반대로 표를 얻기 위해 무리하게 경기를 부양할 수 없다. 물가와 고용이라는 두 마리 토끼를 동시에 쫓아야 하는 이중책무Dual Mandate의 시대가 이렇게 법적으로 완성된 것이다.

이 추가 조항에는 '금융패권'과 '실물경제'의 이해가 교차한다. 월가와 채권자, 달러의 국제적 지위는 낮은 인플레이션과 높은 실질금리를 선호한다. 물가가 안정되어야 채권 가치가 지켜지고, 단단한 달러가 국제자본을 끌어들인다. 반대로 일자리와 임금에 민감한 실물 쪽은 과도한 금리 인상을 싫어한다. 금리가 조금만 올라가도 주택 착공이 꺼지고, 자동차 판매가 줄며, 공장 투자도 미루어지기 때문이다. '최대 고용'의 법제화는 바로 이 둘 사이의 영구적 타협장치를 만든 셈이다. '물가만 지키면 된다는 단일 목표'를 제도적으로 봉쇄한 것이다.

왜 물가가 먼저인가

법에는 분명히 '물가안정+최대 고용' 두 가지가 박혀 있지만, 실전에서 연준은 늘 물가안정에 더 무게를 둔다. 왜냐하면 금융 시장의 신뢰—채권 가치, 달러의 힘—는 낮은 물가에서 나오고, 이 신뢰가 깨지면 고용 쪽도 오래 못 버티기 때문이다. 그래서 같은 이중책무라도, "물가=핸들", "고용=속도 조절 페달"에 가깝게 운전한다. 채권자의 이익에서 물가안정에 방점을 찍었었던 관성이 작용하는 것으로도 볼 수 있다.

이 프레임으로 2025년의 장면을 다시 보면 선명해진다. 트럼프 대통령은 "지금 당장 큰 폭으로 내려라"라고 속도를 밀고, 파월 의장은 "정치와 거리를 두고, 데이터대로 가겠다"라고 제동을 건다. 표면적으로는 고용을 더 보겠다고 말하지만, 그 말의 바닥에는 늘 같은 전제가 깔려 있다. "물가안정 없이는 경제가 누구에게도 제대로 작동하지 않는다Without price stability, the economy does not work for anyone." 파월이 여러 차례 반복한 이 문장은 연준의 우선순위를 사실상 선언한 말이다. 또 "역사는 성급한 완화에 강하게 경고한다The historical record cautions strongly against prematurely loosening policy." "일이 끝날 때까지 계속할 것이다We will keep at it until the job is done." 같은 멘트도 같은 맥락이다. 요컨대, 고용이 흔들리면 속도는 조절하되 '물가 앵커'를 먼저 지키겠다는 뜻이다.

금융 쪽과 실물 쪽의 이해가 갈리는 순간일수록 이 차이는 더 도드라진다. 채권자·월가는 낮은 인플레이션과 높은 실질금리를 원한다. 그게 달러 패권을 단단히 만들고 장기금리를 붙들어 준다. 반대로 공장·건설·소매는 대출금리가 빨리 내려와야 숨을 쉰다. 트럼프의 "크게·빨리"는 후자 쪽의 언어다. 하지만 연준은 법적으로도, 역사적으로도 '물가의 닻'을 먼저 본다. 닻이 빠져나간 고용 호황은 금세 꺼지고, 신용 비용은 더 비싸진다. 그러니 파월의 답은 늘 비슷하다. "고용 지표를 더 보겠다"—그렇지만—"큰 폭의 선제 완화는 아니다." 즉, 점프가 아니라 계단이다.

다시 1977년 당시로 돌아가자. 또 하나 중요한 층위는 '정치적 대표성'이다. 당시 노동조합, 시민권 단체, 산업주卅 주州 의원들이 광범위한 연합을 이루어 "연준의 결정을 일자리에 비추어 심사받게 하자"고 밀어붙였다. 반대로 금융권과 보수진영은 "중앙은행의 독립이 훼손된다"고 우려했다. 타협의 결과가 '이중책무'였다. 연준의 수단(금리·대차대조표)은 건드리지 않되, 목표(고용·물가)는 국회가 정하고, 그 목표 대비 성적표를 정기 보고로 확인하는 모델이다.

결과적으로, '최대 고용'은 월가를 제압하기 위한 몽둥이가 아니라, 월가·실물·정치가 서로를 묶는 안전벨트가 되었다. 이후 폴 볼커의 고금리로 인플레이션을 꺾을 때도, 연준은 고통을 정면으로 설명하며 "언제, 어떻게 고용 목표로 복귀할지"를 보고해야 했다. 1990년대 이후 물가목표제가 퍼져도 미국이 끝내 '이중책무'를 유지한 건, 달러의 금융패권이 주는 이익과 국내 일자리의 정치경제적 가치를 동시에 떠안아야 하는 현실을 인정했기 때문이다.

1977년의 '최대 고용' 명문화는 한 세대의 경험이 만든 제도적 답이었다. 금융패권은 낮은 물가를, 실물경제는 견고한 고용을 원한다. 의회는 둘 사이의 줄다리기를 경기마다 다시 싸우지 않도록, 법 속에 영구 심판을 세웠다. 그 심판이 바로 '이중책무'다. 그리고 연준은 지금도 매 회의마다 그 심판 앞에서 "우리는 물가도, 고용도 함께 본다"는 증명을 반복한다.

1978년 험프리 – 호킨스법은 반기 보고와 의회 증언을 의무화했다. 명분의 주체는 의회였고 메시지는 분명했다. "정치로부터 독립하되 국민의 대표에게 설명 책임을 진다." 이는 재무부의 단기 조달 논리와 거리를 유지할 제도적 근거를 강화했다.

2008년 금융위기는 연준의 '운영상 독립'을 한층 공고히 만든다. 시장 기능을 살리려면 막대한 준비금을 공급해야 했고, 의회는 긴급안정화법으로 준비금 이자지급Interest on Reserves을 앞당겨 허용했다. 명분은 "준비금을 대량 공급하면서도 정책금리를 통제하려면 중앙은행이 준비금에 직접 바닥금리를 걸 수 있어야 한다"였다. 이후 연준은 준비금 이자와 역레포 금리로 단기금리의 목표 범위를 만들고, 재무부의 발행·조달과 별개로 통화정책의 기계장치를 정교하게 운용할 수 있게 되었다.

동시에 비상권한에는 새로운 견제가 붙었다. 2010년 도드 – 프랭크법은 연준법 13(3)조 긴급대출을 '광범위program-wide 시설'로 제한하고, 설치 시 재무장관의 사전승인을 요구하도록 개정했다. 2008년의 월가 은행이란 특정기관만 구제했다는 논란을 되풀이하지 않겠다는 의회의 선택이었다. 그 결과 평상시 통화정책은 더 독립적이 되었고, 위기 시 비전통적 대출은 "재무부와 공동 책임"의 틀로 재설계되었다.

연준의 중립성이라는 껍데기와 월가 편향이라는 알맹이

연준이 말하는 "독립·중립"은 백악관과 의회의 단기 정치 압력에서 벗어나겠다는 약속이지만, 정책은 언제나 분배의 결과를 낳는다. 금리와 유동성의 선택은 채무자와 채권자, 자산 보유자와 무자산층, 월가와 실물부문 사이의 소득과 부를 재배분한다.

폴 터커는 중앙은행의 권한은 "정치로부터 떨어져 있으되 민주적 정당성을 요구받는 위임 권력"이라고 규정했지만, 그 위임이 실제로 누구에게 유리하게 행사되었는지는 다른 문제다. 피터 콘티-브라운 Peter Conti-Brown은 "연준의 독립이 단일한 실체가 아니라 법·관행·조직 인사에 흩어진 '정치적 구성물'"이라고 분석했고, 그 구성물이 자본 시장과의 결합을 통해 특정 이해에 정렬될 수 있음을 지적했다. 더 거슬러 올라가 리처드 칸티용Richard Cantillon의 통찰은 단순하다. 새 돈은 "처음 닿는 관문"에 가까울수록 이익이 크다. 현대의 관문은 은행 대차대조표와 레포·국채·MBS로 엮인 자본 시장이다. 이 출발점만으로도 중립이 얼마나 쉽사리 특정 방향으로 기울 수 있는지 보인다.

연준의 통화 정책은 역사적으로 실물 경제보다 금융 자본과 채권자에게 유리한 방향으로 진화해 왔다. 1913년 설립부터 월가를 핵심 파트너로 삼았고, 1951년 독립 이후의 '물가 안정' 원칙은 결과적으로 자산 가치를 방어하려는 채권자의 이익과 맞아떨어졌다. 특히 1980년대 이후의 금융화 흐름과 '그린스펀 풋'은 이 경향을 굳혔다. 위기 때마다 연준이 나서서 어떻게 해서든 시장을 구원해 줄 것이라는 믿음은 제조보다 금융 수익을 우대하고, 대형 금융사의 도덕적 해이를 부추기는 결과를 낳았다.

하이먼 민스키가 경고했듯, 시장이 너무 안전하다고 느끼는 순간이 오히려 가장 위험한 불안정을 잉태하는 역설은 바로 이런 과도한 보호막 때문에 생겨난다. 오늘날의 중앙은행은 위기 때 은행에 돈을 빌려주는 최종 대부자 역할을 넘어섰다. 이제는 국채와 담보가 거래되는 레포 시장의 핵심 꾼(중개자)들을 직접 먹여 살리는 최종 딜러가 되었다. 과거에는 "비상시에만 비싼 금리로 엄격하게 빌려준다"라는 원칙이 있었지만, 지금은 "좋은 담보를 가진 대형 금융사라면 일단 살리고 본다"라는 식으로 변질되면서 금융 자본 쪽으로 부가 더 쏠리는 불공정한 구조가 굳어졌다.

조지프 스티글리츠Joseph E. Stiglitz는 이를 두고 "금융 시스템을 먼저 살리고 사람을 나중에 구하는 방식은 결국 불평등만 키운다"고 비판했다. 연준은 겉으로는 물가와 고용을 위한 독립적인 결정을 내린다고 말했지만, 실제 실행된 돈의 물길은 금융 자산을 가진 사람들의 장부를 먼저 정상화하는 쪽으로 흘렀던 셈이다.

2019년 레포 시장의 자금 경색과 2020년 팬데믹 위기 당시, 연준은 전례 없는 조치를 단행했다. 국채와 MBS를 사실상 무제한으로 사들이겠다고 약속했을 뿐만 아니라, 우량 회사채와 상장지수펀드까지 매입 대상에 포함하며 기업의 빚까지 보증하고 나선 것이다. 이는 경제학자 다니엘라 가보의 분석처럼, 연준이 달러 시스템을 지탱하는 핵심 고리인 '담보의 가치'를 직접 떠받쳐준 것이나 다름없었다.

효과는 즉각적이었다. 불안에 떨던 시장은 안정을 되찾았고, 위험 자산에 붙던 높은 금리 차이(스프레드)도 순식간에 사라졌다. 작동 원리는 수학 공식처럼 명확했다. 연준이 담보 가격이 떨어지지 않게 지지해주니 담보 대출이 다시 쉬워졌고, 빚을 내 투자하는 레버리지가 살아나면서 자산 가격이 회복된 것이다. 이 과정에서 채권 보유자와 ETF 투자자, 그리고 우량 대기업들이 가장 먼저 안도의 한숨을 내쉬었다는 점은 시사하는 바가 크다.

이 장면을 두고 '허상'과 '실체'를 나누어 보면 프레임은 더욱 뚜렷해진다. 주류 거시 경제학자들은 중앙은행을 단순히 신뢰와 기대를 관리하는 중립적인 심판으로 묘사하며, 연준의 독립성을 물가 안정을 위한 필수 조건으로 정의한다. 하지만 비판적 시각을 가진 정치경제학과 금융사회학의 관점은 다르다.

이들은 중앙은행을 "어려운 전문 용어로 포장되어 있을 뿐, 사실상 고도의 정치적 행위를 하는 플레이어"라고 본다. 제럴드 엡스타인Gerald

Epstein은 중앙은행이 금융업계의 이익에 구조적으로 포획될 위험을 경고했고, 필립 미로브스키Philip Mirowski와 데이비드 하비David Harvey는 신자유주의 질서 속에서 통화 정책이 어떻게 자산 시장의 논리와 한통속이 되었는지를 추적했다.

금융학자 페리 메어링크Perry Mehrling와 다니엘라 가보Daniela Gabor는 이 상황을 "현대의 최종 대부자Central Bank는 곧 거대 금융회사Dealer들의 마지막 파트너"라는 한 문장으로 정리한다. 단순하지만 뼈아픈 진실을 담고 있는 말이다. 금융 결제망 전체가 붕괴되는 것을 막으려면, 어쩔 수 없이 그 망을 움켜쥐고 있는 대형 은행, 딜러, 자산운용사부터 구해낼 수밖에 없다는 뜻이기 때문이다.

결국 "새로 풀린 돈이 누구의 손에 가장 먼저 닿는가"라는 18세기 경제학자 리처드 칸티용의 질문은 지금도 여전히 유효하다. 위기의 순간, 돈은 언제나 시스템의 가장 높은 곳에 있는 이들에게 먼저 도착하기 때문이다.

요지는 연준이 월가의 지시를 받아 적는다는 음모론이 아니다. 제도적 정렬의 문제다. 중앙은행은 결제를 지켜야 하고, 현대의 결제는 담보·레포·국채로 엮인 시장 인프라 위에서 돌아간다. 그 인프라를 떠받치면 분배적 효과는 자동으로 한쪽으로 쏠린다. 금리를 올리면 현재 차입자와 신규 투자가 먼저 눌리고 채권자는 방어된다. 금리를 내리고 자산을 사면 자산 가격이 먼저 반응한다.

"독립=중립"이라는 문구는 이 분배정치를 가리는 베일일 뿐이다. 진짜 독립은 "정치로부터의 거리"를 자랑하는 데 있지 않고, 각 수단이 누구의 대차대조표를 언제, 어떻게, 얼마나 살렸는지의 분배 감사를 제도화하고, 위기 시 긴급 지원의 가격·담보·대상 원칙을 명문화하며, 가계·중소기업 채널의 대칭적 유동성 공급 장치를 병렬로 깔아 두는 데있다.

월가: 예대마진·증권화 ·파생상품이라는 주조 이익

우리가 교과서에서 흔히 배우는 "은행에 예금이 들어와야 그 돈으로 대출을 해준다"는 식의 승수 이론은 현실에서 깨진 지 오래다. 실제 금융 시스템의 작동 순서는 "은행이 먼저 대출을 일으키고, 필요한 지급준비금은 나중에 맞춘다"가 정답에 가깝다.

월가가 돈을 찍는 방법

은행은 대출 승인 버튼 하나로 없던 돈(예금)을 창조하고, 실제 정산은 중앙은행의 지급준비금 망을 통해 나중에 처리한다. 즉, 은행은 중앙은행과 예금자 보호라는 '공공의 뒷배'를 믿고 돈을 찍어내며 이자 수익을 챙기는 셈이다. 위기가 오면 중앙은행이 돈을 뿌려주기까지 한다. 하지만 이 안전장치는 양날의 검이다. 은행은 '단기 예금으로 장기 대출'을 하는 구조적 위험(만기 불일치)을 안고 있는데, 국가가 뱅크런을 막아주니 리스크를 잊고 과도한 수익을 쫓는 유혹에 빠지기 쉽다.

문제는 이 방패가 튼튼해 보일수록 은행은 안심하고 더 과감하게, 더 위험하게 대출을 늘리려는 욕망을 키운다는 점이다. 평화로운 시기에는 민간 은행이 막대한 이익을 독차지하고, 위기가 터져 감당할 수 없는 손실이 발생하면 그 비용을 세금으로 사회 전체가 떠안는 이익의 사유화, 손실의 사회화가 구조적으로 반복되는 것이다. 이 구도가 민간판 주조 이익의 1막, 즉 전통적 은행업의 시대를 지탱했다.

1980년대 이후 금융은 2막에 접어들었다. 대출을 더 이상 은행 금고에 묶어두지 않고 종이로 만들어 파는 '증권화' 시대로 접어들었다. 주택담보대출 수천 개를 묶어 MBS를 만들고, 이를 투자자에게 판 현금으로 다시 대출을 해주는 식이다. 이른바 '대출 공장'이 쉴 새 없이 돌아가며 은행과 월가는 막대한 수수료를 챙겼고, 위험은 보이지 않는 곳으로 흩어졌다.

이 위험을 지탱한 건 신용등급이라는 속임수였다. 수학 모델을 맹신해 최고 등급AAA을 남발했지만, 위기가 닥치자 숨어있던 위험이 연쇄 폭발하며 시스템 전체가 무너져 내렸다. 여기에 기름을 부은 것이 '파생상품'이다. 일종의 부도 보험인데, 실제 보험사와 달리 갚을 돈(준비금)을 제대로 쌓지 않고 보증만 서주며 수수료를 챙겼다. 적은 자본으로 덩치만 키운 이 방식은 평소엔 '땅 짚고 헤엄치기'였지만, 위기가 터지자 감당할 수 없는 빚폭탄이 되어 결국 세금(공적 구제)으로 막아야 했다.

위기라는 혜택을 받는 자

그렇다면 누가 어디서 벌었는가. 은행은 예대마진과 대출 수수료를, 투자은행은 인수·주선·자문·딜링 수익을, 자산운용사는 운용보수와 성과보수를, 프라임 브로커는 마진융자와 증권대차 수익을, 신용평가사는 등급 수수료를, 법률·회계·신탁은 구조화 보수를 가져갔다.

월가가 돈을 복사해 내는 과정은 단순한 금융 기술을 넘어선 고도의 정치적 행위다. 먼저 기술적인 측면을 보자. 이는 일종의 연금술과 같다. 은행은 대출 버튼을 눌러 없던 예금을 만들어내고, 그 대출 계약서(종이)를 잘게 쪼개고 포장해 남에게 판다. 가지고 있는 채권을 담보로 초단기 자금(레포)을 빌려 덩치를 키우고, 파생상품을 만들어 가격 변동의 위험을 잘게 썰어 시장에 넘긴다. 복잡한 수학 모델과 신용등급이라는 포장지로 규제의 벽을 넘고, 남의 돈을 끌어다 투자하는 레버리지를 밥 먹듯이 한다.

하지만 정치는 훨씬 더 은밀하게 작동한다. 위기가 터져 국가가 금융 시스템을 지키겠다며 공공 안전망을 펼치는 순간, 그 혜택은 시스템의 핵심 배관을 쥐고 있는 거대 금융기관들에 가장 먼저 떨어진다. 결국 좋은 담보를 가진 부자 은행이 가장 먼저 구조되는 불공평한 공식이 반복된다. 중앙은행 입장에서는 백악관의 지시보다 시장이라는 거대한 배관이 막히지 않게 뚫는 것을 우선시할 수밖에 없기 때문이다.

그 결과, 위기 때마다 민간이 누리는 돈 복사의 특권은 끊어지지 않고 이어진다. 이익은 사적으로 챙기고, 사고가 터져 생긴 손실은 세금(공적 장부)으로 메운다. 규칙은 조금씩 바뀌지만, 신용이 곧 돈이 되는 이 시스템이 살아있는 한 월가의 돈 찍기는 포맷만 바꿔 계속 돌아온다.

이 불합리한 구조를 없앨 수 있는가라고 묻는다면, 불가능하다고 답할 수 있다. 결제와 신용은 현대 경제를 돌게 하는 피와 같아서, 이를 완전히 철거할 수는 없다. 더 현실적이고 중요한 질문은 위기 때 누구를, 어떤 가격으로, 어디서 먼저 구할 것인가이다.

삼각동맹이 사용자 비용을 늘리는 구조

정부가 국채를 찍고, 연준이 준비금과 유동성의 바닥을 깔며, 월가가 그 위에서 신용과 파생상품을 상품화하는 순간, 표면의 서사는 '안전자산 공급, 금리 안정, 금융 혁신'이다. 그러나 결과의 회계는 '집중된 이익, 분산된 비용'으로 귀결된다. 평시의 속도와 편의는 사용자에게 즉각 체감된다. 위기의 청구서는 인플레이션, 세금, 긴축, 실업이라는 이름으로 대중에게 나누어진다.

이 모든 것이 잘 돌아갈 때, 월가는 얇은 수수료와 좁은 스프레드를 엄청난 거래량으로 쌓아올린다. 사용자는 앱 몇 번의 클릭으로 얻는 속도와 편리함만 보지만, 그 이면에는 담보, 헤어컷, 증거금이라는 보이지 않는 레버가 작동한다. 평소에는 잠들어 있는 듯하지만, 위기의 순간 그 레버는 금융시스템 전체를 뒤흔드는 지렛대가 된다.

조지프 스티글리츠가 말한 '정보 비대칭' 이론에 따르면, 복잡함은 강자들이 숨기 좋은 방패가 된다. 복잡하게 설계된 금융 구조화 상품이나 파생상품 계약은 겉으로는 위험을 분산시키는 것처럼 보이지만, 실제로는 진실을 가리는 연막탄이다.

일반 투자자들은 이 복잡한 상품을 검증할 능력이 없어 비용을 조금씩 나눠 짊어지지만, 그 구조를 설계한 소수 전문가들은 막대한 이익을 독차지한다. 정치경제학의 고전 공식인 '이익은 소수에게 집중되고, 비용은 다수에게 흩어진다'는 원리가 여기서도 그대로 작동하는 것이다.

또한 전 세계적으로 안전한 자산이 부족하다는 카발레로 등의 이론은 왜 글로벌 자금이 미국 국채로만 쏠리는지를 설명해 준다. 안전자산이 귀하다 보니, 미국 국채에는 웃돈(프리미엄)이 붙는다. 월가는 이 국채를 담보로 단기 자금을 싼값에 계속 조달해 이익을 불리고, 미국 정부 역시 싼 이자로 빚을 낼 수 있다.

금융 소비자인 우리는 낮은 카드 수수료 혜택만 보느라 그 뒤편의 진실은 보지 못한다. 국경을 넘나드는 결제 수수료, 네트워크 독점 비용, 처리 비용 등으로 잘게 쪼개져 나가는 '미세 수수료'들이 모이면, 결국 거대한 '민간판 화폐 발행 이익(주조 차익)'이 되어 금융사 주머니로 들어간다는 사실을 말이다.

그렇다면 왜 2008년 금융위기를 겪고도 이 구조는 사라지지 않고 더 진화했을까? 도드-프랭크 법이나 볼커 룰 같은 강력한 규제로 대형 은행들의 맷집(자본과 유동성)은 확실히 튼튼해졌다. 하지만 풍선 효과처럼 위험은 규제가 느슨한 곳으로 옮겨갔다.

은행이 챙기던 이익은 줄었지만, 대신 자산운용사, 사모펀드, 헤지펀드 같은 '그림자 금융' 세력의 이익이 커졌다. 규제는 '위험의 이동'을 낳았고, 금융 시장의 배관은 은행 밖으로 더 복잡하게 뻗어 나갔다. 금리가 오르는 시기가 되면 채권 가격 하락(평가손)과 만기 불일치라는 약점이 드러난다. 특히 요즘 같은 디지털 시대에는 스마트폰 터치 몇 번으로 순식간에 돈이 빠져나가는 '디지털 런'이 발생한다. 결제 시스템이 멈출 위기가 오면, 결국 또다시 연준이 등판해 돈을 풀어 막는다. 위기의 비용은 다시금 세금(사회화)으로 전가된다.

다이아몬드-디브비그 모델*의 핵심은 다음과 같다. 은행이란 기본적으로 '언제든 찾아갈 수 있는 고객의 예금(짧은 돈)'을 받아 '오랫동안 묶이는 대출이나 채권(긴 돈)'으로 굴리는 곳이다. 평소에는 아무 문

---

* 은행의 유동성 공급 기능과 그에 따른 본질적 위험을 다룬 모델이다. 예금자들의 비이성적인 공포가 자가발전해 멀쩡한 금융기관을 무너뜨리는 과정을 보여주며, 이를 막기 위한 예금자 보호 제도나 중앙은행의 최종 대부자 역할이 왜 필수적인지를 이론적으로 뒷받침한다.

제 없지만, 소수의 예금자가 "은행이 위험한 거 아냐?"라고 의심하며 돈을 찾기 시작하면 상황은 급변한다.

오늘날 스마트폰과 소셜 미디어는 이 공포의 확산 속도를 초단위로 압축해 버렸다. 과거 은행 창구 앞에 줄을 서야 했던 시절에는 소문이 퍼지는 데 물리적인 시간이 걸렸다. 하지만 지금은 단톡방의 메시지 몇 줄과 트위터의 게시물 몇 개가 신호탄이 되고, 은행 앱 접속 몇 번으로 조 단위의 자금이 순식간에 이동한다.

'의심 → 인출 → 더 큰 의심'이라는 공포의 순환 고리가 하루, 아니 단 몇 시간 만에 완성된다. 은행이 하는 일(만기 변환)은 예나 지금이나 똑같지만, 정보 전파 속도와 송금의 불편함이 사라지면서 뱅크런의 속도만 미친 듯이 빨라진 것이다. 그래서 이 고전 모델은 옛날 교과서가 아니라 오늘의 현실 설명서다. 신뢰에 금이 가는 순간, 지금의 금융 시스템은 과거보다 훨씬 민감하고, 훨씬 빠르게 요동친다.

사용자 비용은 이렇게 쌓인다. 평시에는 수수료로 조금씩. 위기에는 물가로 넓게. 재정으로 길게. 고용으로 깊게. 인플레이션은 눈에 잘 안 띄는 세금이다. 재정은 향후 세금과 공공지출 조정으로 되돌아온다. 긴축은 공공 서비스의 질을 낮춘다. 실업은 소득의 바닥을 깎는다. 빚과 금융위기의 패턴은 포맷만 바뀌어 반복된다. 매번 공공의 안전망은 결제와 시장을 살린다. 청구서는 사용자에게 돌아온다.

카드·결제의 장에서도 같은 서사가 반복된다. 인터체인지, 네트워크, 프로세싱으로 쪼개진 수수료는 소액·다빈도로 모여 거대한 강을 만든다. 국경 간 결제에는 규제와 리스크 명목의 더 높은 수수료가 붙

● 현대적 뱅크런의 작동 원리

규제의 역설: 위험의 풍선효과
은행 규제를 강화하면 은행은 안전해지지만, 위험한 거래는 규제가 덜한
'그림자 금융'(비은행권)으로 옮겨간다.

↓

위기의 촉발: 디지털 불신
금리가 오르는 상황에서 SNS를 통해 흉흉한 소문이 순식간에 퍼지면,
금융 시스템에 대한 불신이 증폭된다.

↓

초고속 디지털 런
과거처럼 줄을 서지 않고, 스마트폰 앱으로 수많은 사람이 동시에 예금을 인출하여
은행이 순식간에 마비된다.

↓

중앙은행의 긴급 개입(백스톱)
결제 시스템 전체가 멈추는 것을 막기 위해, 중앙은행(연준)이 막대한
유동성(돈)을 긴급 투입하여 불을 끈다.

↓

결국 국민이 떠안는 청구서
위기 해결에 들어간 비용은 나중에 인플레이션(물가 상승), 세금 인상,
공공 서비스 축소 등의 형태로 모든 국민에게 전가된다.

는다. 네트워크 효과와 시장집중은 가격 인하의 속도를 늦춘다. 핀테
크 혁신은 표면적으로 "더 빠르고 간편한 결제"라는 편의를 강조하지
만, 그 이면에는 과거 화폐를 찍어낼 때 얻던 이익과 유사한 '수수료판
주조 이익'이 차곡차곡 쌓이고 있다. 사용자는 포인트와 캐시백을 받는

다. 총량의 수수료는 가격과 상점의 마진, 최종소비자의 비용으로 스며든다.

빅테크의 기술이
사용자 비용을 줄이다

기술이 빅테크의 손에서 '돈을 만들 권리', 즉 발행권으로 다가가는 다리가 되는 과정은 생각보다 단순하다. 국가는 원래 화폐를 독점해 모두의 결제와 저축, 가격 표시를 한 기준으로 묶어 주면서 사회 전체의 비용을 줄여 주겠다고 약속한다.

처음엔 약속대로 작동한다. 다만 시간이 지나면 세금과 물가 상승으로 생기는 보이지 않는 부담, 계좌·카드의 각종 수수료, 대출 이자, 며칠씩 걸리는 정산 대기 같은 비용이 국민에게 얇게 퍼진다. 경제학자 로널드 코스가 말한 '거래 비용', 즉 돈을 쓰고 받는 데 드는 수고·시간·확인·실수 위험 같은 비용이 다시 커지는 것이다. 제임스 뷰캐넌과 만

쿨 올슨이 지적했듯, 눈앞의 이익은 한데 모이고 비용은 넓게 흩어지는 정치경제 구조가 여기에 겹친다.

기술은 빅테크가 화폐 발행권에 접근하는 브릿지

이 틈을 정교하게 파고드는 도구가 바로 기술이다. 기술은 사용자가 매일 겪는 작은 마찰을 줄이고, 그 대가로 신뢰를 모으며, 점점 더 중심으로 들어간다. 요컨대 기술은 제도와 시장 사이를 잇는 실용적 다리다. 이제 마찰을 없애고 신뢰를 잇는 이 다리의 설계도를 설명해 보겠다.

첫 번째 기둥: 보이지 않는 비용의 제거

이 다리를 지탱하는 첫 번째 기둥은 철저하게 비용을 줄이도록 설계하는 것이다. 여기서 말하는 비용이란 단순히 눈에 보이는 수수료나 가격만을 뜻하지 않는다. 앱을 이리저리 옮겨 다녀야 하는 번거로움, 결제할 때마다 비밀번호와 배송지 주소를 반복해서 입력해야 하는 귀찮음, 결제 오류가 나서 가게나 콜센터에 확인 전화를 붙들고 있어야 하는 시간, 주말이나 공휴일 혹은 국경이 다르다는 이유로 송금이 며칠씩 멈춰 서는 대기 시간까지. 소비자가 겪는 이 모든 불편함이 전부 비용이다.

정보경제학의 대가 칼 샤피로Carl Shapiro와 할 바리안Hal Varian의 통찰을 빌리자면, 영수증에 찍힌 금액 이외에도 이런 보이지 않는 비용이 우리 생활 곳곳에 숨어 있는 셈이다. 빅테크 기업들은 바로 이 지점을 파고든다. 그들은 직관적이고 표준화된 화면, 한 번만 저장하면 다시 입력할 필요 없는 정보, 알아서 사기를 막아주는 보안 시스템, 복잡한 분쟁을 간단하게 해결하는 절차, 전자 영수증이 세무 앱과 자동으로 연동되는 기능들을 빈틈없이 묶어낸다.

이런 환경에서 사용자는 실패나 지연, 반복 입력이 줄어든 만큼 실제로 돈을 덜 내고, 서비스는 더 빨리 받으며, 불필요한 스트레스를 받지 않는다. 이 작은 절감들이 하나둘 쌓이면 사용자 마음속에는 "여기가 참 편하네"라는 신뢰가 생긴다.

사람들이 편안함을 느껴 몰려들면, 기업은 규모의 경제를 통해 제휴사와 협상해 가격을 더 낮출 힘을 얻고, 쌓인 데이터를 분석해 서비스를 더 똑똑하게 만든다. 신뢰의 무게중심이 '국가가 도장을 찍어준 돈'이라는 권위에서 '막힘없이 잘 돌아가는 경험'이라는 실용으로 옮겨 붙는 순간이 바로 이때다.

두 번째 기둥: 잔액의 재발견

두 번째 기둥은 '잔액을 다루는 방식'이다. 사용자가 결제 앱이나 지갑에 남겨둔 돈은 플랫폼 입장에선 이자를 줄 필요 없는 '공짜 자금'이다. 플랫폼은 이 돈을 안전한 곳에 굴려 수익을 챙긴다. 마치 중앙은행이 돈을 찍어 이익(주조 이익)을 남기는 것과 같은 원리다.

경제학자 장 티롤Jean Tirole이 말한 '양면 시장'의 전략이 여기에 숨어 있다. 플랫폼은 사용자에게 수수료 면제나 빠른 결제 같은 편리함을 주는 대신, 사용자의 돈을 굴려 얻는 이자 수익을 가져간다. 사용자는 이자를 포기하고 편리함을 택한 셈이며, 바로 이 지점에서 빅테크는 금융에 첫발을 딛는다.

세 번째 기둥: 데이터가 신용이 되는 것

세 번째 기둥은 신용을 데이터로 바꾸는 것이다. 예를 들어, 어떤 사용자가 쿠팡이나 네이버, 혹은 카카오페이 앱에서 매주 장을 본다고 해보자. 앱 안에는 '언제, 무엇을, 얼마나 자주 사는지', '환불은 얼마나 하는지', '분쟁을 자주 거는지' 같은 행동 데이터가 꼼꼼히 쌓인다. 이 데이터는 곧 새로운 신용평가의 원재료가 된다.

이 정보 덕분에 플랫폼은 "이 사람은 3개월 무이자 할부를 해도 잘 갚겠다"는 신호를 얻는다. 그래서 '무이자 분할결제' 같은 짧은 신용을 붙여주고, 심지어는 만 원 단위의 소액 대출도 쉽게 제공한다. 사용자는 이자가 없는 것처럼 느끼지만, 실제로는 상점이 추가 수수료를 내고 있다. 예를 들어 무이자 3개월 할부 이벤트가 붙은 스마트폰을 살 때, 소비자는 '공짜다'라고 느끼지만, 사실 그 이자는 판매자가 '광고비'라는 이름으로 대신 내주는 것이다.

이 과정에서 플랫폼은 손해를 보지 않는다. 상점이 낸 수수료와 정산 구조 속에 이미 이자 성격의 값이 숨어 있기 때문이다. 게다가 결제·환불·분쟁이 모두 같은 화면 안에서 돌아가기 때문에, 예전에는 결제가 실패할 때마다 숨어서 발생하던 추가 비용도 줄어든다.

결국 이렇게 신용의 가격을 매기고, 갚는 질서를 정하는 범위가 넓어질수록 플랫폼은 은행과 점점 비슷한 역할을 맡게 된다. 은행이 예금과 대출을 통해 개인의 신용을 평가했다면, 이제는 플랫폼이 데이터를 신용으로 전환하며 금융의 일부를 대신하고 있는 것이다.

네 번째 기둥: 청구권의 디지털화

네 번째 기둥은 결제 배관을 표준화하고, 청구권을 디지털로 바꾸는 것이다. 결제 청구권이란 결국 "누가 누구에게 얼마를 받을 권리가 있고, 누가 그만큼 줄 의무가 있다"는 약속의 기록이다. 전통적인 금융에서는 이 기록이 은행 장부나 카드사 네트워크 안에 묶여 있었고, 그래서 은행이 쉬는 주말이나 국경을 넘는 거래에서는 결제가 멈추거나 며칠씩 지연되곤 했다.

플랫폼 기업의 방식은 다르다. 앱과 지갑 사이에서 이 청구권을 디지털 데이터 형태로 곧바로 주고받는 표준을 만드는 것이다. 그러면 송금이나 결제가 프로그램이 처리하는 시간만큼 짧아지고, 사용자는 '바로 보내고 바로 받는다'는 체감을 얻는다. 준비금은 은행 예금이나 단기 국채 같은 안전자산에 두고, 외부 감사·분리 보관·수시 공개로 신뢰를 쌓는다. 플랫폼은 이 준비금에서 생기는 이자로 운영비를 충당한다.

차이는 여기서 뚜렷하다. 기존 메커니즘은 은행 계좌에 돈을 넣고, 결제할 때마다 은행망을 거쳐야 했다. 플랫폼 메커니즘은 은행 계좌를 직접 거치지 않고 앱 안에서 청구권을 먼저 발생시킨다. 카카오페이는 여전히 은행 계좌·카드와 연동되지만, 앱 속 장부에서 먼저 "돈이 옮겨졌다"는 청구권 상태를 기록하기 때문에 사용자는 지연 없이 바로 송금된 것처럼 느낀다. 은행 간 정산은 나중에 따라가지만, 사용자 경험은 이미 '즉시 결제'다. 중국의 알리페이나 위챗페이는 아예 앱 안의 잔액이 독립적인 청구권처럼 작동해, 은행 계좌를 거치지 않아도 QR코드 한 번으로 결제가 끝난다. 페이팔은 고객이 맡긴 준비금을 단기 국채에 보관해 발생한 이자를 수익원으로 삼고, 스테이블코인 USDC는 달러와 국채를 준비금으로 묶어두고 정기적으로 감사 결과를 공개한다.

이처럼 준비금이 안전하고 투명하다는 믿음이 확보되면, 민간이 만든 결제 청구권은 은행 예금이 아님에도 불구하고 사실상 '예금처럼' 쓰인다. 문제는 위기가 닥쳐 모두가 동시에 현금을 찾으려 할 때다. 그 순간 "이 디지털 청구권을 끝까지 사주고 보증해 줄 최종 주체는 누구인가"라는 질문이 제도 설계의 핵심으로 남는다.

다섯 번째 기둥: 신뢰의 제도화

다섯 번째 기둥은 신뢰를 제도화하는 것이다. 경제사학자 배리 아이켄그린의 말처럼, 돈이라는 것의 본질은 종이조각이나 금속 덩어리가 아니라 신뢰를 제도로 굳힌 것이다.

민간 기업이 제공하는 결제, 충전금, 신용 서비스가 실제 돈의 영역을 깊숙이 파고들수록, 그동안 국가(공공)가 담당했던 안전 난간을 기술과 계약으로 옮겨 심어야 한다. 우리가 은행 예금을 안전하다고 믿는 이유는 예금자 보호 제도와 중앙은행의 긴급 대출 창구 같은 안전장치가 있기 때문이다.

민간이 설계한 결제 시스템이나 토큰 생태계에도 이에 걸맞은 난간이 필요하다. 고객이 맡긴 돈은 회사의 운영 자금과 철저히 분리해 보관하고, 돈이 어디에 어떻게 있는지 투명하게 공개해야 한다. 또한 서로 다른 지갑이나 앱 사이를 자유롭게 오갈 수 있어야 하며, 위기가 닥쳤을 때 담보를 어떻게 처리할지 충격 흡수 장치를 미리 정해 두어야 한다.

학자들의 경고를 되새겨볼 필요가 있다. 예금은 본래 겁이 많아 한꺼번에 도망가기 쉬운 성질이 있다는 다이아몬드와 디브비그의 설명, 그림자 금융 시스템에서는 전자적인 뱅크런이 훨씬 더 빠르게 번질 수 있다는 게리 고튼Gary Gorton과 앤드루 메트릭Andrew Metrick의 분석, 그리고 가격 하락이 담보 가치를 떨어뜨리고 이것이 다시 강제 매각을 부르는 악순환을 경고한 독일 경제학자 마르틴 브루너마이어Markus Brunnermeier의 연구를 떠올려 보자. 이들의 결론은 하나다. 공공의 안전 난간 없이는 민간이 만든 다리도 결코 단단할 수 없다는 사실이다.

이 다섯 가지 기둥을 처음부터 끝까지 관통하는 핵심 동력은 사용자 비용의 체계적 절감이다. 세금 영역에서는 신고와 납부 과정을 자동화해 아까운 시간과 실수로 낼 과태료 위험을 줄여준다. 물가 측면에서는 가치를 저장하는 비용을 낮춰 사용자가 느끼는 손실을 줄인다. 수수료 쪽에서는 불필요한 중간 단계를 걷어내 전체 비용을 낮추고, 이자 영역에서는 실시간 정산과 데이터에 기반한 신용 평가로 사용자가 실제로 내야 할 이자를 깎아준다. 지연 비용도 줄인다. 정산 시간을 분·초 단위로 압축해 돈이 묶여 있는 동안 발생하는 기회비용을 최소화하는 것이다.

결국 사용자는 돈을 덜 내고, 더 빨리 받으며, 더 예측 가능한 금융 생활을 얻게 된다. 그리고 그 혜택만큼의 신뢰를 플랫폼에 보낸다. 그 신뢰가 쌓여 거대한 잔액과 거래량이 될수록, 민간 기업이 돈의 기능에서 얻는 빅테크의 주조 이익은 커진다. 바야흐로 돈을 찍어내는 권력이 국가의 단독 소유에서 서서히 민간으로 분산되는 시대가 열리는 것이다.

경계는 분명하다. 민간 금융이 비대해질수록 비슷한 알고리즘이 동시에 반응해 한순간에 무너지는 '쏠림과 속도전'의 위험이 커진다. 그래서 기술이란 다리에는 반드시 공공의 난간이 필요하다. 고객 자금의 100% 분리 보관과 투명한 공개, 자유로운 이동성, 위기 시 작동할 자동 완충장치, 그리고 명확한 분쟁 해결 규칙이 그것이다. 이런 기본 안전장치가 깔려야만, 기술은 사용자의 비용을 줄이는 정당한 금융 혁신이 된다.

빅테크가 사용자 비용을 낮추는 사례들

빅테크가 사용자 비용을 낮춘 경로는 설계와 접속에 있다. 정부나 중앙은행이 깔아 둔 공공 결제 레일 위에, 빅테크가 누구나 쓰기 쉬운 인터페이스를 얹고, 정산 시간을 단축하고, 중간 단계를 줄여 수수료를 눌렀다.

인도에서는 2016년에 통합결제인터페이스UPI가 열리고, 이 레일을 구글페이·폰페·왓츠앱 같은 앱이 바로 붙잡아 '계좌↔계좌' 이체와 가맹점 결제를 실시간으로 만들었다. 인도 정부와 결제망 운영 주체가 소액 가맹점 수수료를 사실상 0원에 가깝게 설정해 주면서, 동네 가게조차 QR코드 하나로 돈을 받고 바로 통장에 꽂히는 경험이 일상이 되었다.

브라질은 2020년에 중앙은행이 즉시 이체망 픽스^{Pix}를 열고, 그 위에 왓츠앱 같은 메신저 앱이 결제 기능을 얹었다. 24시간 주말에도 돈이 바로 넘어가니 "언제 들어오나" 하며 기다리던 시간이 비용에서 사라졌다. 메타의 마크 저커버그는 발표 자리마다 "돈 보내기는 사진 보내기만큼 쉬워야 한다"라는 메시지를 반복해 왔다. 실제로 채팅창에서 송금·결제가 붙으면, 사용자는 앱을 바꾸는 번거로움과 확인 전화 같은 보이지 않는 비용까지 덜어낸다.

미국은 결제망이 다층적이라 접근이 다르다. 애플은 애플페이를 내놓으며 비접촉 결제, 토큰화, 지문·얼굴 인식을 묶어 '빠르고 안전한 결제'를 만들었다. 애플의 CEO 팀 쿡^{Tim Cook}은 "우리가 바꾸려는 것은 '지갑' 그 자체"라고 강조해 왔다. 애플은 직접 수수료를 없애지는 못하지만, 도난·사기·분쟁의 위험을 낮추어 가맹점과 사용자가 겪는 총 비용을 줄이는 길을 택했다.

같은 시기, 글로벌 결제 기업들은 돈이 국경을 넘을 때 생기는 지연 시간과 환전 비용을 정조준하고 있다. 스트라이프는 달러 가치와 1대 1로 똑같이 움직이도록 설계된 스테이블코인 결제를 다시 도입했다. 덕분에 온라인 상점들은 은행 문이 닫히는 주말이나 야간에도 거의 실시간으로 판매 대금을 받을 수 있게 되었다.

페이팔 역시 자체적으로 만든 달러 연동 토큰PYUSD을 자사의 전자 지갑과 판매자 네트워크에 붙였다. 이를 통해 사용자끼리는 앱 안에서 메시지 보내듯 돈을 주고받고, 상점 주인들은 정산 대기 시간을 획기적으로 줄이는 옵션을 갖게 되었다. 텔레그램은 메신저 기능에 자체 코인 생태계 지갑을 결합해, 대화창 안에서 디지털 달러라 불리는 토큰을 바로 전송할 수 있게 만들었다. 친구와 대화하듯 송금이 가능해지면, 소액을 자주 결제할 때 느껴지는 심리적, 물리적 장벽이 눈에 띄게 낮아진다.

하지만 넘지 말아야 할 선이 있다. 바로 화폐 그 자체를 건드리는 일이다. 페이스북(현 메타)이 추진했던 리브라는 국경 없는 송금과 결제를 혁신하겠다는 야심 찬 프로젝트였지만, 각국 정부의 통화 주권 침해와 금융 안정성 훼손 우려에 부딪혀 결국 중단되었다. 이 사례는 결제하는 경험을 편하게 바꾸는 것과 새로운 화폐를 창조하려는 것은 차원이 다른 난이도의 문제임을 보여준다. 아무리 뛰어난 기술이라도 규제의 벽을 정면으로 넘기는 힘들다.

이제 사용자 입장에서 빅테크의 기술이 구체적으로 어떤 비용을 낮춰주었는지 항목별로 살펴보자. 첫째는 세금과 관련된 납세 협력 비용이다. 세금의 비율(세율)은 정부가 정하는 정책의 영역이라 빅테크가 마음대로 바꿀 수 없다. 하지만 세금을 신고하고 납부하는 과정에서 발생하는 번거로움과 비용은 크게 줄였다. 인도의 경우 통합결제인터페이스, 인터넷 뱅킹, 카드가 국세 시스템과 연결되어 앱에서 터치 몇 번으로 세금을 낼 수 있다. 각종 전자상거래 플랫폼은 판매자를 대신해 세금을 자동으로 계산하고 걷어서 납부해 주는 기능을 제공한다. 덕분에 영세 사업자들은 서류 작성 실수로 가산세를 무는 억울한 비용을 아낄 수 있다.

둘째는 인플레이션세 방어다. 물가가 오르면 내가 가진 현금의 실질적인 가치는 떨어진다. 빅테크가 물가 상승 자체를 막을 수는 없다. 대신 살인적인 물가 상승을 겪는 국가의 사용자들에게 달러라는 안전한 가치를 손에 쥘 수 있는 비상구를 열어준다. 달러와 가치가 1대 1로 고정된 디지털 토큰을 전자지갑에 보관하거나 전송하게 하고, 국경을 넘는 결제 정산도 이 토큰으로 처리해 자국 화폐 가치가 폭락하는 위험을 피하게 해 준다. 물론 환율 변동이나 규제 리스크라는 꼬리표가 붙긴 하지만, 앉아서 돈을 잃는 대신 자산을 지킬 선택지가 생기는 순간 사용자가 체감하는 인플레이션세의 고통은 확실히 줄어든다.

셋째는 수수료. 인도는 소액 가맹점 수수료를 사실상 0으로 붙들어 두었다. 공공 레일 위로 구글페이·왓츠앱 같은 대형 앱이 올라타 거래량이 폭증하자, 규모의 경제가 다시 비용 인하로 이어졌다. 중국의 알리페이·위챗페이는 QR 결제 덕분에 많은 업종에서 카드 대비 수수료가 얕아졌고, 협상력이 큰 대형 가맹점은 더 낮추기도 했다. 브라질 픽스는 계좌 간 이체 비용을 거의 0원에 가깝게 만들었다. 빅테크가 한 일은 이 공공 표준 위에서 결제 버튼과 매장·메신저 경험을 매끄럽게 연결해 '보이는 수수료'를 구조적으로 줄인 것이다.

네 번째는 지연 비용이다. 과거에는 돈이 들어오고 확인될 때까지 며칠이 걸렸다. 주말이면 멈추었다. 이제는 인도의 통합결제인터페이스, 브라질의 픽스, 페이팔의 내부 전송, 스트라이프의 디지털 달러 정산 같은 장치들이 '거의 즉시'를 기본값으로 만들고 있다. 상점은 현금 흐름이 앞당겨지고, 사용자는 결제 대기·정산 추적·콜센터 대기라는 눈에 잘 안 보이던 비용에서 해방된다. 인도는 특정 업종(보험료, 증권 거래대금, 카드 대금 등)에서 한도를 더 키우며 "고액을 여러 번 쪼개 보내는 번거로움"까지 줄이는 중이다.

● 빅테크 기술이 낮춘 네 가지 사용자 비용

비용 항목	한계	빅테크의 해결책	구체적 사례 및 효과
1. 세금 납부·신고 비용	세율 자체는 변경 불가 (정책 영역)	납부, 신고, 송달을 앱 하나로 연결하여 '마찰 비용' 제거	• 인도: UPI·앱으로 즉시 납부 • 이커머스: 판매자 세금 자동 계산·징수 → 실수로 인한 가산세 및 시간 낭비 제거
2. 인플레이션세	물가 상승 자체는 제어 불가 (거시경제 영역)	가치 하락이 심한 자국 화폐 대신, 달러 연동 토큰 보유 지원	• 디지털 토큰: 달러와 1:1 연동된 자산 전송 • 국경 간 결제: 현지 통화 가치 하락 회피 → 구매력 보존 및 체감 인플레이션 완화
3. 거래 수수료	기존 금융망 사용 시 비용 발생	카드망을 우회하거나 공공 인프라 위에 플랫폼을 얹어 비용 절감	• 인도/브라질: 소액 수수료 0원~극소UPI, Pix • 중국: QR 결제로 카드 대비 수수료 인하 (알리페이) → '보이는 수수료'의 구조적 하락

4. 지연 비용	과거 금융 시스템의 물리적 한계	'즉시성'의 기본 값 화 주말·휴일 없는 24/7 실시간 정산 및 송금 구현	• 글로벌: 페이팔, 스트라이프의 즉시 정산 • 인도: 고액 거래 분할 없이 한도 상향 → 현금흐름 개선 및 대기·추적 비용 소멸

절감이 곧장 온전히 사용자 몫이 되는 건 아니다. 수수료를 거의 0원으로 만든 나라들은 레일 운영비를 정부·은행·플랫폼이 나누어 부담한다. '보이지 않는 재원'이라는 새로운 과제가 생긴다. 달러 연동 토큰은 빠르고 싸지만, 국내 통화로 들어오고 나가는 구간에서 환전·입출금 비용과 규제 불확실성이 따라붙는다. 후불결제는 이자를 0원으로 보여주지만, 과소비 위험과 연체 수수료·신용점수 하락이라는 다른 비용을 낳을 수 있다. 왓츠앱 페이가 인도에서 사용자 제한이 풀린 뒤에도 구글페이·폰페를 단숨에 앞서지 못한 사례는, 결제는 버튼만의 문제가 아니라 오프라인 가맹점, 리워드, 습관이라는 마지막 1cm를 설계해야 한다는 사실을 나타낸다.

삼각동맹에 균열이 생기다

기술이 사용자 비용을 깎는 힘이 커질수록, 정부 – 연준 – 월가가 나누어 갖던 '주조 이익 삼각동맹'의 균열은 커진다. 삼각동맹의 작동 방식은 단순하다. 정부는 세금과 물가 상승이라는 보이지 않는 통로로 구매력을 가져오고, 연준은 무이자 지폐와 낮은 비용의 부채를 바탕으로 이자 붙는 자산을 들고 수익을 내며, 월가는 예금 – 대출의 금리차와 결제·중개 수수료로 민간판 주조 이익을 챙긴다.

과거에 사용자는 국가와 은행이 제공하는 시스템을 이용하는 대가로 안정적인 결제, 내 예금의 안전, 그리고 비교적 편리한 금융 생활이라는 혜택을 누렸다. 하지만 시간이 흐르면서 상황이 역전되었다. 세금, 인플레이션세(물가 상승으로 인한 가치 하락), 각종 수수료, 이자 부담, 그리고 송금할 때마다 기다려야 하는 정산 대기 시간까지. 이 보이지 않는 비용들이 우리 생활 곳곳에서 불어나기 시작했다. 정치는 당장의 인기를 위해 이러한 비용을 얇고 넓게 퍼뜨려 숨기는 쪽을 택했다.

바로 이 틈을 빅테크 기업들이 기술이라는 지렛대로 파고들었다. "돈을 덜 내게 해주고, 더 빨리 받게 해주고, 복잡한 절차를 없애주겠다." 이 약속은 흩어져 있던 사용자들을 거대한 편으로 조직했고, 정부-중앙은행-시중은행으로 이어지는 견고한 '삼각동맹'의 수익을 조금씩 울타리 밖으로 밀어내기 시작했다.

첫째 균열은 수익의 배분 문제에서 시작된다. 카카오페이나 네이버페이 같은 간편결제 지갑에 머무는 충전금(잔액) 규모가 커실수록, 그 돈에서 나오는 이자 수익의 흐름이 바뀐다. 과거에는 은행 예금이나 연준-재무부 시스템 안에서만 이자가 돌았다. 하지만 이제 플랫폼 기업들이 자체적인 보관 및 운용 규칙을 설계한다.

사용자에게는 이자를 거의 주지 않는 대신 결제의 편리함을 제공하고, 기업은 사용자가 맡긴 막대한 준비금을 안전자산에 투자해 생기는 이자 수익을 스스로 챙긴다. 예전에는 이자가 붙지 않는 지폐를 발행해 생긴 이익(주조 차익)이 중앙은행을 거쳐 국고로 들어가는 구조가 강했다면, 오늘날에는 '무이자 혹은 저금리 충전금'에서 발생하는 이익이 점점 민간 플랫폼 기업으로 흘러들어간다. 사용자는 수수료 아끼고 송금 빨라지는 혜택을 얻는 대신, 내 돈이 벌어다 주는 '이자 수익'은 플랫폼에게 양보하는 셈이다. 이 금액이 개인에게는 푼돈처럼 보여도, 수천만 명이 모이면 천문학적인 액수가 된다. 이것이 바로 화폐 발행 이익(주조 이익)의 조각이 공공의 영역에서 민간으로 이동하는 가장 조용한 경로다.

둘째 균열은 결제 표준을 정하는 권한에서 생긴다. 기존 금융 기득권(삼각동맹)의 힘은 돈이 흐르는 '배관'을 독점하고 있는 데서 나왔다. 주말에는 송금이 멈추고, 카드 결제는 여러 중개 업체를 거치며(VAN사 등), 정산이 며칠씩 걸리는 비효율적인 구조. 아이러니하게도 기존 금융권은 바로 이 지연과 위험을 핑계로 수수료와 마진을 챙겼다.

그런데 빅테크가 즉시 이체, 토큰화 기술, 간편 인증 등을 무기로 이 구불구불한 배관을 얇고 직선으로 펴버렸다. 배관이 곧게 펴지자 '지연으로 벌던 돈'이 사라져 버렸다. 가맹점 사장님에게 당일 입금이 가능해지면, 급전이 필요해 쓰던 고금리 운영자금 대출이 줄어든다. 복잡한 카드 네트워크가 챙기던 다단계 수수료도 설 자리를 잃는다.

이제 스마트폰의 직관적인 '인터페이스(화면)'가 법정 화폐의 권위만큼이나 강력한 신뢰의 상징이 되는 순간, 금융의 표준을 정하는 권한은 법을 만드는 쪽에서 코드를 짜는 쪽으로 이동한다. 표준을 쥔 쪽이

판을 새로 짜고 수익을 어떻게 나눌지 결정할 수 있게 된다. 철옹성 같던 기존 금융 동맹의 첫 번째 기둥이 미세하게 흔들리는 장면이다.

셋째 균열은 은행의 자금조달에서 드러난다. 예를 들어 보자. 어떤 사용자가 은행 예금 대신 카카오페이나 페이팔 같은 지갑에 돈을 옮긴다고 하자. 그 순간 은행은 싸게 조달할 수 있는 예금이 줄어든다. 예금이 빠져나가면 은행은 두 가지 선택을 해야 한다. 첫째, 예금 금리를 더 올려서 고객을 붙잡거나, 둘째, 도매자금(채권 발행이나 시장에서 단기자금 조달)을 써야 한다. 그런데 둘 다 은행 입장에서는 '비싼 돈'이다.

비싼 돈으로 자금을 조달하게 되면 결과는 뻔하다. 대출 금리가 올라가거나, 대출 자체가 줄어든다. 즉, 연준이 금리를 움직여도, 원래는 '예금 금리 → 은행 대출 → 실물경제'로 이어지던 전통적인 파이프가 점점 얇아지는 것이다.

그럼 어떤 일이 벌어질까? 통화정책이 잘 안 먹히면, 연준은 금리를 더 크게 올려야 하는 유혹을 받는다. 월가는 수익을 맞추기 위해 더 위험한 레버리지를 시도할 수 있다. 정부는 경기를 살리겠다며 재정을 더 풀려는 압력을 받는다. 결국 이 균형이 흔들리는 순간, 비용은 다시 사용자에게 돌아온다.

그래서 이 균열은 단순히 "은행이 시장 점유율을 뺏긴다"의 문제가 아니다. 훨씬 근본적으로는, 통화정책이 경제에 전달되는 힘이 약해지는 문제, 즉 '정책의 전달력'에 관한 문제다.

넷째 균열은 '민간판 돈'의 확장에서 나타난다. 한 사용자가 쿠팡이나 애플페이에서 무이자 3개월 할부로 노트북을 샀다고 하자. 사용자는 이자를 거의 내지 않고, 상점은 매출이 늘지만 대신 수수료를 더 낸다. 그 수수료가 사실상 '이자'의 다른 이름이 된다.

이런 구조가 커질수록 신용의 가격과 회수 질서는 은행이 아니라 플랫폼이 더 많이 좌지우지하게 된다. 예전에는 은행이 "누구에게 얼마까지 빌려줄지"를 결정했다면, 이제는 플랫폼이 "이 사람은 무이자 할부를 주어도 괜찮다"를 판단하는 식이다.

그럼 은행은 어떤 상황이 될까? 우량 고객이 일부 플랫폼으로 빠져나간다. 그러면 은행은 더 위험한 고객을 상대해야 하고, 수익성은 떨어진다. 월가는 어떻게 하느냐? 월가는 아예 플랫폼과 손잡고 신용·증권·파생 같은 깊은 수익을 나누거나, 뒤에서 수탁·청산·담보 관리 같은 '배관 사업자'로 포지션을 바꾼다.

겉으로 보면 경쟁은 수수료를 낮추는 쪽으로 흘러, 사용자 입장에서는 좋은 일처럼 보인다. 하지만 물밑에서는 '누가 위험을 들고, 누가 수익을 챙기느냐'가 재편되고 있다. 위험이 플랫폼과 은행 사이를 빠르게 오갈수록, 위기 때는 모두가 같은 모델을 따라 동시에 브레이크를 밟는다. 2008년 금융위기 때처럼 "한쪽이 팔면 모두가 판다"라는 몰림이 더 커질 수 있다는 이야기다.

결국 민스키가 경고했던 말, "평온은 방심을 낳고, 방심은 급변을 부른다"가 다시 유효해진다. 겉으로는 무이자 혜택과 낮은 수수료처럼 보이지만, 그 뒤에서는 금융의 위험 구조가 조용히 재편되고 있기 때문이다.

다섯째 균열은 재정과 국제질서의 경계에서 커진다. 지갑 잔액과 민간 토큰의 준비금이 단기 국채 같은 안전자산으로 쌓일수록, 그 이자는 공공이 아니라 민간 수익으로 굳어진다. 겉으로는 정부의 조달이 쉬워진 듯 보이지만, 중앙은행을 돌아 재무부로 되돌아가던 이익의 일부가 민간에 남는다. '달러 같은 것'이 국경을 가볍게 넘나들수록, 정부 – 연준 – 월가가 함께 설계해 온 달러 생태계의 수익과 규율이 플랫폼으로 새어 나간다. 공공이 마지막 보증인으로 나서야 하는 순간이 온다면, '이익은 민간에, 손실은 사회에'라는 익숙한 문구가 다시 고개를 든다. 그때는 '누구를, 언제, 어떤 조건으로' 돕는지가 정치가 된다.

빅테크의 기술은 이렇게 삼각동맹의 세 축을 동시에 흔든다. 수익의 일부를 바깥으로 옮기고, 표준의 권한을 코드로 이전하고, 예금 – 대출 경로를 가늘게 하며, 신용의 가격 책정을 앱 안으로 끌어들이고, 공공의 배당이던 이자 일부를 민간의 잔액 이익으로 바꾼다.

이 모든 전개를 가능하게 한 힘은 단 하나, 사용자 비용의 체계적 절감이다. 사용자는 덜 내고, 더 빨리 받고, 더 예측 가능해지는 쪽에 표와 지갑을 준다. 정치가 움직이고, 규제가 뒤따르고, 시장의 배관이 바뀐다. 균열은 여기서 생긴다.

파괴가 아닌 진화로 향하는 규칙

균열의 결과가 모두에게 좋은 것은 아니다. 결제가 빨라질수록 예금이 새고, 예금이 새면 대출이 비싸지고, 대출이 비싸지면 성장과 고용이 압박을 받는다. 반대로 결제가 느려지면 사용자 비용이 다시 커진다.

해법은 같은 기능을 수행하면 같은 규칙을 적용한다는 아주 단순한 원칙에서 출발해야 한다. 핀테크 기업이 받은 지갑 충전금(준비금)은 회사의 운영 자금과 완전히 분리해 안전하게 보호해야 하고, 그 돈을 어디에 얼마나 보관하고 있는지 투명하게 공개하도록 강제해야 한다. 또한 이 막대한 충전금을 굴려서 생긴 이자 수익을 누구의 몫으로 할지, 즉 사용자에게 일부를 돌려줄지 아니면 공공 기금으로 환수할지 사회적 합의를 통해 명확히 정해야 한다.

호환성도 중요하다. 전자지갑과 은행 계좌 사이, 혹은 A앱과 B앱 사이의 돈 이동은 버튼 몇 번으로 자유롭게 가능해야 한다. 위기가 닥쳤을 때 작동할 충격 흡수 장치와 정부가 언제 개입할지(공공 백스톱)에 대한 조건도 미리 프로그램 코드로 심어둬야 한다. 국가가 깐 결제망(공공 레일)은 계속 개방하고, 민간 기업들이 깐 망(민간 레일)은 서로 연결되도록 의무화해야 한다. 사용자가 언제든 "나 이 서비스 안 쓸래" 하고 쉽게 떠날 수 있는 권리를 보장해 줘야, 독점 기업이 배짱을 부리며 만드는 숨은 비용을 줄일 수 있다.

무엇보다 돈의 흐름을 누구나 이해하기 쉬운 언어로 공개해야 한다. 이 서비스를 통해 사용자가 얼마나 비용을 아꼈는지, 반대로 기업은 정확히 무엇을 통해 돈을 벌고 있는지 엑스레이처럼 훤히 보이게 만들어야 한다.

핵심은 힘겨루기가 아니라 사회적 계약의 재설계다. 기존 금융 기득권(삼각동맹)이 독차지하던 화폐 발행 이익(주조 이익)의 일부가 사용자 편으로 넘어가는 흐름을 억지로 막아서는 안 된다. 대신 안전과 투명성을 확실히 지키는 조건으로 이를 인정해 주되, 나중에 사고가 터졌을 때 국민 세금으로 메우는 일(비용의 사회화)을 막을 안전장치를 입구에 단단히 설치해야 한다.

이렇게만 한다면 기술이 만든 균열은 파괴가 아니라 새로운 질서로의 개편이 된다. 빅테크는 비용을 획기적으로 낮춘 대가로 화폐 발행권의 작은 조각을 합법적으로 얻는다. 공공(정부)은 신뢰라는 안전 난간을 통해 시스템 전체가 탈선하지 않도록 붙든다. 월가는 더 깊고 복잡한 위험을 다루거나 금융 배관의 뒤편을 관리하는 새로운 역할을 찾게 된다.

S T A B L E C O I N

비트코인의 등장과 한계

비트코인은 사용자가
주조 이익을 갖는다

비트코인은 인플레이션세를 없앤 화폐다

빅테크가 지난 십여 년간 놀라운 속도로 결제·송금의 마찰을 깎아내며 사용자 비용을 최소화했지만, 그 혁신은 어디까지나 '거래'의 표면을 매끈하게 만들었을 뿐 '화폐'의 속살, 즉 발행 권력과 인플레이션세라는 구조적 문제에는 닿지 못했다. 애플페이 한 번 더블클릭, 위챗페이 QR 한 번 스캔으로 결제가 이루어지는 것으로 삶은 편해졌어도 같은 시간 축에서 돈의 구매력이 조용히 깎여나간다면 우리는 여전히 보이지 않는 세금을 납부하는 중이었다.

바로 그 지점에서, 2009년 비트코인이 등장했다. 사토시 나카모토가 백서에서 지적했듯 전통 화폐의 근본 문제는 과도한 '신뢰' 요구—정부, 중앙은행, 상업은행의 절제—에 있다. 간단히 말해 신뢰할 수 없는 대상을 신뢰해야 한다는 문제다. 정부와 월가란 패권자의 속성은 이기적인데, 법정화폐 제도는 이들이 '선의와 절제'의 미덕을 갖춘 주체라는 전제조건 위에서 건설되었기 때문이다.

사토시의 해법은 과감했다. 인간의 약속을 암호학과 합의 알고리즘으로 치환해 신뢰를 코드에 묶었고, 그 코드가 규정한 발행 규칙을 누구도 임의로 바꿀 수 없도록 네트워크 전체의 동의를 필요로 하게 만들었다. 이 설계는 곧바로 인플레이션세라는 고질병을 정면으로 겨

● **비트코인 총 공급량 및 반감기 이벤트**

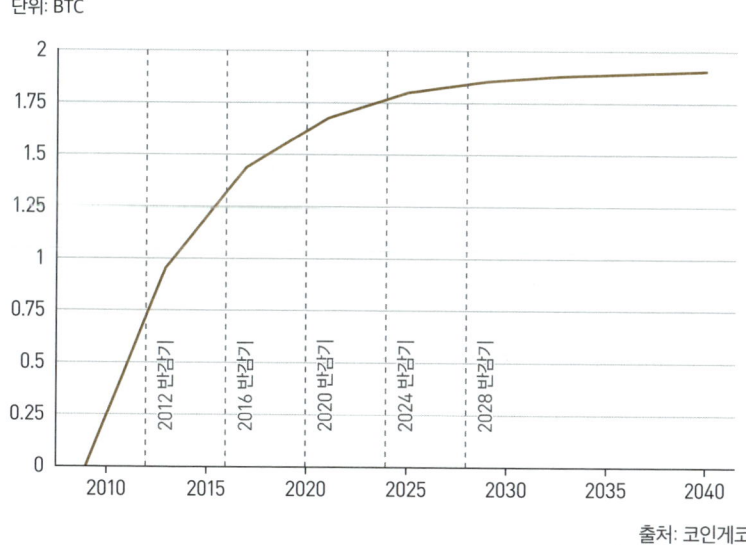

출처: 코인게코

냥한다. 총발행량 2,100만 개라는 상한, 4년마다 채굴 보상이 줄어드는 반감기, 해시 파워에 비례해 난이도를 자동 조정하는 메커니즘은 '더 찍을 유혹'을 기술적으로 봉쇄한다. 과거 왕이 금화의 함량을 슬쩍 줄이거나, 근대 국가가 전시·위기 때 지폐를 남발하던 장면은 블록체인에서 더는 재연되기 어렵다. 누군가 발행 규칙을 바꾸려 한다면 네트워크는 합의를 거부하거나 체인을 분기시키는 방법만 있을 뿐, '명령'으로는 아무것도 강제할 수 없다. 이 점에서 비트코인은 문자 그대로 왕이 없는 화폐다.

이 구조가 작동할 때 생기는 경제적 귀결이 바로 디플레이션 이익, 다시 말해 '부(-)의 인플레이션세'다. 공급이 수학적으로 제한되고, 네트워크 안전을 위해 뿌려지는 신규 코인이 반감기마다 감소하는 한편, 효용과 신뢰가 높아질수록 수요가 유입된다면 단위당 구매력은 장기적으로 강화될 가능성이 크다.

중세 시대의 금화 시스템에서도 지금과 비슷한 현상이 있었다. 금은 자연적으로 희귀했기에 경제 규모가 커질수록 그 가치는 덩달아 올라갔다. 하지만 이 시스템에는 치명적인 약점이 하나 있었다. 바로 권력자의 손장난이다. 과거의 왕들은 재정이 부족해지면 금화에 구리 같은 값싼 금속을 섞어 함량을 낮추는 방식으로 돈을 불려 썼다. 겉면에 적힌 액면가는 그대로인데 실제 가치는 떨어지니, 그 차액만큼 왕이 이득을 취한 셈이다.

비트코인은 이 역사적인 약점을 정면으로 돌파한다. 금처럼 무겁게 들고 다니거나 보관할 필요가 없는 물리적 자유로움도 있지만, 핵심은 따로 있다. 액면가와 실질 가치의 차이를 벌려 이득을 취하려는 손, 즉 국가 권력의 개입을 코드가 원천 봉쇄한다는 점이다. 비트코인의 가격은 시장이 결정하지만, 그 가치를 지탱하는 핵심 규칙인 공급량은 대통령이든 중앙은행 총재든 그 누구도 마음대로 바꿀 수 없다.

비트코인의 창시자 사토시 나카모토가 택한 방식은 오스트리아학파 경제학자들과 하이에크의 통찰과 정확히 공명한다. 프리드리히 하이에크는 돈을 국가의 통제에서 해방시켜야 한다는 화폐의 탈국가화를 주장했고, 미제스와 로스바드는 인플레이션을 국가가 국민의 재산권을 침해하는 가장 교묘한 도둑질이라고 보았다.

하지만 이 경제학자들이 법과 정책의 영역에서 말로 논쟁했다면, 비트코인은 프로토콜과 합의라는 기술의 영역에서 문제를 강제로 종료해 버렸다. 말과 법률이 아니라, 수학적으로 검증 가능한 실행 규칙으로 답을 내린 것이다. 신뢰의 근거를 변덕스러운 법정과 공권력이 아닌 변하지 않는 코드로 옮기겠다는 철학이 비트코인을 통해 화폐의 차원에서 현실화된 것이다.

그렇다고 해서 비트코인이 마치 자동으로 모두를 부자로 만들어 주는 디플레이션 자동자판기는 아니다. 변동성은 여전히 크고, 기술과 에너지 문제도 현재진행형이다. 그러나 빅테크가 결코 줄이지 못한 사용자 비용, 즉 '인플레이션세'를 해결했다는 데 진짜 의미가 있다. 빅테크는 결제 화면을 편리하게 다듬고 수수료를 낮췄지만, 화폐 가치가 떨어져 구매력을 잃는 근본적인 손실은 막지 못했다. 비트코인은 정반대다. 사용성은 투박할지 몰라도, 발행 권력을 남용해 돈 가치를 떨어뜨리는 '프라이머리 리스크'를 원천 차단한다. 중앙 주체의 선의에 기대는 대신, 코드로 짜인 불변의 약속으로 신뢰의 대상을 바꾼 것이다.

이 약속의 사회철학적 위상도 빼놓을 수 없다. 홉스가 말한 리바이어던—강력한 주권자가 질서를 담보한다—의 세계에서, 비트코인은 리바이어던 대신 프로토콜을 세운다. 질서는 중앙집중의 강제에서 나오지 않고, 분산된 참여자의 검증 가능한 동의에서 나온다. 하이에크가 강조한 자생적 질서의 디지털 구현, 그리고 "코드가 곧 법"이라는 새로운 규범 감각이 여기에서 태어난다. 법정과 중앙은행이라는 인간 제도가 '법의 지배'를 시뮬레이션했다면, 비트코인은 검증의 지배를 구축한다. 기록은 감추어지지 않고, 규칙은 뒤에서 바뀌지 않는다.

비트코인에서는 다수가 손을 들었다고 해서 규칙이 바뀌는 게 아니라, 처음 정해진 규칙을 그대로 따르는지가 합의의 기준이 된다. 그래서 규칙을 지키는 한 모든 노드는 같은 체인 위에 머물지만, 규칙을 어기는 순간 다수든 소수든 상관없이 체인에서 이탈해 따로 떨어져 나간다. 결국 합의가 규칙을 바꾸는 게 아니라, 같은 규칙을 공유하는 참여자들만이 합의를 유지할 수 있는 것이다. 이 점이 바로 "왕이나 정치 권력이 개입해 장난을 칠 수 없다"의 기술적 내용이다.

결과적으로 비트코인은 네 문장이 합쳐진 하나의 문장으로 읽힌다. 인플레이션세를 없앤 화폐이기 때문에 장기적으로 디플레이션 이익을 가능하게 하고, 그 성질은 코드로 확보된 신뢰에서 나오며, 그 신뢰는 왕이나 정치 권력의 개입이 구조적으로 차단된 곳에서만 유지된다. 코어 개발자들은 함부로 기능을 늘리지 않고 천천히 업데이트해 규칙이 흔들리지 않게 하고, 합의 규칙을 바꾸려면 엄청난 비용과 노력이 들도록 설계해 쉽게 손댈 수 없게 만들며, 만약 누가 억지로 체인을 갈라 하드포크(기존 블록체인과 호환되지 않는 새로운 체인으로 완전히 분리하는 업데이트)를 하면 시장이 가격과 유동성으로 바로 벌을 주도록 해서 무리한 시도를 꺼리게 만든다. 이 모든 장치는 결국 인플레이션세를 없애고 디플레이션 이익을 가능하게 하며 코드를 신뢰의 기반으로 삼고 권력이 개입하지 못하게 하자는 그 네 가지 원칙을 지키기 위한 것이다.

권력 대신 검증을 신뢰하다

커뮤니티의 문화도 같은 방향을 가리킨다. "Don't trust, verify.(믿지 말고 검증하라.)" 검증 가능한 약속만이 인플레이션세를 제거하고, 검증 가능한 희소성만이 디플레이션 이익을 가능하게 한다.

비트코인을 둘러싼 지금의 질서가 당장 모든 사람에게 이상적인 세상처럼 보이지는 않을 수 있다. 하루에도 몇십 퍼센트씩 널뛰는 가격 변동성을 보면 "이걸 어떻게 믿고 써?"라는 의구심이 드는 게 사실이다. 하지만 이 요동침을 단순히 신뢰 부족의 증거로만 볼 필요는 없다. 오히려 세상에 없던 새로운 자산의 진짜 가치를 시장이 치열하게 찾아가는 과정, 즉 자유로운 '가격 발견'의 부산물이라고 보는 게 타당하다.

이는 인터넷이나 스마트폰 같은 혁신적인 신기술이 처음 등장해 확산될 때 나타나는 '채택 곡선'의 초반부 현상과 매우 흡사하다.

또한 흔히 비판의 대상이 되는 막대한 에너지 소비 문제도 관점을 달리하면 전혀 다르게 보인다. 비트코인이 전기를 많이 먹는 건 단순한 낭비가 아니다. 그 에너지는 전 세계에 분산된 장부(블록체인)를 해킹이나 조작으로부터 안전하게 지키기 위해 지불하는 필수적인 보안 비용이다.

쉽게 말해, 기존 은행이 거대한 금고를 짓고 무장 경비원을 고용하고 보안 시스템을 돌리는 데 돈을 쓰듯이, 비트코인은 전기라는 물리적 에너지를 태워 수학적 암호를 풂으로써 네트워크의 무결성을 지키는 것이다. 즉, 전력 소모는 낭비가 아니라 비트코인 생태계를 지탱하는 거대한 '디지털 방어 체계'를 가동하는 연료라고 이해해야 한다.

비트코인 시스템에서 전기는 가상의 세계를 현실의 물리 법칙과 연결하는 유일한 끈이다. 비트코인은 작업 증명Proof of Work* 방식을 사용하는데, 이는 수많은 컴퓨터가 복잡한 수학 문제를 풀기 위해 경쟁하는 과정이다. 이 경쟁에서 이기려면 엄청난 연산 능력과 그에 따르는 전력이 필요하며, 이 과정 자체가 네트워크를 공격하려는 세력에게는 거대한 '진입 장벽'이 된다.

---

* 비트코인 네트워크의 합의 알고리즘. 컴퓨터가 복잡한 수학 문제를 풀어 블록을 생성할 권한을 얻는 방식이다. 이 과정에서 막대한 연산 능력과 전기가 소모되는데, 이것이 해커의 공격 비용을 천문학적으로 높여 네트워크의 보안을 유지하는 핵심 역할을 한다.

만약 누군가 비트코인 네트워크를 해킹하거나 거래 기록을 조작하려 한다면, 전 세계 모든 정직한 채굴자들이 쏟아붓는 전기 에너지를 합친 것보다 더 많은 에너지를 확보해야만 한다. 즉, 비트코인이 전기를 많이 쓰면 쓸수록 해커가 지불해야 할 공격 비용은 천문학적으로 높아지며, 사실상 물리적으로 공격이 불가능한 상태가 된다. 결국 비트코인 네트워크에서 소비되는 전력은 금고의 두꺼운 철갑이나 은행의 강력한 보안 시스템과 같은 역할을 수행한다.

핵심은 논점의 우선순위다. 빅테크가 만들어낸 편익은 거래 단계에서의 효율이고, 비트코인이 제공하는 편익은 화폐 단계에서의 공정성이다. 전자가 수수료 몇 bp를 절약해 준다면, 후자는 보이지 않는 세율 몇 %p를 영구적으로 제거한다. 긴 시간 축에서 사용자 비용을 진짜로 줄이는 것이 무엇인지, 이제 우리는 비교 가능한 두 체계를 갖게 되었다.

빅테크 기업들이 수수료를 낮추고 편의성을 극대화하며 디지털 거래의 효율성을 완성해가는 동안, 비트코인은 그 거래의 밑바닥을 지탱하는 '돈' 그 자체의 문법을 근본적으로 다시 썼다. 기존 금융이 거래의 속도나 인터페이스 같은 '껍데기'를 혁신했다면, 비트코인은 가치가 발행되고 유지되는 '본질적인 규칙'에 도전한 것이다. 이 새 규칙 아래에서 인플레이션세는 설계상 불가능에 수렴하고, 그 빈자리를 채우는 것은 희소성에서 비롯된 디플레이션 이익이다. 그 이익은 누군가의 '선의'로 배당되는 게 아니라, 누구도 장난칠 수 없도록 만든 무주권 시스템에서 자연히 발생한다. 그리고 그 시스템을 떠받치는

기둥은 오직 하나, 코드로 확보된 신뢰다. 이것이 비트코인의 탄생이
던지는 의미이다.

탄압과 편입
– 삼각동맹의 이중전략

주조 이익을 침해한 혹독한 대가

2019년 여름 페이스북이 리브라를 들고나오자 워싱턴의 반응은 "결제 혁신"이 아니라 "통화주권 침해" 프레임이었다. 같은 해 7월 10일 제롬 파월 Jerome Powell 연준 의장은 하원 청문회에서 "리브라는 프라이버시, 자금세탁, 소비자보호, 금융안정성에 관한 '매우 심각한 우려'를 제기한다. 이 우려들이 해결되기 전에는 전진할 수 없다"라고 못박았다. 이건 중앙은행이 발행권 변수를 건드리는 빅테크를 그냥 두지 않겠다는 시그널이었다.

그다음 날 밤, 백악관이 보낸 메시지는 훨씬 더 노골적이고 직설적이었다. 당시 도널드 트럼프 대통령은 트위터를 통해 "나는 비트코인이나 다른 암호화폐의 팬이 아니다"라고 선을 그으며, "페이스북이나 다른 기업들이 은행 노릇을 하고 싶다면, 정식으로 은행 허가를 받아라"라고 쏘아붙였다. 빅테크 기업이 자체 화폐를 만들려 한다면, 기존 은행들이 받는 촘촘하고 까다로운 규제의 틀을 그대로 씌우겠다는 정부의 강력한 의지를 대중 앞에서 공식화한 사건이었다.

결국 페이스북의 야심작 리브라는 정부의 압박을 견디지 못했다. '디엠Diem'으로 이름을 바꾸고 어떻게든 규제 당국과 협상해보려 애썼지만, 끝내 2022년 1월 관련 자산을 실버게이트 은행에 매각하며 화폐 발행이라는 거대한 꿈을 접어야 했다.

이 사건은 실리콘밸리에 명확한 교훈을 남겼다. "빅테크가 감히 화폐 발행이라는 성역을 건드리면 국가가 나서서 반드시 막아선다"라는 확실한 학습 효과였다. 이 일을 계기로 빅테크 기업들은 화폐 자체를 창조하려는 시도에서 한 발 물러나, 결제 화면을 예쁘게 만들거나 송금 절차를 편하게 만드는 사용자 경험 개선 쪽으로 전략을 후퇴하게 된다.

코드와 거래소를 압박하는 포위망

2022년부터 미국은 암호화폐의 온·오프램프(현금과 암호화폐 사이를 오가는 관문)* 와 익명성을 보장하는 수단을 본격적으로 단속하기 시작했다. 그 대표적인 사건이 2022년 8월 8일, 미국 재무부 해외자산통제국 OFAC이 이더리움 기반의 익명화 서비스 '토네이도캐시Tornado Cash'를 제재 목록에 올린 일이다.

토네이도캐시는 여러 사람의 자금을 한데 섞어 거래 흔적을 숨겨 주는 '믹서mixer' 서비스다. 그런데 북한의 해킹 조직 라자루스Lazarus를 비롯해 제재 대상에 오른 범죄 조직들이 반복적으로 악용해 왔다. 미 재무부는 믹서라는 도구 자체가 "본질적으로 고위험"이라고 규정했고, 브라이언 넬슨Brian Nelson 재무부 차관보는 "범죄 수익을 세탁하는 믹서를 공격적으로 추적하겠다"고 선언했다.

이 사건이 중요한 이유는, 미국이 코드(소프트웨어 자체)를 제재 대상으로 올린 첫 선례라는 점이다. 단순히 사람이나 회사가 아니라, '익명성을 가능하게 하는 기술 그 자체'를 규제의 대상으로 삼은 것이다. 이 결정 이후 암호화폐 거래소와 커스터디(자산 보관 서비스)**들은 규제를 피하기 위해 고객 확인KYC과 자금세탁방지AML 절차를 훨씬 강화해야 했고, 그만큼 규정 준수 비용이 급격히 늘어났다.

2023년, 미국 증권거래위원회SEC는 암호화폐 업계의 사업모델 자

---

* 고속도로 진출입로에 빗댄 용어. 현금(법정화폐)으로 암호화폐를 사는 과정을 '온램프(진입)', 반대로 암호화폐를 팔아 현금화하여 현실 세계로 나오는 과정을 '오프램프(진출)'라고 부른다.
** 금융 자산을 대신 보관하고 관리해 주는 수탁 서비스. 암호화폐에서는 해킹이나 분실 위험이 있는 '개인키Private Key'를 전문 기관이 은행 수준의 보안으로 대신 관리해 주는 것을 말하며, 기관 자금이 시장에 들어오기 위한 필수 전제 조건이다.

체를 정면으로 겨냥했다.

첫 번째 충격은 2월 9일, 거래소 크라켄Kraken 사건이었다. 크라켄은 고객이 맡긴 암호화폐를 대신 스테이킹*(위임 참여)하고, 이자를 나누어주는 서비스를 운영했는데, SEC는 이를 등록하지 않은 증권 판매로 규정했다. 결국 크라켄은 3,000만 달러 벌금을 내고, 미국 내 서비스도 중단했다. SEC 의장 게리 겐슬러Gary Gensler는 "스테이킹-어즈-어-서비스(대행 스테이킹)는 등록하고, 투자자에게 완전하고 공정하며 진실한 정보를 공개해야 한다"고 못박았다. 즉, "수익을 약속하는 위임형 구조는 증권으로 보겠다"는 신호였다.

두 번째 충격은 6월 5일과 6일, 이틀 연속으로 바이낸스와 코인베이스를 제소하면서 터졌다. SEC는 이 두 거대 거래소가 "등록도 없이 거래소·브로커·청산기관의 기능을 한꺼번에 수행했다"고 주장했다. 즉, 주식 시장에서라면 거래소, 증권사, 청산소가 나누어서 해야 할 일을 이들은 규제망 밖에서 동시에 하고 있었다는 것이다.

SEC는 보도자료와 소장에서 "2019년 이래 증권으로 분류되는 13개 이상의 토큰을 상장하고 중개하면서, 투자자 보호 장치를 회피했다"라고 적시했다. SEC 집행국장 구르비르 그레월Gurbir Grewal도 "규정 밖에서 영업하면서 투자자들에게 마땅히 있어야 할 공시를 빼앗았다"

---

* 자신이 보유한 암호화폐를 블록체인 네트워크에 예치Lock-up하여 거래 검증 등 운영을 돕고, 그 대가로 코인을 보상받는 행위. 은행 예금 이자와 비슷해 보이지만, SEC는 이를 '투자 계약(증권)'으로 해석하여 강력한 규제를 적용했다.

고 직격탄을 날렸다.

달러로 통하는 문을 닫다

2023년 3월, 암호화폐 업계와 직접 연결되어 있던 '은행 레일(결제·정산 통로)'에도 큰 충격이 닥쳤다. 3월 8일, 미국에서 암호화폐 기업들의 달러 결제를 도와주던 실버게이트Silvergate 은행이 스스로 문을 닫겠다고 발표했다. 실버게이트는 "크립토 친화 은행"으로 불리며 거래소와 투자자 사이에서 달러 결제를 연결하는 역할을 했지만, 대규모 예금 인출에 버티지 못하고 결국 청산을 선택한 것이다.

이어 3월 12일에는 뉴욕주 금융당국이 또 다른 암호화폐 친화 은행인 시그니처 은행Signature Bank을 강제로 폐쇄했다. 이때 미국 재무부, 연준, 예금보험공사FDIC는 이 사태가 금융시스템 전체로 번질 것을 우려해 '시스템적 위험 예외Systemic Risk Exception'를 발동했고, 그 결과 예금자들의 돈을 전액 보호하겠다고 발표했다. 보통은 예금보험 한도(최대 25만 달러)까지만 보장되는데, 이번에는 예외적으로 한 푼도 손실이 없도록 막아준 것이다.

사후에 나온 FDIC 보고서는 시그니처의 실패 원인을 뚜렷하게 짚었다. 이사회 거버넌스 부실, 그리고 유동성 위험 관리 실패가 핵심이었다는 것이다. 다시 말해, 경영진이 제대로 위험을 통제하지 못했고, 고객이 예금을 뺄 때 필요한 현금을 준비해 두지 못했다는 의미다.

이 두 은행이 문을 닫으면서 실무적으로는 큰 문제가 생겼다. 암호화폐 기업들이 달러를 입출금하고 정산하는 창구가 좁아진 것이다. 그 결과, 거래소와 투자자들이 달러를 오가며 암호화폐를 사고파는 온·오프램프 비용이 크게 뛰어올랐다.

법집행의 정점은 2023년 11월 21일 미국 법무부의 바이낸스 유죄 합의 발표였다. 메릭 갈런드Merrick Garland 법무장관은 "새로운 기술을 쓴다고 해서 법을 어긴 사람이 혁신가가 되는 것은 아니다, 그는 범죄자일 뿐"이라며 40억 달러 규모의 처벌을 공개했고, 재닛 옐런Janet Yellen 재무장관은 "미국 금융시스템의 혜택을 원한다면 그 규칙을 지켜야 한다"고 못을 박았다. 세계 최대 거래소를 세운 창펑자오Changpeng Zhao 전 최고경영자는 자금세탁방지를 위해 고객확인과 보고를 의무화한 은행비밀법 위반을 인정했다. 이는 바이낸스가 불법 자금이 흘러드는 통로가 되도록 방치했다는 뜻이었고, 미국 당국은 이를 국가안보와 제재, 자금세탁방지라는 프레임에서 다루었다. 2024년 4월, 미국 법원은 그에게 징역 4개월을 선고하며 수년에 걸친 공방을 일단락지었다.

2022년 3월, 백악관은 디지털 자산 행정명령을 통해 정부의 입장을 명확히 정리했다. 바이든 대통령은 소비자 보호부터 국가 안보까지 모든 위험을 '전숲정부적 접근'으로 다루겠다고 선언했고, 이에 따라 재무부, 법무부, 연준 등 모든 핵심 기관이 하나의 팀처럼 움직이기 시작했다.

합법적인 사업자는 제도권 안으로 받아들이되, 규제 밖의 무허가 사업자는 견딜 수 없는 비용과 압박으로 사실상 시장에서 퇴출시키겠다는 방향이었다. "시스템 안에서 규칙을 지키지 않으면 살아남을 수 없다"라는 설계도가 공식화된 셈이다.

2023년 초, 연준은 한발 더 나아가 은행들에 경고장을 날렸다. 암호화폐와 깊게 엮이면 예금 대량 인출이나 법적 소송 같은 치명적인 위험에 빠질 수 있다는 지적이었다. 이는 사실상의 '레드카드'였다. 인가받지 않은 암호화폐 사업자에게 함부로 달러 결제망을 열어주지 말라는 뜻이자, 달러 시스템으로 들어가는 문을 연준이 직접 틀어쥐겠다는 경고였다.

이어 연준은 노벨 액티비티Novel Activities라는 감독 프로그램을 출범시켰다. 은행이 암호화폐와 연관된 새로운 사업을 하려거든 반드시 별도의 까다로운 심사를 거치도록 만든 것이다. 예를 들어 스테이블코인 결제나 디지털 자산을 대신 보관해 주는 커스터디 서비스 같은 업무는 기존 은행 업무와 분리해 별도의 심사대 위에 올렸다. 사업을 할 수 있는 창구 자체를 아주 좁게 만들어버린 것이다.

그 결과, 암호화폐 기업들이 달러를 입금하고 출금하는 온·오프램프 과정은 한층 까다로워졌다. 이제 은행과 거래소는 고객이 누구인지 확인하는 KYC, 지금이 이디시 와시 어디로 가는지 추적하는 트래블룰, 돈이 진짜 있는지 증명하는 잔고 증명, 그리고 외부 감사 요건을 훨씬 더 촘촘하게 지켜야만 했다. 달러가 드나드는 문마다 검문소가 겹겹이 세워지면서, 암호화폐 산업은 은행권의 심사와 감시를 피할 수 없게 된 것이다.

다만 2025년에 들어서면서 정치 지형의 변화와 함께 당국의 태도가 일부 누그러지는 모습이 포착되었다. 2월 27일, SEC는 코인베이스와의 소송을 위원회 승인 하에 기각 합의로 마무리 지었다. 헤스터 피어스 위원은 명확한 규칙 없이 소송부터 걸고 보는 규제 집행 전략을 공개적으로 비판했고, 이후 바이낸스 사건에서도 민사 소송에서 한발 물러서는 등 규제의 강도를 재조정하는 움직임이 관측되었다.

규제 전략이 유지되면서도 전면 충돌은 완화되는 그림이다. 그럼에도 2019년 리브라 제동 – 2022년 믹서 제재 – 2023년 거래소·은행 레일 충격으로 이어지는 궤적은 분명 하나의 이야기로 이어진다. 빅테크가 사용자 비용을 낮추며 발행 권력의 변두리에 닿자 삼각동맹은 규칙과 레일로 벽을 높였다.

현물 ETF와 RWA로 보는
월가의 크립토 전략

월가의 다음 전략은 '자기 포맷'이다. 빅테크와 비트코인의 위협은 견제하면서, 블록체인 네트워크의 유용성을 포섭하는 전략이다. 대표적인 게 세계최대 자산운용사인 블랙록이다.

블랙록의 현물 ETF와 실물자산 토큰화

블랙록은 두 가지의 확실한 경로, 즉 두 개의 레일을 깔고 암호화폐 시장에 진입했다. 그 첫 번째 레일은 바로 현물 비트코인 ETF인 IBIT다.

지금까지 일반인이 비트코인에 투자하려면 꽤나 번거로운 과정을 거쳐야 했다. 암호화폐 거래소에 따로 가입해야 하고, 개인 지갑을 만들어 복잡한 비밀키를 관리해야 했으며, 혹시나 해킹당하지 않을까 하는 보안과 보관 문제까지 온전히 스스로 책임져야 했다. 절차는 복잡했고, 그에 따르는 위험 부담도 만만치 않았다.

하지만 블랙록이 내놓은 IBIT는 이 진입 장벽을 완전히 허물어 버렸다. 이제 투자자는 새로 가입할 필요 없이 기존에 쓰던 증권사 계좌(브로커리지)에서 마치 삼성전자나 애플 주식을 사고팔듯이 간편하게 비트코인을 매매할 수 있게 되었다. 별도의 거래소 가입이나 지갑 설치 같은 귀찮은 과정이 싹 사라졌으니, 사실상 비트코인이 제도권 금융의 번듯한 투자 상품으로 깔끔하게 포장된 셈이다. 이 레일은 그동안 규제와 보안 우려 때문에 주저하던 전통 금융 고객들의 자금이 암호화폐 시장으로 흘러 들어올 수 있도록 돕는 가장 안전하고 넓은 입구 역할을 한다.

두 번째 레일은 실물자산 토큰화RWA, Real World Asset*다. 블랙록의 '비들BUIDL' 펀드가 대표적이다. 여기서는 전통 금융의 가장 중요한 담보 자산 — 현금, 미국 국채, 레포(단기 담보 대출) — 를 블록체인 위에서 토큰으로 만든다. 이렇게 토큰화된 자산은 온체인 세계에서 자유롭게

---

* 부동산, 국채, 미술품, 금 등 현실 세계에 존재하는 자산의 가치를 블록체인 토큰과 연동시킨 것. 이를 통해 유동성이 낮은 실물 자산을 주식처럼 쪼개서 24시간 거래하거나, 블록체인 금융의 담보로 활용할 수 있게 된다.

거래되거나 디파이 프로토콜과 맞물려 사용된다. 예를 들어, 은행이 담보로 삼던 미국 국채가 이제 블록체인 네트워크 안에서 스마트 계약과 직접 연결되면서, 전통 금융과 디파이 사이의 배관이 놓이는 것이다. 이 레일은 크립토 시장을 단순한 '투기판'에서 금융 인프라의 연장선으로 바꾸는 배관 역할을 한다.

둘은 서로 다른 듯 보이지만 사실 같은 메시지를 품고 있다. 혁신은 포섭하고, 위험은 규제 틀 안에 가둔다는 것이다. 2024년 1월 미국 SEC가 11개의 현물 비트코인 ETF를 일괄 승인했고, 그중 블랙록의 IBIT는 출시 직후 압도적 자금 유입으로 빠르게 규모를 키우며 가장

● **블랙록의 크립토 진입 전략**

구분	첫 번째 레일: 투자 상품화	두 번째 레일: 인프라 토큰화
핵심 키워드	ETF (현물 상장지수펀드)	RWA (실물자산 토큰화)
대표 상품	IBIT	BUIDL
방향성	전통 자금 → 크립토 시장 (외부의 돈이 안으로 들어옴)	전통 자산 → 블록체인 위 (현실의 자산을 안으로 가져옴)
혁신 포인트	"편의성" 복잡한 지갑·보관 없이 주식처럼 비트코인 매매	"활용성" 국채·현금을 토큰으로 바꿔 디파이 담보로 사용
역할 비유	안전한 입구 일반 투자자가 들어오는 제도권 관문	금융 배관 전통 금융과 온체인 금융을 연결하는 통로
의의	비트코인을 '제도권 투자 자산'으로 격상시킴	크립토 시장을 단순 투기판에서 금융 인프라로 확장함

성공적인 ETF 중 하나로 자리 잡았다. 승인 당일 미국 내 현물 비트코인 ETF들의 거래대금만 46억 달러를 찍었고, 석 달 뒤엔 IBIT 단독 자산이 127억 달러 수준에 도달했다.

ETF의 핵심은 '익숙함'과 '위험의 외주화'다. 투자자는 복잡한 전자지갑 관리나 보안 공부를 할 필요 없이, 평소 쓰던 증권사 계좌에서 주식처럼 편하게 비트코인을 살 수 있다. 해킹이나 암호키 분실 같은 골치 아픈 기술적 위험은 모두 운용사에게 '외주'를 맡기는 셈이다.

월가 입장에서도 매력적인 장사다. 규제의 보호 아래 '비트코인'이라는 고수익 상품을 메뉴판에 추가하고, 여기에 수수료와 스프레드 같은 전통적인 금융의 수익 모델을 그대로 적용해 안정적으로 돈을 벌 수 있기 때문이다. SEC가 2024년 가을 비트코인 현물 ETF* 옵션 상장도 허용하면서, 헤지·레버리지 수요까지 제도권 파이프에 올라탔다. 탈중앙의 변동성을 규제된 파생 시장으로 수확하는 구조가 갖추어진 것이다.

비들의 경우 기초자산은 초단기 국채, 레포, 현금 등 현금성 자산이고, 이를 담보로 발행된 지분 토큰은 이더리움에서 전송된다. 발행과 투자자 등록, 양도 절차는 토큰증권 인프라 사업자인 시큐리타이즈가 맡았다. 결과적으로 MMF의 안정성과 수익성을 블록체인의 속도와 상

---

* 미래의 가격을 예측하는 '선물' 계약이 아니라, 운용사가 실제 비트코인을 매입하여 보유하는 상장지수펀드. 투자자가 ETF를 사면 운용사는 그만큼의 비트코인을 실제로 사서 금고(커스터디)에 넣어야 하므로, 시장에서 비트코인 수요를 직접적으로 늘리는 효과가 있다.

호운용성에 결합한 셈이다.

출시 1년이 채 지나지 않아 운용 자산 규모는 단숨에 10억 달러를 돌파했다. 그리고 2025년 중반이 되자, 주요 암호화폐 파생상품 거래소들이 비들 토큰을 마진 거래의 담보로 받아주기 시작했다.

이것은 매우 중요한 변화의 지점이다. 그동안 담보로 쓰이던 스테이블코인 대신, 실제 국채와 현금성 자산을 토큰으로 만든 것이 담보 생태계의 핵심으로 들어왔다는 뜻이기 때문이다. 이제 트레이더들은 이자가 한 푼도 안 나오는 코인 대신, 가지고만 있어도 이자가 꼬박꼬박 나오는 안전한 토큰화 국채를 담보로 맡기고 파생상품 투자를 할 수 있게 되었다. 거래소 입장에서도 부도날 위험이 거의 없는 고품질 담보를 확보할 수 있으니 손해 볼 게 없다. 월가의 거대한 머니마켓 자금이 디파이(탈중앙화 금융)와 암호화폐 마진 거래 시스템의 기초 담보로 스며드는 장면이 연출된 것이다.

언뜻 보기에 ETF와 RWA(실물연계자산)는 서로 다른 길을 가는 것처럼 보이지만, 사실은 하나의 거대한 큰 그림을 완성하는 퍼즐 조각들이다. ETF는 비트코인 투자를 제도권 금융 안으로 끌어들여 "누구나 주식처럼 쉽게 살 수 있게" 민든 입구다. 반면, RWA는 달러나 국채 같은 현실의 안전자산을 블록체인 위로 옮겨 "암호화폐 세상에서 믿을 수 있는 담보로 쓰일 수 있게" 만든 배관이다.

이 둘이 만나면 어떤 일이 벌어질까? 블록체인 안에는 국채와 현금성 자산으로 이루어진 든든하고 거대한 담보 창고가 쌓이게 된다. 동시에 ETF라는 입구를 통해 규제의 보호를 받는 일반 투자자들의 자금이 비트코인 시장으로 흘러 들어온다. 그 결과, 따로 놀던 전통 금융 시장과 암호화폐 시장이 서로 피가 통하는 하나의 거대한 순환계로 연결되는 것이다.

이 순환계에서 벌어지는 일은 사실 새롭지 않다. 수익과 데이터, 표준과 배포 채널은 결국 월가가 늘 해오던 비즈니스 모델―자산 보관(수탁), 대차거래, 시장조성, 위험중개―로 환원된다. 다시 말해, 혁신처럼 보이지만 실제로는 월가가 이미 잘 아는 방식으로 포섭되는 것이다.

블랙록의 래리 핑크 Larry Fink 회장이 2022년에 "다음 세대 시장 인프라는 증권의 토큰화"라고 못박은 것도 이 맥락이다. ETF의 폭발적 채택과 RWA의 제도권 편입은, 결국 월가가 택한 방식―혁신을 끌어안되, 자기들이 통제할 수 있는 규제 레일 위에서만 움직이게 하는 보수성―을 집약해 보여준다.

크립토의 세계와 월가는 서로 정반대의 끝에 서 있다. 한쪽에는 "은행도, 신원 확인도 필요 없다"라는 구호로 상징되는 완전한 탈중앙의 이상이 있다. 다른 끝에는 위험 가중치와 규제 자본, 소유권 등록 같은 제도권 금융의 언어가 있다. 얼핏 보면 이 두 세계는 서로 만날 수 없는 평행선처럼 보인다.

'이자 없는' 코인에서 '수익 주는' 담보로

그러나 블랙록의 전략은 이 평행선 사이에 협상의 공간을 만든다. ETF

는 연금과 기관, 그리고 개인이 비트코인에 합법적으로 참여할 길을 열어준다. RWA, 즉 실물자산의 토큰화는 국채나 부동산 같은 안전한 담보를 블록체인 위로 옮겨와, 탈중앙 금융의 대출·파생상품·결제를 현실의 수익률과 연결한다.

이렇게 해서 '탈중앙의 급진적 꿈'과 '월가식 제도화'는 정면으로 부딪히는 대신, 점차 접점을 찾아간다. 블랙록이 만들어내는 이 중간지대는, 결국 두 세계가 공존할 수 있는 무대를 넓히는 셈이다.

월가와 크립토가 만나면서 '스테이블코인'의 위상이 변하고 있다. 예전 스테이블코인은 거래소에서 쓰는 '칩'에 불과했다. 1달러 가치는 유지하지만, 이자는 한 푼도 없는 돈이었다.

하지만 실물자산 토큰화가 등장하며 판이 바뀌었다. 블랙록의 비들처럼 국채나 현금성 자산에 투자해 그 수익을 사용자에게 돌려주는 '이자 주는 토큰'이 나왔기 때문이다. 구조는 간단하다. 펀드가 블록체인 위에서 돈을 모아 안전한 자산을 사고, 거기서 나온 이자를 토큰 보유자에게 나눠주는 식이다.

이제 사용자들은 이자 없는 코인 대신, 가지고만 있어도 돈이 불어나는 토큰을 선택할 수도 있다. 이는 그동안 발행사가 독식하던 운용 수익을 사용자가 나누어 갖는 구조로의 변화를 의미하며, 정부 입장에서도 국채 수요가 늘어나니 반가운 일이다.

결국 시장은 역할 분담으로 나아갈 것이다. 기존 스테이블코인은 빠르고 편한 '결제'용으로, RWA 토큰은 수익을 챙기는 '저축과 담보'용으로 공존하게 된다. 비들은 본질이 '펀드'이기에 법적으로 이자를 줄

수 있다는 점이 단순 결제용 코인과는 다른 결정적 차이다.

여기서 이자의 성격을 한 번 더 명확히 구분할 필요가 있다. 우리가 흔히 암호화폐 거래소 예치 상품이나 디파이 대출 서비스를 통해 스테이블코인으로 받는 이자는 누군가 내가 맡긴 코인을 빌려 가서 쓰고 그 대가로 낸 수수료다. 그렇기 때문에 거래소가 망할 위험(신용 리스크), 프로그램 코드에 오류가 있을 위험(스마트컨트랙트 버그), 담보 가치가 폭락해 돈을 떼일 위험(담보 청산) 같은 각종 리스크가 뒤따른다.

반면 앞서 언급한 비들 같은 상품이 주는 이자는 성격이 완전히 다르다. 이것은 국채와 같은 안전한 기초 자산에서 나오는 확정적인 수익을 펀드가 그대로 전달해 주는 구조다. 이자가 솟아나는 원천 자체가 다르니, 투자자가 감당해야 할 위험의 성격도 근본적으로 다를 수밖에 없다.

연 5% 수익이 나는 초단기 자산에 투자하고, 운용보수가 0.2%p라고 하자. 비들 보유자는 약 4.8%를 매달 토큰으로 나누어 받는다. 스테이블코인을 지갑에 들고만 있으면 이자는 0%다. 준비금에서 난 5%는 발행사 몫으로 남는다. 물론 비들의 이자에는 반대급부가 있다. 비들은 펀드이므로 KYC와 적격투자자 요건을 통과해야 하고, 화이트리스트* 지갑 간 전송 등 제한을 수용해야 한다. 대신 그 대가로 분배를 받을 권

리가 생긴다. 스테이블코인은 누구나 쉽게 쓰는 대신, 이자 없는 단순함을 택한다.

비들은 '펀드의 규칙'을 받아들이는 대신 이자를 받는다. 스테이블코인은 '범용 결제의 단순함'을 얻는 대신 이자를 포기한다. 누구에게서 이자가 나오는지, 어떤 규칙을 감수하는지, 그리고 내가 어떤 위험을 떠안는지가 두 상품을 가르는 분기점이다.

비들은 부분적으로만 스테이블코인처럼 쓰인다. 표면적으로는 달러에 고정된 가치를 목표로 하고, 블록체인 위에서 24시간 이동한다. 그러나 비들의 본질은 MMF를 토큰으로 옮긴 투자상품이다. '결제용 현금 토큰'이라기보다 '이자가 붙는 현금 대용 토큰'에 가깝다.

스테이블코인과 겹치는 장면도 있다. 기관이 현금 대기자금을 비들로 들고 있으면, 지갑에 넣어둔 동안에도 이자가 붙는다. 규정을 충족한 상대끼리는 담보 이전과 정산에도 쓸 수 있다. 허가형(화이트리스트 기반) 디파이에서는 담보·대출·결제 토큰으로도 기능한다. 이 점에서 '달러처럼 빠르게 옮길 수 있는 담보'라는 강점을 갖는다.

하지만 스테이블코인을 완전히 대체하지는 못한다. 비들은 펀드이므로 KYC, 적격투자자 요건, 화이트리스트 전송 같은 제약을 수용해야 한다. 가입·환매 같은 운용 절차가 있고, '1달러 고정'이 법적으로 보장된 예금도 아니다. 접근성·범용성 면에서는 여전히 누구나 쓰는 스테이블코인이 앞선다.

두 토큰의 역할은 물 흐르듯 자연스럽게 나뉜다. 스테이블코인은 일상적인 결제나 디파이 시장에 유동성을 공급하는 역할, 그리고 누구

● 비들과 스테이블코인의 이자 알고리즘

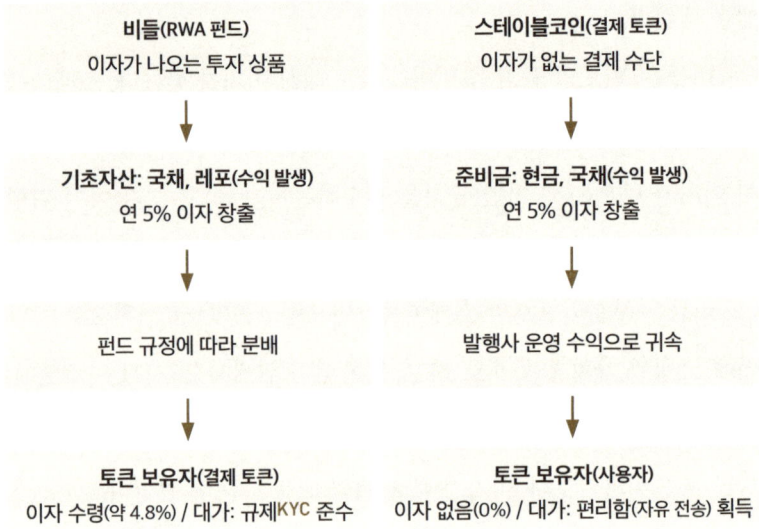

비들(RWA 펀드) 이자가 나오는 투자 상품	스테이블코인(결제 토큰) 이자가 없는 결제 수단
↓	↓
기초자산: 국채, 레포(수익 발생) 연 5% 이자 창출	준비금: 현금, 국채(수익 발생) 연 5% 이자 창출
↓	↓
펀드 규정에 따라 분배	발행사 운영 수익으로 귀속
↓	↓
토큰 보유자(결제 토큰) 이자 수령(약 4.8%) / 대가: 규제KYC 준수	토큰 보유자(사용자) 이자 없음(0%) / 대가: 편리함(자유 전송) 획득

나 쉽게 접근할 수 있는 범용성을 담당한다. 반면 비들은 이자가 붙는 현금성 대기 자금이나 거래소와 기관들이 맡기는 든든한 담보, 그리고 기업의 재무 상태를 효율적으로 관리하는 영역을 맡는다. 쉽게 정의하자면 하나는 단순히 달러를 금고에 보관하는 토큰이고, 다른 하나는 달러를 열심히 굴려서 돈을 버는 토큰이다.

　이런 변화는 월가의 기득권 세력에게도 확실한 이득을 가져다준다. 먼저 ETF 쪽을 보자. 고객의 자산을 대신 안전하게 보관해 주는 커스터디 수수료, 사고팔 때 가격 차이에서 오는 시장 조성 스프레드 수익, 그리고 파생상품 거래에서 발생하는 옵션 프리미엄까지 짭짤한 수익이 꾸준히 쌓인다. ETF 시장 덩치가 커질수록 이 수입원은 더욱 안정적이고 예측 가능한 현금 창출원이 된다.

다음은 RWA 분야다. 토큰화된 MMF나 국채 상품이 시장에 안착하면, 기본적으로 펀드를 관리하는 운용 보수가 자연스럽게 뒤따른다. 수익은 여기서 그치지 않는다. 보유한 국채 토큰을 유동성이 필요한 곳에 빌려주고 이자를 받는 대차 시장이 열리고, 수조 원대의 디지털 자산을 안전하게 보관해 주는 수탁 수수료 또한 거대한 수익원으로 부상한다. 블록체인 위에서 파편화된 시스템들이 표준 규약으로 연결될수록, 기관 투자자들은 이 복잡한 과정을 한 번에 해결하고 싶어 한다. 결국 거래 체결부터 자금 대여, 자산 보관까지 이 모든 서비스를 원스톱으로 묶어 제공하는 '프라임 브로커리지', 즉 종합 중개 서비스가 디지털 금융의 심장부로 다시금 화려하게 복귀하게 될 것이다.

무엇보다 거래소에서 쓰이는 담보의 질이 좋아진다는 점이 중요하다. 국채나 현금성 자산처럼 가격 변동이 거의 없는 우량 자산이 담보의 표준이 되면, 시장이 폭락하더라도 담보 가치는 굳건하다. 덕분에 줄초상처럼 이어지는 연쇄 청산이나 부도 위험, 즉 시스템 리스크가 획기적으로 줄어든다. 시장의 위험도가 낮아지면 보수적인 연기금이나 자산 운용사 같은 거대 기관들도 안심하고 진입할 수 있다. 참여자가 늘어나면 주문과 자금이 두터워져 유동성은 더욱 깊어진다. 즉, 안전한 담보가 더 많은 참여를 부르고, 이것이 다시 더 풍부한 유동성으로 이어지는 완벽한 선순환 구조가 완성되는 것이다.

가격의 착시를 없애는 기술

물론 리스크가 없는 건 아니다. ETF의 집중도가 높아질수록, 특정 지정참가자나 수탁사에 시스템 의존이 커진다. 온체인 RWA는 법적 소유권, 청산 절차, 관할권 충돌 같은 오프체인 리스크를 완전히 제거하지 못한다. 스마트컨트랙트 결함과 키 관리는 여전히 구조적 취약점이다. 그럼에도 제도권은 이 리스크를 익숙한 준칙(자본 규제, 공시, 감사)으로 다룰 수 있고, 크립토 쪽은 유동성·접근성·온보딩을 얻는다. 혁명은 이상을 잃지 않는 범위에서 거래 가능한 타협을 받아들이고, 기득권은 질서를 잃지 않는 범위에서 혁신을 포섭한다. 이게 바로 블랙록 전략이 상징하는 균형의 정치경제다.

앞으로 전개는 어떻게 될까? 첫째, 제품의 다변화다. 현물 비트코인에서 출발한 ETF는 파생·옵션·모델 포트폴리오로 이어지고, 지역적으로는 유럽·아시아의 ETP/MiCA* 체계로 확장된다. 이미 북미에서 크립토 ETF AUM이 금속 ETF에 육박하거나 추월할 거란 전망이 나오고, 거대 운용사들이 모델 포트폴리오에 비트코인 익스포저를 편입하는 움직임도 관측된다. ETF를 통한 제도권 유통은 계속 굵어진다.

둘째, RWA의 범주 확대다. 현금성·국채에서 시작된 토큰화는 회

---

* 미카MiCA, Markets in Crypto-Assets Regulation, 유럽연합이 제정한 세계 최초의 포괄적인 암호자산 규제 법안. 2024년부터 단계적으로 시행되었으며, 스테이블코인 발행사의 준비금 의무와 투자자 보호를 엄격히 규정하고 있다. 미국이 달러 패권을 잃지 않기 위해 디지털 금융 규제를 서두르게 된 결정적인 자극제가 되었다.

사채, 대출채권, 부동산 수익권, 사모펀드 지분으로 번질 것이다. 핵심은 유동화·담보화·상호운용 표준이고, 여기서 이더리움 레이어(메인넷 또는 승인형 L2)가 사실상 기관 표준으로 굳어진다. 비들의 성장은 그 전조다. AUM이 10억, 20억, 30억 달러를 거치며 이자 지급형 온체인 담보가 스테이블코인의 무이자 담보를 일부 대체하고, 담보 경쟁은 수익률·안정성·청산 효율의 싸움으로 간다. 스테이블코인은 결제 레일로, RWA는 담보 레이어로 분화될 가능성이 크다.

셋째, 규제의 정합화다. SEC 또는 은행 규제당국은 "같은 위험엔 같은 규제"라는 원칙 아래 창구를 한 곳으로 모으고, 공시 양식과 회계 처리를 통일하려 한다. 목표는 간단하다. 블록체인 자산을 전통 금융의 언어로 또렷하게 설명·기록·감사할 수 있게 만드는 일이다.

ETF 효율성의 핵심은 '현물 설정In-Kind' 허용 여부에 달렸다. 현금 대신 기초자산 '바구니'를 그대로 주고받게 허용하면, 쓸데없는 매매가 사라져 비용이 크게 줄고, ETF 가격이 기초자산 가격에 더 바짝 붙는다.

현금 방식에서는 이런 일이 벌어진다. 투자금이 들어오면 운용사가 시장에 나가 기초자산을 직접 사야 하고, 상환이 들어오면 직접 팔아야 한다. 이 과정에서 매매 수수료, 매수·매도 호가 차이인 스프레드, 주문이 기대 가격보다 불리하게 체결되는 슬리피지*, 대량 주문으로

---

* 내가 매매 주문을 냈을 때의 기대 가격과, 실제로 체결된 가격 사이의 차이. 변동성이 크거나 거래량이 부족할 때, 혹은 대량 주문을 낼 때 가격이 불리하게 체결되면서 발생하는 비용을 말한다. 마치 미끄러지듯Slippage 손해가 난다는 뜻이다.

가격을 흔드는 시장 충격이 발생한다. 보이지 않게 새는 이 비용은 결국 투자자 전체의 몫이 된다.

현물 설정이 허용되면 방식이 달라진다. 인가된 참여자AP, Authorized Participant 가 기초자산 바구니를 그대로 들고 들어와 ETF 지분을 받고, 상환 때는 지분을 반납하고 바구니를 그대로 들고 나간다. 운용사는 중간에서 거의 매매를 하지 않는다. 결과는 단순하다. 거래 단계가 줄어 비용이 내려가고, 그만큼 가격 왜곡도 줄어든다.

암호자산 ETF에서는 몇 가지 조건이 더 붙는다. 보관·인도 체계(온체인 자산을 안전하게 보관하고 실물로 주고받는 절차), 준법(KYC·AML·제재 주소 차단)과 인카인드 흐름의 정합성, 그리고 다수의 AP 경쟁이 그것이다. 이 세 가지가 갖추어질수록 비용은 더 내려가고 가격은 더 정확해진다.

RWA의 관건은 두 가지다. 먼저, 온체인에 기록된 디지털 소유권을 현실의 법정에서도 유효한 권리로 인정받는 절차다. 블록체인상의 지갑 키는 기술적 점유를 증명할 뿐, 법적 분쟁 시에는 이것만으로는 소유를 확증하기 어렵다. 만약 사용자가 키를 분실하더라도 발행사의 원장과 신원 확인 기록을 근거로 법원이 실소유자를 재확인하고, 토큰의 재발행을 허용하는 사법적 가이드라인이 마련되어야 한다. 기술적 사고가 자산의 증발로 이어지지 않는다는 법적 확신이 서야 비로소 제도권의 신뢰를 얻고 분쟁을 종결지을 수 있다.

다음으로 자산의 부도나 파산 시 발생하는 청산 절차의 자동화다. 복잡한 약관과 현지 법률의 내용을 스마트컨트랙트 코드로 정교하게 이식하여, 위기 상황에서 담보 매각과 채권 배분이 사람의 개입 없이 기계적으로 이루어져야 한다. 예컨대 토큰화된 MMF를 담보로 실행된 대출에서 담보 가치가 설정된 임계치 아래로 하락할 경우, 코드가 즉각 담보를 처분해 원리금을 상환하는 식의 실행력이 담보되어야 한다. 이러한 자동화는 금융의 효율성을 극대화하지만, 동시에 법원의 사후 통제나 감사권과 충돌하지 않도록 기술과 법률 사이의 세밀한 규칙을 사전에 정합시켜야 한다.

국경을 넘는 토큰 이동은 제재·KYC/AML이 쟁점이다. 제재 대상 주소는 차단하고, 송·수신자를 확인KYC하며, 자금세탁방지AML 정보를 전송과 동시에 처리해야 한다. 실무에서는 화이트리스트 지갑만 허용하고, 일정 금액 이상 전송에는 트래블 룰 데이터(보내는 이·받는 이 식별 정보)를 함께 붙인다. 개인정보 노출을 줄이기 위해 영지식증명ZK* 으로 '검증은 하되 세부정보는 숨기는' 방식도 시험 중이다.

넷째, 운영 원칙(거버넌스)을 더 섬세하게 손보는 일이다. 크립토 쪽은 '누구나 쓸 수 있는 공개 도로'와 '누구나 볼 수 있는 열린 코드'를 지키고 싶다. 반대로 기관은 분실하면 되찾는 장치(리커버리), 허용된 지갑끼리만 거래하는 장치(화이트리스트) 같은 규정 친화 옵션을 원한다.

---

* 내 비밀번호가 무엇인지는 알려주지 않으면서, 내가 비밀번호를 알고 있다는 사실만 증명하는 암호화 기술. 블록체인에서 거래 내역(누가, 얼마를)은 숨기면서도, 해당 거래가 유효하다는 것만 검증할 수 있어 프라이버시 보호의 핵심 기술로 꼽힌다.

여기서 해법은 전용 차선을 만드는 것이다. 누구나 달리는 고속도로(공개 체인) 위에 기관들만 다닐 수 있는 버스전용차선(허가형 레이어)을 하나 더 깐다고 보면 된다. 평소엔 개방된 도로를 공유하되, 보안이 필요한 중요한 거래는 전용 차선에서 따로 처리하는 식이다.

이게 가능하려면 자산 보관, 암호키 관리, 사고 시 복구 절차 같은 안전 수칙을 미리 정해야 한다. 블랙록의 야심은 이 복잡한 규칙과 인프라를 하나의 블록체인 운영체제로 묶어 파는 것이다. 기관들이 이 패키지만 설치하면, 골치 아픈 규제와 보안 문제를 한 번에 해결하고 즉시 영업을 시작할 수 있게 만드는 큰 그림이다.

ETF는 투자자들의 수요를 제도권 안으로 끌어당기는 자석이고, RWA는 안전한 담보물을 블록체인 세상 안으로 밀어 넣는 파이프다. 그 중간에서 스테이블코인은 여전히 결제와 장부 기록을 위한 기본 철로 역할을 하지만, 이제는 이자를 쳐주는 RWA 토큰과 경쟁하기도 하고 서로 부족한 점을 채워주기도 하는 미묘한 관계가 된다.

각자의 셈법도 맞아떨어진다. 정부 입장에선 단기 국채를 사줄 거대한 수요처가 생기고 달러 네트워크의 영토가 확장되니 이득이다. 월가는 자산 보관, 대차, 파생상품, 종합 중개(프라임 브로커리지)로 이어지는 금융의 먹이사슬 전체를 다시 장악할 수 있어 좋다. 암호화폐 업계는 누구나 쉽게 접근할 수 있는 대중성, 풍부한 유동성, 그리고 제도권의 신뢰를 얻는 대가로 그동안 누렸던 '내 마음대로' 식의 자율성 일부를 포기해야 한다.

이 타협의 저울추가 규제 쪽으로 너무 기울면 혁신의 속도가 느려지고, 반대로 너무 느슨하면 시스템의 신뢰가 흔들린다. 지금 블랙록이 구사하는 이중 전략은 바로 이 균형점을 제도권의 언어로 다시 정의하려는 시도다.

국가는 포섭, 월가는 폭격
– 빅테크의 이간계

빅테크는 처음에 국가의 프레임을 바꾸려 했다. 규칙을 설계하는 주체가 국가라면, 더 나은 기술로 그 규칙 자체를 대체할 수 있다고 믿었다. 결제와 송금이 빨라지고 싸지면 사람들은 자연스럽게 새로운 길로 옮겨 갈 것이라고 봤다. 하지만 화폐 발행과 금융 규제는 교통 신호등을 바꾸는 일이 아니었다. 국가의 세금, 통화, 제재, 범죄수익 차단 같은 민감한 주제가 한꺼번에 얽혀 있었다. 그 결과 정면충돌은 실패했고, 문은 닫혔다. 이때 빅테크는 방향을 튼다. 이제 목표는 "국가를 이기기"가 아니라 "국가와 나란히 걷기"다. 규제를 적으로 두지 않고, 규제의 틀 안쪽에서 혁신의 속도를 내는 쪽으로 돌아선다.

정면충돌에서 우회로 방향을 틀다

아마존^{AWS}, 마이크로소프트^{Azure}, 구글 클라우드, 오라클은 정부 전용 클라우드와 보안 등급을 갖춘 권역을 앞다투어 마련했다. 미국 국방부의 멀티클라우드 사업*(2022년 말 계약 체결)에는 이 네 곳이 모두 들어갔다. 각 부처는 조달 규정, 접근 통제, 로그 보존, 사고 신고 기준을 서비스에 직접 박아 넣을 것을 요구했다. 공급사는 그 요구를 제품 설계로 흡수했다. 결과적으로 '쓰지 않기 어려운 기본 인프라'가 되었다. 국방·보건·세무 같은 부서는 더 많은 업무를 클라우드로 옮겼다. 여기에는 "우리 규칙대로 쓰라"라는 목소리가 없다. "국가의 요구서를 제품 설계도 위에 그대로 얹는다"가 있을 뿐이다. 불신은 줄었고 도입 속도는 빨라졌다.

신원 인증에서도 같은 흐름이 보였다. 애플은 2022년 애리조나에서 아이폰 월렛의 모바일 운전면허증 시범을 시작했다. 교통안전청 보안검색대에서 월렛만으로 신원 확인을 받는 방식이다. 이후 다른 주로도 확대되었다. 사용자는 지갑을 꺼내지 않아도 된다. 국가는 발급 주체와 진위 확인 권한을 그대로 쥔다. 애플은 규정 문장을 앱의 조건문으로 바꿨다. "이 조건을 만족하면 통과"라는 로직이 화면 뒤에서 자동

---

* 2022년 미 국방부가 아마존, 구글, 마이크로소프트, 오라클 4개 기업과 동시에 계약한 90억 달러 규모의 프로젝트다. 핵심은 '분산'이다. 전쟁 같은 비상 상황에서 특정 기업의 시스템이 멈추거나 기술에 종속되는 위험을 막기 위해, 한 곳에 올인하지 않고 여러 회사의 클라우드를 섞어쓰는 전략을 택한 것이다.

으로 작동한다. 복잡한 규정은 사용자에게 보이지 않는다. 대신 시스템이 책임을 진다.

공공 데이터는 더 민감하다. 팔란티어는 2023년 영국 NHS의 데이터 플랫폼을 맡았다. 데이터는 익명화하고, 접근 권한은 역할 기반으로 잘게 나누고, 모든 접근 기록은 자동으로 남긴다. 외부 연구자나 민간 병원이 데이터를 쓸 때의 절차도 제품 안에 내장한다. 팬데믹 이후 '작동하는 디지털 행정'이 필요해졌고, 성능과 통제를 함께 담은 설계가 힘을 얻었다. 핵심은 간단하다. 기술이 규칙을 무시하지 않는다. 규칙이 기술의 일부가 된다.

결제와 자금 관리 쪽에서는 '규제형 파트너십'이 표준이 되었다. 애플은 2023년 골드만삭스와 손잡고 월렛 안에 고금리 예금 기능을 넣었다. 예금은 예금보험 틀 안에 있고, UX는 아이폰이 맡는다. 페이팔은 2023년 PYUSD라는 달러 연동 토큰을 공개했다. 발행과 준비금 관리는 규제 인가 파트너인 팍소스가 맡고, 유통과 가맹점 네트워크는 페이팔이 책임진다. 여기서 핵심은 역할 분담이다. 이제 규제 준수나 투명성 감사는 외부에서 강요하는 것이 아니라, 제품 자체가 당연히 갖추어야 할 기본 성능이 되었다. 기술의 편리함과 금융의 합법성이 서로 손을 잡고 한 방향으로 향하는 것이다.

구조적 안전망이 갖추어졌다면 이제 자산 자체를 지키는 기술적 견고함이 필요하다. 암호자산을 다루는 핵심은 지갑을 여는 개인 키다. 과거에는 이 열쇠를 잃는 순간 자산 회수 가능성도 함께 사라지는 경우가 흔했다. 은행, 자산운용사, 상장사와 같은 기관은 이런 단일 실패 지점을 받아들이지 않는다. 그 결과 최근의 보관 체계는 분실에 강하고, 단독 행위로는 자금을 이동시킬 수 없으며, 사고가 나면 책임을 명확히 물을 수 있도록 설계되는 방향으로 바뀌었다. 이러한 기관급 보안 수준을 구현하기 위해 오늘날 스테이블코인과 암호자산 인프라는 크게 세 가지 기술적 축을 중심으로 진화하고 있다.

첫째는 열쇠를 쪼개는 기술인 MPC다. 암호키를 하나로 두지 않고 퍼즐처럼 조각내어 여러 곳에 나눠 갖는다. 금고를 열려면 정해진 수의 조각이 모여야 하니, 조각 하나를 도둑맞거나 잃어버려도 돈은 안전하다.

둘째는 규칙을 강제하는 정책 키다. 하루 이체 한도나 결재 라인을 시스템에 코드로 박아버리는 것이다. 사람이 실수하거나 나쁜 마음을 먹어도, 시스템이 규정에 맞지 않는 거래는 아예 승인하지 않는다.

셋째는 디지털 금고인 HSM이다. 암호키를 일반 컴퓨터가 아니라, 외부 침입이 불가능한 전용 하드웨어 속에 가두고 그 안에서만 쓴다.

이 세 가지가 결합되면 운영은 투명해진다. 누가 언제 승인했는지 자동으로 기록되고, 이상한 낌새가 보이면 거래가 즉시 멈춘다. 계약서에 적힌 보안 규칙을 기술이 빈틈없이 실행하는 것이다.

대형 커스터디 업체와 거래소는 이 구성을 사실상의 기본값으로 삼았다. 그 결과 완전한 개인 지갑과 완전히 규제된 계정 사이에 넓은 중간 지대가 생겨났다. 일반 사용자는 몇 단계의 승인만으로 안전하게 송금할 수 있고, 설령 키 일부를 잃어도 본인 확인 절차를 통해 복구가 가능하다. 기관은 권한 분리와 감사를 전제로 한 운영 기록을 확보해 내부통제와 준법감시 요건을 충족한다.

이 모든 흐름을 밀어 올린 키워드는 '컴플라이언스-바이-디자인'이다. 규정을 나중에 덧씌우지 않고, 디자인 단계부터 제품에 넣는다. 고객확인, 제재 스크리닝, 의심 거래 탐지를 API와 정책으로 묶어 개발자가바로 붙이게 한다. 지역마다 규정이 달라도, 같은 제품이 나라별 규칙을토글처럼 켜고 끌 수 있게 한다. 과거에는 규제가 속도를 늦추었다. 이제는 규제를 자동화해 오히려 속도를 낸다. 심사 자료는 시스템이 바로 만든다. 실사팀 보고서는 대시보드에서 실시간으로 뽑힌다. 승인까지 걸리는 시간이 줄어든다. 규제는 여전히 있다. 이제는 제품의 일부다.

국가는 이 변화를 반긴다. 보안과 통제가 보장되면 공공 부문은 민간 기술의 장점을 더 넓게 쓴다. 시스템 간 연결, 로그 표준, 사고 대응계획 같은 공통 과제가 민간 플랫폼 속 상자로 들어오면 조달도 쉬워진다. "새 기술 = 새 위험"이라는 공식은 "새 기술 = 위험을 줄이는 도구"로 바뀐다. 도입은 정치 논쟁에서 운영 논리로 내려온다.

빅테크는 국가의 언어를 배웠다. 감사, 통제, 책임의 언어다. 2020~2025년 사이 각국 장관·감독기관 수장은 "민간 기술의 활용과공공 책임의 양립"을 반복해서 말했다. "동일 위험에는 동일 규제"라는말도 자주 나왔다. 기업 CEO들도 말이 바뀌었다. "규정을 지키는 편이더 빨리 성장한다." "준수를 제품 기능으로 만들었다." 이런 문장이 보도자료의 제목이 되기 시작했다.

빅테크는 더 이상 "국가의 규칙을 바꾸자"고 외치지 않는다. "국가의 규칙을 제품으로 옮기자"고 말한다. 규정은 엄격하다. 사람에게 맡

제3의 달러

기던 절차를 소프트웨어가 수행한다. 컴플라이언스(규정 준수)는 비용만 만드는 부서가 아니다. 속도를 올리고 시장을 키우는 엔진이 된다. 사용자는 더 싸고 더 빠른 서비스를 받는다. 국가는 더 높은 가시성과 통제를 얻는다. 빅테크는 더 넓은 시장과 더 깊은 락인을 얻는다. 모두가 자기 몫을 챙기는 거래가 성립하는 것이다.

분노를 정책으로 번역한 트럼프

2025년 9월 10일, 유타 밸리 대학교에서 보수 청년운동가 찰리 커크Charlie Kirk가 연설 도중 총격을 받고 숨졌다. 당국은 수십 시간의 수색 끝에 20대 용의자를 붙잡았지만 범행 동기는 당시 확정되지 않았다. 직후 도널드 트럼프는 "머리부터 발끝까지 훌륭한 사람"이라며 애도했고, "전설적인 찰리 커크가 세상을 떠났다"고 추모했다. 그는 "용의자를 확보했다", "지금은 미국에 어두운 순간"이라고 말하며 사건의 성격을 강하게 규정했다.

메시지의 핵심은 두 갈래였다. 정치 폭력은 멈추어야 한다는 경고, 그리고 폭력의 원인을 좌파 급진주의에서 찾는 규정이다. 이틀 뒤 런던에서는 대규모 반이민 행진이 이어졌다. 유니언잭이 물결쳤고, 미국식 상징이 그대로 복제되었다. 행진은 "국경·정체성·안전"을 외쳤고, 맞은편에서는 "혐오와 폭력 조장"을 경고했다. 미국과 영국의 장면은 많이 닮았다. 세계화가 남긴 균열, 제조업 공동화와 임금 정체, 주거·의료·교육 비용의 상승, 긴축과 안전망 약화가 얽힌 생활경제의 불안이 정체성 정치로 번역되고, 불안이 커질수록 사람들은 빠르고 단호한 해법을 원하고, 정치는 그 욕구를 동원 에너지로 바꾼다.

트럼프는 현재 글로벌 우파의 선봉에 서 있다. 트럼프의 방식은 2016년 여름에 대체로 완성되었다. 8월, 브라이트바트 전 대표 스티브 배넌Steve Bannon이 선대위 CEO로 합류하면서 메시지의 골격이 "엘리트 기득권 vs 다수 시민", "느린 제도 vs 빠른 실행"으로 정돈된다. 배넌은 브라이트바트를 "대안우파 플랫폼"으로 칭한 바 있고(그는 스스로를 '경제 민족주의자'라 규정했지만), 대선 막판 캠페인 운영에서 반反 기성·반反 행정국가 메시지를 전면에 배치했다. 이후 배넌은 취임 직후 백악관 최고전략가로 올라서 "행정국가의 해체deconstruction of the administrative state"를 공개적으로 천명하며 규제·조세·무역체제를 '해체'할 싸움의 축을 선명히 했다. 이로써 트럼프식 포퓰리즘의 정책 프레임 —관료·전문가·초국적 합의에 맞선 민족주의 —가 제도권 언어로 옮겨졌다.

집권 초반, 이 프레임은 상징 정책으로 굳는다. 2017년 1·2월의 여행금지 행정명령은 '국경·안보' 이슈를 통해 "질서 vs 무질서" 대비를 극대화했다. 논란과 소송이 이어졌지만, 트럼프가 구축하려는 '강경 집행 —빠른 전환'의 리듬을 대중이 체감하게 만든 첫 대형 조치였다.

2018~2020년, 트럼프는 공화당 내부의 기성 엘리트와 거리를 유지하면서 외부 동원(랠리·SNS)을 정책 정당성의 원천으로 삼는 방식을 고착화한다. 동시에 "딥스테이트" "가짜 뉴스" 같은 레이블로 행정·사법·언론을 프레임 짓는 언어를 확장했다. 배넌은 백악관을 떠난 뒤에

도 '세계적 포퓰리즘 네트워크'를 강조하며 같은 정서를 국제 이슈와 연결했다. 이 시기 축적된 갈등 서사는 2020년 대선 이후의 '제도 불신' 서사와도 맞물린다. 배넌의 '행정국가 해체' 구호와 트럼프의 반 엘리트 언어는 이후에도 MAGA 진영의 기본 문법이 된다.

2023년부터 트럼프는 재집권 청사진을 '아젠다47'이라는 간판으로 묶기 시작한다. 여기에는 전면적 관세, 교육·문화 의제에서의 강경 보수노선, 출생시 시민권 제한·대규모 추방 재개·여행금지 부활 검토 등 이민·치안 아젠다가 포함되어 있다. 핵심은 행정권 강화와 "딥스테이트 해체"다. 그는 취임 첫날 '불량 관료 해임 권한' 복원, 감시·검열 문건의 대규모 기밀해제, 해외정보감시법 개혁 등을 공언하며 인사·예산·정보 공개에서 행정부 권한 재배분을 예고했다. 이 '계획의 언어'를 캠페인이 공식 보도자료·영상으로 반복 배포하면서, 2016년의 본능적 슬로건이 2024~2025년의 조목조목한 정책 목록으로 번역된다.

무역·산업정책에선 2025년 4월 일괄 10% '보편 기준 관세' 발표로 아젠다47의 구상을 집행으로 연결하는 고리를 보여주었다. 이는 2023년부터 예고된 '모든 수입에 기본 관세' 기조의 실물화로, "국가 경쟁력·주권 수호"라는 서사와 맞물린다. 지지층에겐 간단·명료하고, 반대 진영에겐 물가·외교 리스크를 키우는 설계라는 비판을 받는다.

같은 시기, 보수 싱크 탱크 연합이 낸 '프로젝트 2025'가 별도의 트랙에서 정교한 운영 매뉴얼을 제공한다. '맨데이트 포 리더십 2025'라는 900여 쪽 안내서는 부처별 정책 방향, 인사 원칙, 조직 개편 로드맵을 담았고, 백악관 인사국 출신 존 맥엔티가 가세한 '인재 데이터베이스'까지 붙여 '누구를 뽑아 무엇을 바꿀 것인가'를 리스트로 제시한다. 캠페인과 형식상 분리되어 있지만, 내용상으로는 행정국가의 재편—특히 '스케줄 F'*로 상징되는 공무원 신분 재분류와 충성도 기반의 광범위한 인사 교체—에 초점이 맞추어져 있다. 이 구상은 트럼프의 '딥 스테이트 해체' 공약과 접점이 크고, 실제 재집권 시 실행 수단의 저장고로 기능한다는 평가가 일반적이다.

트럼프의 정치적 능력은 복잡한 현안을 네 가지의 분명한 대립 구도로 정리하는 데 있다. 그는 느린 의회 절차 대신 행정명령 같은 '빠른 실행'을 강조하고, 대중의 삶이 어려운 원인을 언론과 관료, 빅테크 같은 '기득권 엘리트'에게 돌린다. 또한 교육이나 젠더 갈등을 '자유와 검열'의 문제로 재정의하고, 이민자 문제를 거론하며 강력한 통제만이 살길이라는 '안전' 논리를 내세운다. 2016년에는 이것이 단순한 구호에 머물렀다면, 2025년에는 구체적인 정책 목록으로 체계화되었다는 점이 다르다.

이러한 전략의 바탕에는 스티브 배넌이 제시했던 '행정국가 해체'라는 기조가 깔려 있다. 배넌은 트럼프의 화법을 제도권 정치 언어로 바꾸는 역할을 했다. 비록 그는 떠났지만, 그가 정립한 '반反 엘리트'와 '관료제 타파'라는 논리는 여전히 트럼프 진영을 지탱하는 핵심 원칙으

---

* 정책 결정에 관여하는 연방 공무원을 기존의 신분 보장 대상에서 제외하여, 대통령이 쉽게 해고하거나 교체할 수 있도록 만든 새로운 공무원 직군. 트럼프가 관료 사회를 장악하고 자신의 지시에 따르는 충성파로 채우기 위해 고안한 핵심적인 통치 도구다.

로 남아 있다.

가장 큰 변화는 '아젠다47'과 '프로젝트 2025'의 결합이다. 아젠다 47이 관료 해임과 국경 폐쇄를 내걸며 대중의 지지를 모으는 역할을 한다면, 프로젝트 2025는 이를 실현할 법적 절차와 인사 명단을 제공하는 실무 계획이다. 트럼프가 과거보다 훨씬 위협적인 존재로 평가받는 이유는 이 때문이다. 그는 이제 단순히 불만을 표로 모으는 단계를 넘어, 당선 즉시 그 공약들을 행정 조치로 옮길 수 있는 구체적인 실행 체계를 갖추었기 때문이다.

민주당 좌파–월가가 빅테크의 혁신을 가로막는다는 프레임

커크 사망 후 런던 반이민 집회에서 일론 머스크의 영상 메시지가 큰 파장을 일으켰다. 그는 "좌파는 살인 정당"이라는 극단적인 표현을 쓰며 영국 의회 해산을 주장했다. 이는 반이민 정서와 체제에 대한 불신을 자극해 세력을 결집하려는 시도로, 미국 MAGA의 정치 문법과 판박이였다.

머스크가 이토록 좌파에 등을 돌리게 된 계기는 여럿 있다. 첫째는 '규제'와 '노동' 문제였다. 2020년 코로나19 팬데믹 때 캘리포니아주가 공장 폐쇄를 명령하자 머스크는 "체포하려면 나를 체포하라"라며 가동을 강행했고 소송전까지 불사했다. 그는 캘리포니아의 촘촘한 보건·환경 규제가 생산 속도와 유연성을 죽인다고 보았다. 결국 그는 "느린 관료제보다 빠른 실행"을 외치며 테슬라 본사와 자신의 거주지를 규제가 느슨한 텍사스로 옮겨버렸다.

노조 문제 관련해서는 머스크는 노조 중심의 단체교섭 문화가 의사결정을 느리게 만들고 비용만 높인다고 확신했다. 수년간 노조 설립 시도와 부딪히며 그의 인식은 굳어졌다. 즉, "좌파 정책(규제와 친노조)은 혁신을 느리게 만든다"라는 결론을 내린 것이다. 텍사스 이전과 무노조 경영 고수는 단순한 경영 판단이 아니라, 이러한 정치적 각성이 현실화된 결과였다.

둘째는 표현의 자유와 콘텐츠 통제다. 그는 실리콘밸리의 콘텐츠 정책이 '진보적 규범'을 사실상의 검열 기준으로 삼아 보수·반주류 의견을 억압한다고 판단했고, 그래서 트위터(현 X)를 인수해 알고리즘 공개, 계정 복권, 광고주 의존도 축소 등을 시도했다. 이 과정에서 다양성·포용(이른바 DEI) 기준을 '역차별'로 비판하고, 해고·조직 슬림화를 단행하며 좌파 진영과 더 멀어졌다.

셋째는 ESG와 관치 금융에 대한 불신이다. 머스크는 보조금·정책 금융이 '정치화된 점수 놀이'로 작동한다고 본다. 2021년 12월 7일, 일론 머스크는 월스트리트저널 주최 행사에서 바이든 행정부의 전기차 보조 정책, 특히 노조 공장 생산차에 추가 크레딧을 주는 안을 공개 비판하며 "보조금은 전부 없애는 게 낫다"고 말했다. 노조 조항이 테슬라에 불리하게 설계되었다고 본 것이며, 이때부터 그는 "관치적 보조금이 산업 선택을 왜곡한다"는 인식을 분명히 했다.

ESG 평가지표와 정면충돌한 사례도 있다. 2022년 5월 18일, S&P

다우존스는 테슬라를 S&P 500 ESG 지수에서 제외했다. 사유로는 프리몬트 공장의 인종차별·직장문화 문제 제기와 오토파일럿 관련 안전 이슈 대응이 지적되었다. 머스크는 같은 날 "ESG는 사기"라고 즉각 반발하며 석유기업이 상위권에 드는 반면 테슬라가 탈락하는 모순을 비판했다. 이 사건은 그가 ESG를 '정치화된 평판 점수'로 보는 관점을 굳히는 분수령이 되었다.

'S'와 'G'를 둘러싼 규제·분쟁도 다수 있다. 캘리포니아주는 2022년 2월 10일 테슬라를 상대로 인종차별 소송을 제기했고, 2023년 9월 28일에는 미국 평등고용기회위원회도 프리몬트 공장 내 인종적 괴롭힘·보복을 이유로 소송에 나섰다. 머스크와 테슬라는 이를 "왜곡·과장"으로 반박해 왔지만, 이 일련의 소송과 조사들은 ESG 지표 평가의 사회S·지배구조G 항목에서 테슬라에 지속적 부담을 주었다. 머스크의 "ESG=관료·평가기관의 권력 과시"라는 확신을 강화했다.

자본 시장 규제 당국과의 오랜 전쟁도 머스크의 반감을 키우는 기폭제가 되었다. 시작은 2018년, 그가 트위터에 "테슬라를 비공개 회사로 전환할(상장 폐지할) 자금이 확보되었다"고 올린 사건이었다. 이 일로 미국 SEC와 합의를 맺게 되는데, 핵심은 테슬라와 관련된 중요한 정보를 트윗하기 전에 반드시 변호사의 사전 검토를 받으라는 굴욕적인 조건이었다.

머스크는 이후 이를 두고 "표현의 자유를 지나치게 억압한다"라며 합의를 무효로 해달라고 소송을 냈지만 법원의 반응은 냉담했다. 2023년 5월 제2연방항소법원이 그의 주장을 기각했고, 2024년 4월

연방대법원마저 상고를 받아들이지 않았다. 머스크 입장에서는 민주당 행정부 시절의 규제 기관들이 과잉 집행이라는 칼을 휘둘러 혁신의 발목을 잡는다는 피해의식이 굳어질 수밖에 없었다. 이는 앞서 본 ESG나 관치 금융에 대한 뿌리 깊은 불신과 맥이 닿아 있다.

넷째는 이민, 치안, 그리고 국경 문제다. 머스크는 합법적인 절차를 밟아 들어오는 이민 확대에는 원칙적으로 우호적인 입장이다. 하지만 비자 없이 무단으로 들어오거나 법 집행이 느슨해져서 생기는 무질서에는 단호하다. 이런 통제 불능 상태가 기존 시민들의 임금 수준을 떨어뜨리고, 주거난을 부추기며, 치안 불안을 키운다고 보기 때문이다. 그래서 그는 공개적으로 국경 관리를 강화해야 한다고 목소리를 높여 왔다. 특히 유럽에서 이민자 갈등이나 잇따른 강력 범죄 소식이 들려올 때마다, 그의 메시지는 단순히 문을 걸어 잠그자는 차원을 넘어 "지금의 제도를 처음부터 다시 세팅해야 한다"는 쪽으로 강하게 기운다.

다섯째는 '문화 전쟁'에 대한 반발심이다. 대학·미디어·빅테크 내부의 진보적 규범을 'Woke(각성) 문화'로 명명해 조롱하고, 농담·풍자·논쟁의 영역까지 규제하려는 시도를 자유의 위협으로 본다. 이 지점에서 그는 좌파의 도덕적 우위를 '강요된 순응'으로 느끼며, 스스로를 반문화적 아이콘으로 포지셔닝한다.

이 모든 이유는 하나의 축으로 모인다. 그는 거대한 관료제·노조·평가기관·콘텐츠 심의 체계가 혁신의 속도를 늦추고, 위험을 회피하는 보상 구조를 키운다고 믿는다. 좌파가 주도하는 정책 환경에서 그 체계들은 더 강해진다고 보기에, 머스크는 좌파를 '속도와 자유의 적'으로

● 일론 머스크의 인식과 계기

핵심 요인	머스크의 인식	결정적 사건 및 대응
1. 규제와 노동	• 속도 저해: 캘리포니아의 과도한 방역·환경 규제가 제조 혁신을 가로막음 • 노조 반대: 노조 중심 문화가 의사결정과 생산 효율을 떨어뜨린다고 판단	• 2020년 코로나 봉쇄(공장 가동 중단)에 불복 및 소송 • 테슬라 본사 텍사스 이전
2. 표현의 자유	• 검열 반대: 실리콘밸리의 진보적 규범PC이 보수·반주류 의견을 억압한다고 봄 • DEI 비판: 다양성 정책이 오히려 역차별을 낳는다고 주장	• 트위터X 인수 후 알고리즘 공개 및 검열 완화 • 조직 슬림화 및 다양성 DEI 부서 축소
3. ESG와 관치 금융	• 정치적 점수 놀이: 보조금과 ESG 평가가 친노조/친정부 기업에 유리하게 조작된 '사기'라고 확신 • 관치 불신: 정부 개입이 산업 경쟁을 왜곡함	• S&P ESG 지수 탈락 후 "ESG는 사기" 맹비난 • 바이든 정부의 '노조 우대형' 전기차 보조금 반대
4. 이민과 치안	• 법치 강조: 합법 이민은 찬성하나, 느슨한 국경 관리와 무비자 유입은 반대 • 사회 비용: 불법 이민이 임금·주거·치안 불안을 가중시킨다고 봄	• 국경 관리 강화 지속적 촉구 • 유럽/미국의 치안 불안 및 이민자 범죄 이슈화
5. 문화 전쟁	• Woke(각성) 반감: 진보 진영의 도덕적 우위 주장을 '강요된 순응'이자 '정신 바이러스'로 규정	• 'Woke 문화'를 공개적으로 조롱하고 비판

규정하고 맞선다. 그가 반이민 집회에서 던진 강경 언어는 단지 이민 문제에 대한 입장 표명이 아니라, 느린 제도와 엮인 좌파적 통치 스타일 전반에 대한 불신을 압축한 신호다.

　다만 그의 세계관은 단선적이지도 않다. 그는 전기차 보급과 탄소 가격 같은 '진보적' 의제에 찬성해 왔고, 이민도 기술인력 유입에는 적극적이다. 그럼에도 최근 몇 년간 규제·노동·콘텐츠·ESG·국경을 둘러싼 충돌이 누적되면서, 좌파와의 거리는 명확히 벌어졌고, 강경한 톤의 정치 메시지는 그 거리감을 대중 정치의 언어로 번역하는 방식이 되었다.

머스크의 이같은 시각은 실리콘밸리 빅테크들의 마음을 대변한다. 빅테크는 지난 십여 년간 결제와 송금, 데이터와 광고, 클라우드와 AI에서 사용자 비용을 지속적으로 낮추었지만, 화폐 발행과 은행 레일, 증권 규율처럼 국가와 월가가 독점해 온 영역에서 벽을 만났다.

스테이블코인과 암호자산, 디지털 화폐 실험은 제재와 집행, 은행 네트워크 축소, 온·오프램프 규율 강화에 부딪혔고, 동시에 ETF·토큰화·인가 스테이블코인 같은 제도권 포맷이 열리며 '정문'을 통과한 이익은 월가 장부로 이동했다. 이 과정을 보는 빅테크는 좌파 행정부와 규제기관, 연준과 월가가 하나의 연쇄로 연결되어 혁신의 속도를 늦추고, 평가기관과 보조금 체계, 거버넌스 규범을 통해 산업의 승자를 정책적으로 정한다고 의심했다.

콘텐츠 정책과 검열 논쟁, 다양성과 포용 기준, ESG 점수와 지수 구성, 기업 거버넌스 캠페인 같은 규범의 층이 쌓이며, "정치화된 점수 놀이"가 혁신의 진입로를 가른다는 불만이 커졌다. 이런 불만이 이민·치안·표현 자유의 이슈와 결합하면서, 빅테크 일부는 좌파 – 월가 연대를 "느린 규범의 카르텔"로 지칭하기 시작했다.

빅테크는 왜, 어떻게
트럼프를 포섭했나

민주당과 월가의 규제 프레임에 갇힌 빅테크는 규칙을 '바깥에서 부수는' 대신 '안으로 들어가 다시 쓰는' 방식으로 전략을 전환했다. 이 전환을 정치의 언어로 연결해 준 인물이 피터 틸Peter Thiel*이었다.

2016년 여름, 틸은 트럼프 공개 지지와 함께 캠페인 안쪽으로 들어왔고, 11월 승리 직후에는 인수위원회·정책 자문 라인에 올라 정부

---

* 페이팔과 팰런티어의 공동 창업자이자 실리콘밸리의 대표적인 보수주의 투자자. "경쟁은 패배자들의 것"이라며 독점적 기술 혁신을 강조하고, 정부의 국방·정보력을 민간 기술로 업그레이드해야 한다는 철학을 바탕으로 트럼프와 기술 업계를 연결한 막후 실세다.

출범의 문법을 기술의 언어로 번역하는 역할을 맡았다. 12월 트럼프 타워에서 열린 테크 서밋은 신호였다. 플랫폼·클라우드·커머스·우주·전기차의 최고경영자들이 한자리에 모였고, "느린 제도 대신 빠른 실행"이라는 메시지가 첫 회동의 합의어처럼 부상했다. 틸은 "정부를 적으로 두지 말고, 정부를 혁신의 인프라로 재설계하자"는 노선을 밀었다. 국가가 독점하는 영역—국경·안보·조달·인증·규제—을 민간의 속도로 연결하면, '정문' 안에서도 충분히 속도를 낼 수 있다는 계산이었다.

그 노선은 곧 실행의 길을 찾았다. 팔란티어와 같은 데이터 인프라 기업이 국방·정보·보건 조달 시장으로 깊숙이 들어가고, 틸 계보의 방산테크는 국경·감시·무인 시스템에서 정부를 핵심 고객으로 상정했다. "정부를 고객으로 만든다"라는 문장은 빅테크의 새 표준이 되었다.

금융·암호자산 쪽에선 트럼프 행정부기의 금융당국이 은행의 암호자산 수탁과 블록체인 기반 결제 활용을 단계적으로 허용하는 해석을 내놓으면서, 제도권 안에서 움직일 수 있는 회랑이 형성되었다. 빅테크는 이 회랑을 적극적으로 활용해 합법 온보딩, 실명 확인, 준비금·상환·감사·공시를 내장한 '규정 준수형 제품'을 설계했고, 토큰화 머니마켓·커스터디·기관용 인프라로 다리를 놓았다.

이 설계에 트럼프가 들어오면서 속도가 붙었다. 트럼프의 정치 언어는 반 ESG, 반 관료제, 친 리쇼어링, 친 자율 규제로 요약된다. 규칙을 없애자는 게 아니라, 느린 규칙을 바꾸고 빠른 집행을 가능하게 하자는 쪽이다.

콘텐츠 검열 논쟁, 다양성·포용 기준, 평가기관의 점수, 관치형 보조금이 혁신의 진입로를 가르는 현상을 트럼프는 "느린 제도의 카르텔"로 지목했고, 그 언어는 실리콘밸리의 불만과 정확히 포개졌다. 그 결과 빅테크는 트럼프의 메시지를 방패이자 지렛대로 삼았다. 규범의 속도를 높이고, 규칙의 해석을 바꾸고, 준법의 임계값을 현실과 맞추는 일은 정치의 원심력 없이 불가능하기 때문이다.

피터 틸의 역할은 여기서 보다 구체적으로 드러난다. 그는 "큰 과학과 과감한 민간 혁신은 느린 정부로는 불가능하다"라는 확신을 토대로, 백악관·부처·조달 시장과 민간 선단을 연결하는 인적 네트워크를 꾸렸다. 방위·정보·법치라는 국가의 하드 파워를 기술 기업이 증폭하는 그림을 설계했고, "국가는 혁신의 인프라 공급자"라는 문장을 현실의 계약과 시스템으로 바꾸어 놓았다. 그 과정에서 빅테크는 '정부와 함께 가는 기술'의 포맷을 익혔다.

크립토 관련해 트럼프 본인은 2019년까지 회의적 메시지를 냈지만, 2020년 전후 제도권 회랑이 넓어지고 2024년 들어 '반反CBDC*·친親채굴·친親자산권' 언어가 보수 진영의 표준이 되자, 캠페인은 노선을 선명히 바꿨다. 채굴 산업과의 공개 접촉, 암호기부 수용, "암호자산에 대한 전쟁을 끝내겠다"라는 메시지가 연속으로 나왔다. 이 흐름의

---

* 중앙은행이 직접 발행하는 디지털 화폐. 비트코인과 달리 정부가 모든 거래 내역을 볼 수 있고 통제할 수 있다. 이 때문에 트럼프와 자유지상주의자들은 CBDC를 "개인의 자유를 침해하는 정부의 감시 도구"로 규정하며 반대한다.

배후에는 틸의 자본과 인맥이 있다. 핵심은 정부를 인프라로, 기술을 가속기로 쓰자는 공감대다. 빅테크는 자산권과 자유를 보장할 정치적 힘을 원했고, 트럼프는 이를 실현해 줄 최적의 파트너였다.

트럼프 측은 공무원 조직을 개편하고 규제를 재해석, 느린 정부 시스템에 빠른 실행 엔진을 달았다. 빅테크는 이 틈을 타 규제와 자금 세탁방지 기준을 철저히 지키는 합법적 제품들을 정부의 표준 인프라로 밀어 넣었다. 법적 의무와 기술적 코드를 일치시켜 정문으로 들어가는 방식을 택한 것이다. 결국 이들은 검열이나 ESG 반대 같은 이슈를 묶어 여론을 조직했고, 그 여론을 시장의 규칙을 다시 쓰는 정치적 힘으로 바꾸는 데 성공했다.

월가를 적으로 돌린 트럼프

⁖

트럼프는 월가를 향해 "돈 놀이하는 엘리트 집단"이라 호명하며 금리 정책, ESG 경영, 지배구조 문제를 정면으로 조준한다. 금리 인상에 대놓고 반기를 들고, 거대 자산운용사들이 인덱스 펀드를 통해 휘두르는 영향력에 의문을 제기하며, 특히 ESG를 "정치 논리로 오염된 신념"이라며 몰아붙인다. 흥미로운 건 이 거친 수사(레토릭)가 빅테크 기업들의 불만과 묘하게 공명한다는 점이다. 낡고 느린 규범과 점수 매기기식 관행이 혁신의 발목을 잡고 있는데, 정작 제도가 열려서 생기는 달콤한 과실은 월가가 챙겨간다는 박탈감이 그들에게 쌓여 있었기 때문이다.

물론 여기엔 분명한 역설이 존재한다. 현물 비트코인 ETF나 토큰화된 머니마켓 펀드를 보면, 월가는 이미 자신들의 세련된 언어로 디지털 자산을 흡수해 버렸다. 덕분에 시장으로 들어가는 정문의 품질은 오히려 더 높아졌다. 하지만 바로 그 미묘한 틈새로 정치가 파고든다. 트럼프의 반反월가 언어는 기존 규범의 무게중심을 흔들 힘을 실어주고, 빅테크의 국가 포섭 전략은 그 힘을 이용해 실제 제도를 다시 설계한다. 정부와 손은 잡되 관료주의의 느린 속도를 기술로 끌어올리고, 월가가 독점하던 금융의 포맷과 수익을 기술의 언어로 재배치하려는 시도다.

결국 이 복잡한 흐름은 두 가지 근본적인 질문으로 모인다. 속도를 높이면서도 어떻게 안전과 법치를 담보할 것인가, 그리고 혁신으로 피워낸 과실을 누구의 장부에 어떻게 배분할 것인가. 트럼프는 대중의 분열된 정서를 동원해 기존 규범을 뿌리째 흔들고, 빅테크는 그 흔들림을 새로운 인프라와 제품으로 단단히 고정한다. 월가는 이 새로운 포맷을 다시 표준으로 만들며 생존을 위해 적응한다. 이 셋은 서로 충돌하고 때로는 협력하며, 금융과 기술, 그리고 국가 사이의 경계선을 다시 긋고 있다.

이 연대는 반反제도나 반反정부의 동맹이 아니다. 국가를 배제하는 대신 포섭하고, 규칙을 외면하는 대신 다시 쓰려는 목적이다. 빅테크는 기술로 속도를, 트럼프는 정치로 가속을, 국가는 인프라로 정당성을 제공한다. 그 사이에서 월가는 포맷과 회계의 언어로 이익을 정리한다.

승자는 아직 정해지지 않았다. 다만 분명한 것은, 혁신과 규범의 싸움이 더 이상 "안 하느냐 하느냐"의 문제가 아니라 "어떤 언어와 어떤 속도로 하느냐"의 문제로 바뀌었다는 사실이다.

'빅테크 vs 월가'의 전선이 형성되다

트럼프와 빅테크는 느려 터진 제도를 공통의 적으로 삼는다. 트럼프는 딥스테이트나 가짜 뉴스라는 자극적인 언어로 행정부, 사법부, 언론을 기득권 카르텔로 몰아세웠고, 빅테크는 ESG 경영, 노동 규범, 콘텐츠 관리 정책을 정치 논리에 물든 족쇄라고 비난한다. 이들의 목표는 똑같다. 속도를 높이고 게임의 규칙을 다시 쓰는 것이다.

반면 월가와 민주당은 리스크 관리를 방패로 내세운다. ESG 점수표, 감독 기관의 가이드라인, 엄격한 금융 규율을 통해 혁신이 진입하는 속도를 늦추고, 그 과정에서 규범 자체를 금융 상품으로 만들어버린다. 이 충돌은 단순한 정책 노선의 차이가 아니다. 산업자본과 금융자본이 맞붙는 내전의 구조로 굳어지고 있다.

빅테크가 노리는 핵심 목표는 화폐 발행 이익(주조 이익)의 일부를 차지하는 것이다. 전통적으로 이 이익은 돈을 찍어낼 권한을 가진 정부와 기존 금융권, 그중에서도 특히 월가가 독점해 왔다. 하지만 빅테크는 결제, 송금, 디지털 자산, 스테이블코인 같은 영역을 파고들어 새로운 화폐 권력을 구축하려 한다.

애플페이, 구글페이, 아마존페이, 메타의 디엠(구 리브라), 테슬라의 암호화폐 결제 실험 등은 모두 같은 맥락에서 나온 시도들이다. 빅테크는 방대한 사용자 데이터를 무기 삼아 직접 화폐를 발행하거나, 적어도 화폐가 유통되는 길목에서 이익을 극대화하려 한다. 즉, 은행 없이도 돈을 만들고, 옮기고, 보관할 수 있는 구조를 만들려는 것이다.

하지만 월가가 이를 가만히 지켜볼 리 없다. 그들은 스테이블코인 규제, 암호화폐와 현금을 바꾸는 온·오프램프 통제, 까다로운 은행 라이선스 장벽을 활용해 빅테크의 시도를 막거나 지연시킨다. 최근 승인된 비트코인 현물 ETF가 아주 상징적인 사례다. 암호자산이 대중화되는 길은 활짝 열렸지만, 정작 거기서 나오는 이익의 대부분은 블랙록이나 피델리티 같은 월가 운용사들이 챙겨갔다. 혁신의 판은 빅테크가 깔았는데, 최종 수익은 월가로 흘러가는 구조가 된 셈이다.

머스크가 ESG를 사기라고 맹비난하고, 피터 틸이 정부를 적으로 돌리지 말고 차라리 고객으로 만들라고 주장하는 배경이 바로 여기에 있다. 빅테크는 국가 권력을 자기편으로 끌어들여 월가가 지키는 성문을 우회하려 하고, 반대로 월가는 규범과 금융 표준이라는 무기를 휘두르며 빅테크가 화폐 권력까지 넘보는 야심을 틀어막고 있다.

트럼프의 무역 전략은 단순한 모순처럼 보이지만, 산업자본과 금융자본의 이해를 가르는 분수령이다. 그는 상품 무역에서는 보호무역, 빅테크 서비스에서는 자유무역을 선호한다. 2025년 4월 트럼프가 발표한 모든 수입품에 10% 보편 기준 관세는 전통 제조업과 리쇼어링을 지지하는 조치였다. 철강, 자동차, 반도체, 에너지 같은 영역에서 미국 생산을 늘리고 해외 의존을 줄이려는 것이다. 이는 중국, 독일, 한국 등 주요 무역 파트너들의 대미 무역흑자를 줄이는 효과를 낳는다. 무역흑자가 줄어들면 글로벌 자본의 미국 유입 경로도 바뀐다. 즉, 월가가 해외 흑자를 흡수해 금융 상품화하던 경로가 좁아지는 것이다.

반대로 트럼프는 빅테크가 주도하는 서비스·데이터 무역에서는 자유화를 강조한다. 클라우드, 소셜미디어, 전자상거래, AI 서비스는 국경을 넘어 확장해야 한다. 상품에서는 벽을 세우고, 서비스에서는 길을 트는 조합은 산업자본과 금융자본의 이해를 선명하게 갈라놓는다. 상품 보호무역은 실물경제를 키우고 무역적자를 제로화하지만, 금융의 국제적 매출 기반은 줄어든다. 서비스 자유무역은 빅테크의 글로벌 확장을 돕지만, 금융 규제의 국경 장벽을 약화시킨다.

트럼프의 제조업 부흥 전략은 단순히 일자리 창출을 넘어선다. 그것은 곧 메인스트리트, 즉 지역 기반 실물경제의 회복을 의미한다. 미국의 러스트벨트 노동자, 소규모 제조업체, 중소 자영업은 이 부흥의 수혜자다. "미국을 다시 위대하게"라는 구호는 정치적 수사만이 아니라, 실물경제를 다시 국가의 중심에 세우겠다는 약속이었다.

그러나 메인스트리트의 부흥은 곧 월스트리트의 쇠락을 뜻한다. 지난 수십 년간 미국 경제 성장은 제조업의 해외 이전과 금융화에 기대어 왔다. 글로벌 공급망이 남긴 흑자는 뉴욕 금융 시장의 파생상품과 자산운용 수익으로 전환되었고, 이는 월가의 천문학적 이익을 가능하게 했다. 하지만 리쇼어링, 보호무역, 보편 관세는 이 경로를 차단한다. 미국 내 제조업이 커질수록 해외 흑자는 줄고, 금융 시장의 레버리지

자산은 축소된다.

즉 트럼프의 제조업 드라이브는 정치적으로는 노동자·중산층을 끌어안는 수단이지만, 경제적으로는 월가의 매출 기반을 직접 공격하는 조치다. 월가가 트럼프와 빅테크 연합에 반감을 가질 수밖에 없는 이유다.

지금 미국은 내전 중이다. 빅테크와 트럼프는 속도를 앞세워 규칙을 다시 쓰고, 주조 이익과 서비스 자유무역, 제조업 리쇼어링을 통해 산업자본 중심의 국가 재편을 추구한다. 반면 월가와 민주당은 규범, 평가, 금융 표준을 무기로 혁신의 속도를 늦추고, 위험을 분산하며, 금융화의 경로를 지켜내려 한다.

이 충돌은 경제 패러다임의 싸움이다. 산업자본이 승리하면 미국은 실물경제와 빅테크 중심의 국가로 재편되고, 금융자본이 주도권을 유지하면 미국은 규범과 금융화 중심의 질서를 이어갈 것이다. 어느 쪽이든 결과는 미국 내부만이 아니라 글로벌 경제 질서 전체를 흔들 수밖에 없다. 지금 벌어지고 있는 싸움은 곧 세계화의 종말 이후, 어떤 미국이 등장할 것인가라는 질문에 대한 실전 답안이다.

S T A B L E C O I N

4장

스테이블코인의 제도화

빅테크가 금융에
발을 들이다

지니어스 법안 통과의 의미

2025년 6월 17일 워싱턴 D.C. 의사당은 긴장으로 가득 차 있었다. 미국 최초로 스테이블코인을 연방법 체계에 편입하는 국가 혁신 가이드라인인 '지니어스 법안Guiding and Establishing National Innovation for U.S. Stablecoins Act'이 표결에 부쳐졌기 때문이다. 하원에서는 262 대 173으로 가결되었다. 공화당 의원 213명 전원이 찬성했고, 민주당에서도 49명이 찬성표를 던졌다. 반대표는 민주당 지도부와 월가와 가까운 의원들이 주도했지만 실리콘밸리 지역구 의원 상당수는 찬성에 가세했다. 상원에서는 더욱 치열한 공방 끝에 61 대 39라는 근소한 차이로 통과되었다. 민주당 진보 성향 의원 일부가 "사용자 비용 문제를 외면할 수 없다"라는 명분으로 찬성표를 던지며 국회의 문턱을 넘긴 것이다.

트럼프 대통령은 즉각 성명을 내고 "오늘은 미국 금융사의 전환점이다. 느린 제도를 깨부수고 더 빠르고 저렴하며 자유로운 금융을 만들 것이다. 지니어스 법안은 미국 금융을 다시 위대하게 만들 첫걸음이다"라고 선언했다.

월가의 반응은 노골적인 불안과 반발이었다. 뉴욕타임스는 한 금융 로비스트의 발언을 인용해 "금융권이 가장 두려워하던 순간이 현실이 되었다"고 보도했고, JP모건 CEO 제이미 다이먼Jamie Dimon은 "빅테크가 은행이 되려 한다. 그러나 위기를 맞을 준비는 되어 있지 않다"라고 공개적으로 비판했다.

시장은 즉각 반응했다. 테더와 서클 같은 스테이블코인의 거래량은 하루 만에 2배 가까이 늘었고, 비트코인은 일주일 만에 18%, 이더리움은 12% 상승했다. 메타, 애플, 구글의 주가는 각각 6~9% 오르며 빅테크의 새로운 성장 동력으로 연결되었다.

이 법안이 등장하게 된 배경에는 사용자 비용에 대한 누적된 불만이 있었다. 2024년 기준 미국에서 신용카드 네트워크가 가져간 수수료는 1,600억 달러에 달했다. 결제당 평균 2~3%의 수수료는 유럽의 0.5% 이하, 아시아의 1% 내외에 비해 압도적으로 높았다. 월마트와 아마존 같은 대형 유통업체들은 매년 수십억 달러를 카드사에 지급했고, 중소 상인들은 "마진의 절반이 카드사에 빨려 들어간다"라고 호소했다.

해외 송금 비용도 큰 문제였다. 세계은행 통계에 따르면 미국에서 개발도상국으로 보내는 송금 비용은 평균 6%였다. 500달러를 보내면 30달러가 빠져나갔고, 특히 멕시코와 필리핀으로 송금하는 이민 노동 자들은 매년 수십억 달러를 수수료로 잃었다. 코로나19 팬데믹 이후 온라인 결제가 폭증하면서 이 불만은 더욱 심각해졌다. 은행 계좌 이체 지연과 높은 수수료는 중소기업을 압박했고, 사회적으로는 "왜 이메일 은 무료인데 송금은 돈이 드는가?"라는 질문이 대중적 담론이 되었다.

빅테크는 이 틈새를 정확하게 파고들었다. 애플은 내부 보고서를 통해 스테이블코인 기반 결제 시스템을 도입하면 미국 가계가 연간 2,500억 달러를 아낄 수 있다고 주장했고, 메타는 개발도상국으로 보 내는 송금 수수료를 1% 이하로 낮출 수 있다고 강조했다. 이 구체적인 수치들은 의회 청문회와 언론에서 반복적으로 인용되며 기술이 비용 을 획기적으로 줄일 수 있다는 정치적 명분을 단단하게 만들었다. 공화 당은 이를 느려 터진 제도 대신 빠른 실행이라는 트럼프식 언어로 포 장했고, 민주당 일부 의원들도 거센 소비자들의 요구를 무시할 수 없었 다. 결국 사용자 비용을 줄여준다는 명분이 지니어스 법안 통과의 결정 적인 원동력이 되었다.

허용 발행자의 자격과 엄격해진 규칙들

지급형 스테이블코인을 합법적으로 발행하기 위해서는 반드시 허용 발행자 지위를 얻어야 한다. 이 자격은 크게 세 가지 경우로 한정된다. 연방 감독 기관의 승인을 받은 은행의 자회사, 통화감독청^{OCC}의 인가를 받은 연방 적격 발행자, 또는 주 규제 당국의 허가를 받은 주 적격 발행자만이 코인을 발행할 수 있다. 이 범주에 속하지 않는 주체가 스테이블코인을 발행하는 것은 모두 불법이다.

법이 시행된 지 3년이 지나면, 미국 내에서는 오직 이 허용 발행자가 만든 코인만 제공할 수 있다. 해외에서 발행된 스테이블코인을 미국에서 취급하려면 합법적인 차단 명령에 기술적으로 대응할 수 있는 기능을 갖춰야 한다. 이를 위반할 경우 최고 100만 달러의 벌금과 5년 이하의 징역형이라는 무거운 처벌을 받게 된다. 다만 재무장관이 정하는 소액 거래는 예외로 하며, 개인끼리 직접 보내거나, 내 지갑끼리 옮기거나, 본인의 해외 계좌로 보내는 거래는 이 법의 적용을 받지 않는다.

또한 상장 기업이 스테이블코인을 발행하려면 넘어야 할 산이 더 높다. 재무장관, 연방준비제도 이사회 의장, 연방예금보험공사 의장으로 구성된 별도의 안정성 인증 위원회에서 전원 일치로 승인을 받아야만 한다. 법은 또한 연준 마스터 계정 이용 자격을 자동으로 주거나 확대하지 않으며, 계정을 이용하려면 별도의 까다로운 심사를 거쳐야 한다고 못 박았다.

발행된 스테이블코인은 반드시 1:1 비율로 준비금을 갖추어야 한다. 준비자산은 현금, 연준계정 잔액, 요구불 예금, 만기가 93일 이내인 국채, 국채 담보의 레포나 역레포, 정부증권형 MMF 등 초단기·고유동성 자산으로 한정된다. 예치금, 국채, MMF를 토큰화된 형태로 보유하는 것도 허용된다. 발행사는 환매 정책을 마련하고, 수수료를 명확히 공시하며, 수수료 인상은 최소 7일 전에 고지해야 한다. 환매 제한은 발행사가 임의로 설정할 수 없고, 감독당국만이 긴급 상황에서 제한할 수 있다. 발행사는 매월 준비금 현황과 구성표를 공개해야 하며, 이 자료는 공인회계법인의 검토를 거쳐야 한다.

또한 최고경영자와 최고재무책임자가 월별로 준비금의 정확성에 대해 인증서를 제출해야 한다. 준비금은 담보 제공이나 재투자에 사용할 수 없으며, 예외적으로 마진 의무 이행이나 단기 유동성 확보 목적에서 제한적으로만 활용할 수 있다. 커스터디와 자산 보관은 반드시 규제받는 금융기관이 수행해야 하고, 고객자산은 자기계정과 분리해 보관해야 한다. 발행사가 파산하더라도 준비금은 보유자 자산으로 인정되어 우선적으로 변제된다. 파산 절차에서 자동 중지 조항에도 불구하고 신속하게 환매를 진행하도록 법에 명시되어 있다.

감독 체계는 주 정부와 연방 정부가 역할을 나누어 맡는다. 주 정부의 허가를 받은 주 적격 발행자는 주 규제 당국이 1차 감독을 담당하고, 연방 정부의 허가를 받은 연방 적격 발행자나 은행 자회사는 통화감독청 또는 해당 연방 은행 감독 기관이 1차 감독을 책임진다.

감독 기관은 필요할 때마다 재무 상태나 위험 관리 현황, 자금세탁 방지 및 제재 준수 여부를 보고하라고 요구할 수 있으며, 정기적으로 검사도 실시한다. 만약 규칙을 위반하면 발행을 정지시키거나, 시정 명령을 내리고, 임원을 해임하거나, 법원에 가처분 신청을 하는 등 강력한 집행 수단을 동원할 수 있다. 주 규제 기관은 연방준비제도(연준)와 양해각서를 체결해 정보를 공유하고 감독을 함께할 수 있다. 아주 이례적이고 긴급한 상황이 발생하면 연준이나 통화감독청이 나서서 환매를 제한하는 것과 같은 긴급조치를 명령할 수도 있다.

규모가 커지면 규제도 강해진다. 발행한 코인 총액(발행 잔액)이 100억 달러를 넘는 주 적격 발행자는 1년 안에 연방 규제 시스템으로 전환하거나, 신규 발행을 중단해야 한다. 감독 당국은 자본금, 유동성, 리스크 관리 규정을 너무 과도하게 만들어서는 안 되며, 기존 은행에 적용하던 규제를 기계적으로 똑같이 적용하지 못하도록 제한을 뒀다.

법 시행 후 3년 안에 금융범죄단속국은 블록체인 모니터링, 자금세탁 믹서 대응, 디파이와의 상호작용에 특화된 자금세탁방지 규정을 마련해야 한다. 또한 지급형 스테이블코인은 그 자체만으로는 증권이나 상품으로 분류되지 않는다는 해석을 명시해, 불필요하게 이중 규제를 받는 일을 피하게 했다.

민주당 지도부와 월가는 이 법안에 끝까지 반대했다. 은행은 짭짤한 카드 수수료와 송금 수익을 잃게 되고, 자산운용사는 막대한 준비금을 굴릴 권한을 빼앗기며, 카드사들은 독점적인 지위가 흔들리기 때문이다. 실제로 비자와 마스터카드 주가는 법안이 통과되자마자 12%나 급락했다.

하지만 민주당이 끝까지 반대만 할 수 없었던 이유는 크게 두 가지였다. 첫째, 소비자들의 비용을 줄여준다는 명분을 거부했다가는 월가의 이익만 대변한다는 비난을 피할 수 없었다. 둘째, 국제 경쟁에서 뒤처질 위험이 컸다. 유럽연합은 이미 2024년에 미카MiCA법을 통해 스테이블코인을 제도권으로 받아들였고, 중국은 디지털 위안화를 무섭게 확산시키고 있었다. 미국이 여기서 더 늦어지면 달러 패권 자체가 위협받을 수 있는 상황이었다. 결국 민주당 의원 일부가 찬성으로 돌아서면서 법안은 당을 초월해 통과되었다. 척 슈머 상원 원내대표는 "우리는 혁신을 막을 수 없다. 우리의 임무는 혁신이 안전하게 이루어지도록 하는 것이다"라는 말로 어쩔 수 없이 동의했음을 내비쳤다.

법안 통과 직후 빅테크는 준비해온 카드를 빠르게 꺼냈다. 메타는 달러와 1:1로 연동되는 '노바Nova' 스테이블코인을 발표하고 메신저와 왓츠앱, 인스타그램에 즉시 연동했다. 애플은 애플페이에 스테이블코인 옵션을 추가해 아이폰 지갑에서 메시지를 보내듯 돈을 송금할 수 있게 했다. 구글은 클라우드 결제 API에 스테이블코인을 탑재해 개발자들이 별도 은행 계약 없이 앱 내 결제를 구현할 수 있도록 했다. 테슬라는 차량 구매와 에너지 서비스 결제에 스테이블코인을 도입하겠다고 발표했고, 머스크는 "은행이 아니라 코드가 돈을 지켜야 한다"고 강조했다. 이는 단순한 기능 추가가 아니라 빅테크가 하루아침에 은행과 카드 네트워크를 대체할 수 있는 결제망을 확보한 사건이었다.

이 법안의 통과는 미국 금융 권력의 이동을 상징한다. 산업자본을 대표하는 빅테크는 결제, 송금, 저축의 핵심 영역으로 진입했다. 기술로 비용을 줄이고 준비금을 직접 관리하며 국가 금융 인프라의 일부로 자리 잡았다. 민주당과 월가는 명분상 동의했지만 실질적으로 권력의 일부를 빼앗겼다. 이런 관점에서 스테이블코인은 빅테크가 월가 진영에 보낸 트로이 목마다. 평화의 메시지로 보이지만 그 안에는 금융 패권을 노리는 크립토 생태계의 씨앗이 내장되어 있다.

빅테크가 미국 국채의 고객이 되다

지니어스법의 통과는 단순히 스테이블코인을 제도권에 편입한 사건이 아니라 미국 금융사에서 빅테크가 미국 국채의 새로운 고객으로 제도화된 사건이다. 법안은 발행된 스테이블코인 1달러마다 반드시 동일한 가치의 현금 또는 초단기 국채를 준비금으로 예치하도록 규정했는데, 이때 준비금은 연방준비은행 계좌에 보관되어야 하고, 매일 공개 보고가 의무화되었다. 스테이블코인을 발행하는 모든 주체는 곧 국채 수요자로 전환되는 구조였다.

이 구조는 사실상 2023년 페이팔이 출시한 스테이블코인 PYUSD의 설계를 제도화한 것이다. PYUSD는 발행 시 1:1로 달러 준비금을 유지했는데, 이 준비금은 대부분 단기 미국 국채와 현금으로 구성되어 있었다. 당시 페이팔은 매달 준비금 보고서를 공개하며 준비금의 97%가 국채와 현금으로 되어 있음을 강조했다.

이 변화는 단순히 금융 기술 혁신의 문제가 아니라 미국 국채 시장 권력의 재편이었다. 과거에는 JP모건, 씨티, 골드만삭스 같은 월가 대형 은행들이 국채 수요의 중심이었다. 그들은 단기 국채를 매입하고 재판매하며 유통 시장의 핵심을 장악했다. 위기 때마다 이들은 국채 유통을 볼모로 정치적 영향력을 행사했다. 2011년 부채한도 협상 당시 골드만삭스의 로이드 블랭크파인은 백악관에 "국채 수요가 끊기면 시장이 하루 만에 무너진다"라고 경고했고, 2020년 3월 코로나19 패닉 당시 블랙록의 래리 핑크는 "국채 시장이 멈추었다. 연준이 개입하지 않으면 세계 금융이 붕괴한다"라고 압박했다. 실제로 연준은 '무제한 국채 매입'이라는 초유의 프로그램을 가동해야 했다. 월가는 국채 수요를 독점하면서 이를 정치적 카드로 활용해온 셈이다.

지니어스 법안은 이 힘의 균형을 바꾸었다. 법안 통과 후 불과 며칠 사이 빅테크 4개사가 합쳐 최소 300억 달러 규모의 국채 수요를 새로 창출했다. 스콧 베센트 재무무 장관은 "스테이블커코인의 제도화로 2조 달러 규모의 국채 수요가 발생할 것"이라고 전망했다.

월가는 강력히 반발했다. 씨티그룹 CEO 제인 프레이저는 블룸버그와의 대담에서 "국채는 단순한 준비금이 아니다. 글로벌 금융의 마지막 안전판을 기술기업이 관리하는 것은 위험하다"고 경고했다. 골드만삭스 수석 이코노미스트 얀 해치우스는 보고서에서 "법안은 은행의 국채 유통 기능을 약화시키고 수익성을 떨어뜨릴 것"이라고 분석했다.

정치권도 갈라졌다. 공화당 의원 짐 조던은 "스테이블코인은 디지털 달러의 전위이며 달러 패권을 강화한다"라며 찬성표를 던졌다. 실리콘밸리 지역구 민주당 의원 로 칸나는 "사용자 비용 절감은 무시할 수 없는 현실이고, 국채 수요 다변화는 달러를 더 안전하게 만든다"라고 말했다. 그러나 민주당 지도부 낸시 펠로시는 "국채를 테크 기업의 준비금에 연동시키는 것은 위험하다. 국채는 공공재이지 상품이 아니

제3의 달러

다"라며 강력히 반대했다. 상원에서 버니 샌더스는 "스테이블코인은 금융 권력을 월가에서 빅테크로 옮길 뿐"이라며 반대표를 던졌다.

결국 지니어스 법안의 준비금 조항은 소비자 보호 장치를 넘어선 것이었다. 이는 곧 미국 국채 수요를 민간 빅테크 사용자 기반에 연결하는 국가적 장치였고, PYUSD가 보여준 민간 실험을 국가 금융 인프라로 제도화한 것이었다. 정부와 연준은 국채와 발권력 교환이라는 기존 메커니즘을 빅테크로 확장했고, 이제 국채는 안전자산인 동시에 빅테크 성장의 엔진이 되었다. 월가는 더 이상 국채 수요를 독점할 수 없게 되었고, 국채 패닉 때마다 휘두르던 협박 카드도 힘을 잃기 시작했다.

스테이블코인과
달러 패권

달러 패권이 몰락하는 이유는 사용자 비용이 급증하고 있기 때문이다. 달러는 지난 반세기 동안 단순한 통화가 아니라 세계 금융질서를 지탱하는 핵심 인프라였다. 미국 정부가 국채를 발행하고 연준이 달러를 공급하며 월가가 그 유통을 관리하는 구조 속에서, 달러는 국제무역의 결제 단위이자 안전자산의 최종 수단이 되어왔다. 그러나 이 시스템은 보이지 않는 비용을 전 세계 사용자에게 전가하는 방식으로 유지되어 왔고, 이제 그 비용이 눈에 띌 정도로 커지면서 갈등의 원천으로 드러나고 있다. 이 비용은 인플레이션이라는 형태로, 수수료라는 형태로, 불평등이라는 형태로, 그리고 궁극적으로 국채 발작이라는 형태로 드러나고 있다.

달러 패권을 몰락시키는 건 인플레이션이다

인플레이션은 흔히 보이지 않는 세금으로 불린다. 화폐 가치가 하락하면 실제 구매력은 떨어지고 이는 세율 인상 없이도 시민이 더 많은 비용을 지불하게 되는 효과를 낳는다. 미국의 경우 2021년부터 2023년까지 이어진 팬데믹 이후의 인플레이션 국면에서 이 사실이 분명해졌다. 2022년 6월 미국 소비자물가지수 상승률은 9.1%로 40년 만의 최고치를 기록했다. 임금 인상이 이를 따라가지 못하면서 사실상 국민이 '인플레이션세'를 납부한 셈이 되었다.

문제는 달러가 기축통화라는 사실 때문에 이 비용이 국경을 넘어 글로벌 차원으로 전위된다는 것이다. 미국이 대규모 재정 적자를 국채 발행으로 충당하고 연준이 양적완화를 통해 유동성을 공급하면, 그 비용은 달러를 쓰는 모든 나라의 사용자에게 전가된다. 과거에는 인플레이션이 비교적 온건했고, 글로벌 공급망의 효율이 비용을 흩어지게 만들었기에 체감이 적었지만, 공급망 붕괴와 지정학적 리스크가 겹치면서 이제는 사용자 비용이 급격히 부상하게 된 것이다.

이 과정에서 신흥국과 저개발국이 가장 큰 타격을 받았다. 네팔의 경우 2023년 이후 청년층이 고용 부족과 물가 상승에 항의하며 거리로 쏟아져 나왔다. 정부와 소수 기득권층이 외화 부채와 수입 원자재 비용 상승을 관리하지 못한 결과, 젊은 층의 불만이 체제 불신으로 번져갔다. 이런 장면은 네팔만이 아니라 나이지리아, 아르헨티나, 스리랑카에서도 비슷하게 나타났다. 국제통화기금의 구제금융 협상 과정에서 긴축과 세금 인상이 요구되자 거리에서는 '달러 지배'에 대한 반발이 쏟아졌다. 결국 사용자 비용의 급증은 각국에서 세대 갈등, 계층 갈등으로 번져 체제를 흔드는 정치적 위기를 만들어냈다.

선진국도 예외가 아니다. 프랑스에서는 2024년 여름과 2025년 초 대규모 반이민 시위가 이어졌다. 공식적인 구호는 국경과 정체성이었지만, 그 밑바탕에는 생활비와 주거 비용 상승이 있었다. 임대료와 에너지 비용이 뛰면서 중하층 시민의 불만이 이민자 탓으로 전가된 것이다. 경제적 불안이 정체성 정치로 변환되는 전형적인 사례였고, 이는 미국과 유럽에서 공통적으로 관찰되는 현상이다. 미국에서는 제조업 공동화와 의료·교육 비용 상승이 불만을 키우며 좌우 갈등의 연료가 되었고, 프랑스에서는 동일한 현상이 반이민 시위라는 형태로 나타났다.

미국 내부의 불평등은 사회 전체에 구조적인 비용을 발생시킨다. 2024년 기준으로 상위 1% 부자가 전체 자산의 32%를 차지한 반면, 하위 50%가 가진 자산은 겨우 2%에 불과했다. 주식이나 부동산처럼 금융화된 자산을 가진 계층은 물가가 오르는 인플레이션 상황에서도 어느 정도 자산을 지킬 수 있었지만, 월급 같은 현금 소득에만 의존하는 계층은 폭등하는 생활비 충격을 온몸으로 감당해야 했다.

중산층이 무너지자 소비가 줄어들고 그 자리를 정치적 분노가 채

제3의 달러

웠다. 2025년 초 유타 밸리 대학교에서 보수 청년 운동가 찰리 커크가 총격으로 사망한 사건 이후 미국 정치가 극단적으로 갈라진 것도, 따지고 보면 경제적인 비용이 심리적 불안으로 전환된 결과라고 해석할 수 있다. 트럼프가 이 사건을 두고 곧바로 "좌파의 급진주의가 폭력을 불렀다"고 규정한 것도 대중의 불안감을 정치적인 동력으로 바꾼 사례였다.

이러한 사용자 비용 문제가 결국 도달하는 종착지는 국채 발작이다. 국채 발작이란 채권 시장이 국가의 빚을 더 이상 감당하지 못해 금리가 갑자기 치솟거나 돈이 돌지 않아 시장이 마비되는 현상을 말한다. 미국은 이미 2023년과 2024년에 걸쳐 부채 한도 협상 위기를 겪으며 국채 시장이 크게 휘청거린 적이 있다. 특히 2023년 5월, S&P500 주

● **달러 패권의 몰락과 사용자 비용**

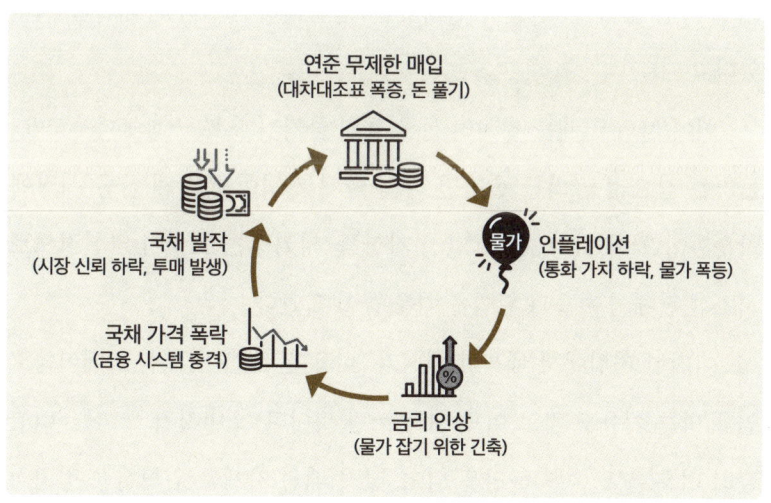

가가 급락하고 단기 국채 금리가 폭등했던 것은 미국 정부가 빚을 갚지 못하는 부도(디폴트) 사태가 실제로 일어날 수 있다는 시장의 강력한 경고였다.

프랑스도 2024년 말 국가부채 비율이 GDP의 110%를 넘어가면서 국채 금리가 가파르게 올랐다. 이탈리아 역시 2025년 들어 국채 금리가 5%를 돌파하며 위기 신호를 보냈다. 부채비율이 높은 국가일수록 사용자 비용이 급증한 사회적 불안을 재정 지출로 달래려 하고, 그 재정을 다시 국채 발행으로 충당하려 하면서 국채 발작 위험은 더 높아졌다.

미국 국채는 전 세계 금융의 기초 자산이자 달러 패권의 핵심이다. 하지만 국채 시장의 발작은 이 믿음을 뿌리째 흔든다. 2020년 3월 팬데믹 초기, '무위험 자산'이라던 미국 국채가 거래 정지 위기를 겪었다. 연준은 무제한으로 돈을 찍어 국채를 사들이며 급한 불을 껐지만, 돈이 너무 많이 풀려 물가가 치솟는 '인플레이션'이라는 대가를 치루었다.

이에 따라 국채를 지키려 돈을 풀면 물가가 오르고(화폐 가치 하락), 물가를 잡으려 금리를 올리면 다시 국채 가격이 폭락해 금융 시장에 악순환이 찾아 왔다. 결국 '안전 자산'을 지키려는 노력이 역설적으로 시스템 전체의 비용과 위험을 키운 꼴이 되었다.

이러한 지점에서 애플과 메타가 "비용 절감"을 내세워 스테이블코인을 미는 이유도 바로 이 틈새를 노린 것이다. 소비자가 느끼는 '비싼 달러 비용'은 단순한 불만을 넘어, 달러 패권 자체를 위협하는 정치적 압력이 되고 있다.

결국 달러 패권의 몰락은 단번에 오는 것이 아니다. 이는 사용자 비용이 점진적으로 누적되다가 사회적 갈등, 정치적 양극화, 국채 발작이라는 형태로 드러나면서 진행된다. 달러는 여전히 세계에서 가장 강력한 통화지만, 그 패권이 유지되기 위해서는 사용자 비용을 감내할 수 있는 사회적 합의가 필요하다. 그러나 지금 세계 곳곳에서 나타나는 갈등은 이 합의가 흔들리고 있음을 보여준다. 미국 내 총격 사건과 정치 폭력, 프랑스의 거리 시위, 네팔 청년들의 체제 불신은 모두 같은 뿌리를 공유한다. 사용자 비용이 더 이상 감추어지지 않고 정치의 표면으로 부상했다는 것이다.

스테이블코인은 결국 달러 패권을 더 약화시킨다

스테이블코인은 처음 등장했을 때 사용자 비용을 줄이는 혁신적 대안으로 포장되었다. 카드 수수료와 송금 비용이 세계 최고 수준이었던 미국에서 애플, 메타, 페이팔 같은 빅테크는 "스테이블코인을 사용하면 연간 2,500억 달러의 비용 절감 효과가 있다"라고 주장했다. 실제로 2024년 지니어스 법안이 통과된 이후 테더, USDC, PYUSD 같은 스테이블코인은 거래량이 폭발적으로 증가했다. 그러나 문제는 단기적인 편의와 비용 절감 효과가 장기적으로 전체 사용자 비용을 오히려 심화시킬 수 있다는 데 있다. 그 이유는 스테이블코인이 통화량, 즉

M2[*]와 직접적으로 연결되기 때문이다.

M2는 현금, 요구불예금, 저축성 예금, 단기 금융상품 등을 포함하는 광의의 통화량 개념이다. 달러 패권의 기반은 단순히 국채 발행과 군사력이 아니라 M2의 신뢰에 있다. 달러라는 통화가치가 유지되려면 M2가 경제성장률과 균형을 이루어야 하는데, 스테이블코인은 M2 확장을 가속화하는 장치로 작동한다. 스테이블코인 발행사가 1달러당 1달러의 준비금을 국채나 현금으로 보유한다고 해도, 이는 동시에 '디지털 달러'라는 새로운 지급수단을 창출하는 것이다. 기존 은행 예금과 달리 글로벌 결제망을 통해 무제한 유통되기 때문에 사실상 또 다른 형태의 통화 공급이 되는 셈이다.

경제학자 로런스 서머스^{Lawrence Summers} 전 재무장관은 2024년 브루킹스연구소 세미나에서 "스테이블코인은 은행 예금과 달러 현금 사이에 새로운 그림자를 만든다. 이 그림자는 M2에 포함되지 않지만 사실상 같은 역할을 하며, 통화당국의 제어 범위를 벗어난다"라고 지적했다. 이는 곧 M2가 공식 통계보다 빠르게 팽창할 수 있음을 의미한다. 통화량의 비가시적 팽창은 중앙은행의 정책 신뢰를 약화시키고, 인플레이션 압력을 키운다.

실제로 2020년 코로나19 위기 직후 미국의 M2는 불과 2년 만

---

* 현금과 수시입출식 예금^{M1}에 더해, 2년 미만 정기 예적금이나 MMF 등 현금화가 쉬운 금융 상품까지 포함한 넓은 의미의 통화 지표. 연준이 시중 유동성을 판단하는 핵심 지표인데, 현재 스테이블코인은 여기에 포함되지 않아 통계 착시를 일으킬 수 있다.

단위: 조 달러

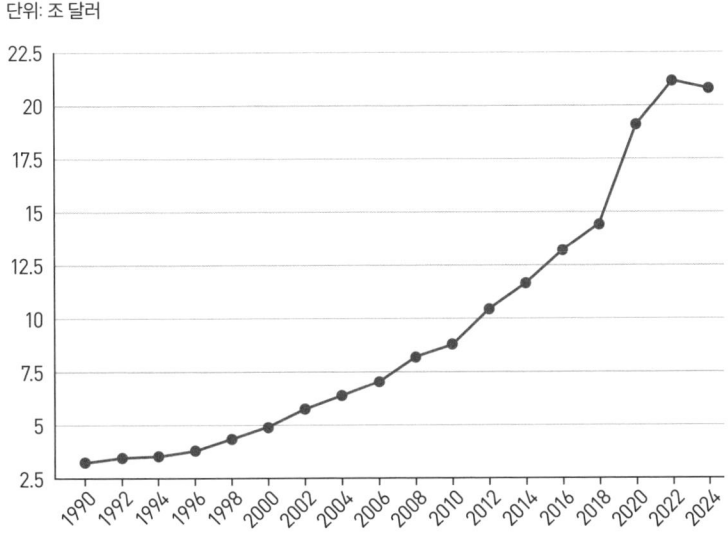

에 40% 가까이 증가했다. 이는 연준의 대규모 양적완화와 재정 부양 책이 결합한 결과였고, 2021년부터 시작된 인플레이션 폭발의 직접적 배경이 되었다. 이제 여기에 스테이블코인이라는 새로운 매개체가 추가되면서, M2 증가의 속도가 다시금 가팔라질 위험이 있다. 연준이 기준금리를 올리며 긴축을 시도해도, 스테이블코인을 통해 글로벌 결제와 송금이 폭발하면 사실상 '민간 발권'이 진행되는 셈이다. 이는 중앙은행이 통화정책으로 인플레이션을 제어할 수 있는 능력을 약화시킨다.

스테이블코인 지지자들은 준비금이 100% 달러와 국채로 보장되므로 인플레이션을 유발하지 않는다고 주장한다. 하지만 이는 절반만 맞는 말이다. 준비금 자체는 시중의 통화량 일부를 묶어두는 역할을 하지만, 동시에 국채 수요를 늘려 정부가 더 많은 빚을 찍어낼 수 있는 여지를 만들어주기 때문이다. 즉, 스테이블코인은 준비금과 발행량이라는 이중 구조를 통해 사실상 통화량을 팽창시키는 결과를 낳는다.

이런 맥락에서 보면 스테이블코인은 당장은 사용자 비용을 줄이고 경제에 활력을 불어넣는 것처럼 보인다. 해외 송금 수수료가 6%에서 1%로 뚝 떨어지고, 카드 수수료가 3%에서 0.5%로 줄어들면 소비자는 환호할 수밖에 없다. 하지만 이는 마치 운동선수가 기록을 단축하기 위해 스테로이드를 맞는 것과 같다. 근육은 빠르게 붙고 기록은 좋아지겠지만, 장기적으로는 신체 균형이 무너지고 심각한 부작용을 겪게 된다.

스테이블코인이 달러 패권에 주입하는 효과도 이와 비슷하다. 단기적으로는 미국 국채 수요를 늘려 정부의 돈 찍어내는 능력을 강화하고, 달러 결제망을 넓혀 기축통화의 수명을 연장해 준다. 그러나 장기적으로는 인플레이션 압력과 금융 시장의 불안정성을 키우고, 결국에는 사용자 비용을 더 높이는 부메랑이 될 수 있다.

2025년 초 블룸버그는 한 연준 이코노미스트의 익명 발언을 인용해, 스테이블코인은 달러에 두 번째 엔진을 달아주는 것처럼 보이지만 사실은 연료 소비를 가속화하는 장치일 수 있다고 보도했다. 달러 패권이 겉으로는 더 강해지는 듯 보여도, 내부적으로 짊어져야 할 구조적 부담은 빠르게 커진다는 뜻이다.

월가의 시선도 엇갈린다. JP모건 CEO 제이미 다이먼은 CNBC 인터뷰에서 스테이블코인은 결코 은행을 대체할 수 없으며, 만약 이들이 국채 수요를 떠받치면 정부는 빚을 더 늘릴 것이고 이는 결국 인플레이션으로 돌아올 것이라고 경고했다. 반면 페이팔 CEO 댄 슐만은 자사의 PYUSD는 금융 혁신이자 비용 절감 수단이며, 장기적으로 달러 패권을 강화할 것이라고 주장했다. 하지만 비용 절감이라는 눈앞의 단기 이익과 부채 확대라는 장기적인 비용은 동시에 존재하며, 그 사이의 균형은 매우 불안정하다.

달러 패권은 이미 인플레이션세와 국채 발작이라는 이중 압력에 직면해 있다. 인플레이션세는 화폐 가치 하락을 통해 전 세계 사용자의 구매력을 소리 없이 흡수하는 보이지 않는 세금이며, 국채 발작은 통제 불가능한 부채 증대로 인해 금융 시장의 근간인 금리가 요동치는 현상을 의미한다. 스테이블코인은 이러한 구조적 문제를 해결하기는커녕 오히려 가속화한다. 인플레이션세라는 보이지 않는 세금은 스테이블코인을 통해 더 빠르게 확산될 수 있다. 글로벌 결제 속도가 빨라지고 국채 수요가 확대되면서, 달러의 과잉 공급은 더 쉽게 국제 시장에 흘러나온다. 이는 다시 사용자 비용으로 선가되고, 국가 간 부의 격차를 벌리고 각국 정부의 통제력을 약화시킴으로써 정치적 갈등과 사회적 불안을 심화시키는 핵심 기제로 작용한다.

따라서 스테이블코인은 사용자 비용 문제의 해법이 아니라 또 다른 비용의 촉매제다. 금융 기술은 문제를 가릴 수는 있지만, 없애지는 못한다. 오히려 가려진 문제는 더 큰 형태로 돌아온다. 달러 패권이 몰락하는 길 위에서, 스테이블코인은 체제를 구하는 구급차가 아니라, 무리하게 속도를 올리는 니트로 엔진에 가깝다.

RWA에 감추어 놓은
월가의 온체인 패권 전략

달러와 국채의 가치는 계속 떨어진다

스테이블코인의 본질은 준비금에 있다. 발행사가 내놓은 코인은 1달러당 반드시 현금이나 단기 국채로 담보된다고 설명된다. 겉으로 보기엔 안전해 보인다. 그러나 달러와 미국 국채의 가치는 시간이 지날수록 떨어지고 있다는 사실이 문제다. 준비금이란 결국 달러와 국채로 구성된 포트폴리오인데, 그 가치가 흔들리면 스테이블코인의 안정성에 의심이 들 수밖에 없다.

무엇보다 스테이블코인은 인플레이션을 더욱 가속화한다. 발행된

코인이 국채와 현금으로 100% 안전하게 담보되어 있다고 해도, 그 구조 자체가 국채에 대한 수요를 인위적으로 늘리기 때문이다. 수요가 늘어나면 정부는 신나서 더 많은 빚(국채)을 찍어낼 수 있는 명분과 여유를 갖게 된다.

실제로 지니어스 법안이 통과되자마자 미국 재무부는 기다렸다는 듯 10년 만기 국채 발행 규모를 늘렸다. 블룸버그는 이 상황을 두고 스테이블코인이 미국 정부의 새로운 국채 큰손 고객이 되었다고 표현했다. 당장에는 국채를 사줄 곳이 늘어나 정부의 자금 조달 부담이 줄어드는 것처럼 보이지만, 멀리 보면 미국의 빚더미 구조를 더욱 악화시키는 요인이 된다. 시중에 풀린 더 많은 국채는 결국 더 거센 인플레이션 압력으로 돌아오기 때문이다.

연준 의장 제롬 파월은 2025년 상원 청문회에서 이 딜레마를 정확히 지적했다. 그는 스테이블코인을 일종의 새로운 민간 유동성 창출 기계라고 정의하며, 이것이 국채 시장을 안정시키는 데는 도움이 될지 몰라도, 동시에 중앙은행의 통화 정책 불확실성을 키운다고 경고했다. 쉽게 말해 당장은 국채를 구매해서 좋지만, 민간에서 돈이 제멋대로 불어나면서 정부의 통화량 통제가 먹히지 않게 되고, 결국 물가 상승을 부추길 수 있다는 우려였다.

달러와 국채의 가치 하락은 이미 현실에서 확인되고 있다. 2024년 말 기준 미국의 연방부채는 GDP 대비 123%를 넘어섰다. 국제통화기금은 보고서에서 "미국의 부채 경로는 지속 가능하지 않다"라고 경고했다. 달러 가치는 주요 통화 대비 2023년 중반 이후 꾸준히 하락했고,

2025년 들어서는 브릭스 통화 블록의 대체 결제망 확산과 맞물리며 불안정성이 커졌다. 일본과 중국이 보유량을 줄이면서, 국채 가격은 내려가고 수익률은 오르는 흐름이 이어졌다.

스테이블코인의 준비금은 바로 이 국채와 달러에 의존한다. 이는 곧 준비금의 안정성이 통화와 국채의 가치에 종속되어 있다는 뜻이다. JP모건 CEO 제이미 다이먼은 2025년 초 다보스포럼에서 "국채는 여전히 중요한 자산이지만, 무제한의 안정성을 기대하는 건 위험하다. 스테이블코인 준비금이 전적으로 국채에 의존한다면 이는 집을 모래 위에 세우는 것과 같다"고 경고했다.

사용자 비용 문제도 다시 고개를 든다. 물론 스테이블코인이 본격적으로 발행되면서 카드 수수료나 해외 송금 수수료가 낮아진 것은 사실이다. 실제로 월마트 같은 거대 유통 기업은 결제 수수료로만 연간 수십억 달러를 아꼈다고 발표했고, 고향으로 돈을 부치는 이민 노동자들의 송금 수수료 부담도 눈에 띄게 줄었다.

하지만 인플레이션이라는 거대한 파도가 이 모든 절감 효과를 집어삼키고도 남았다. 2025년 여름, 미국의 소비자 물가 상승률은 다시금 4% 선을 뚫고 올라갔다. 수수료 몇 푼 아껴봤자 생활비 자체가 올라버리니, 사용자가 피부로 느끼는 실질적인 비용은 전혀 줄어들지 않은 셈이다.

경제학자 누리엘 루비니Nouriel Roubini는 스테이블코인이라는 말 자체가 형용 모순oxymoron, 즉 뜨거운 얼음처럼 말이 안 되는 소리라고 비판했다. 대부분 완전하게 담보되지도 않았고 불안정하다는 이유에서다. 특히 2023년에는 달러 가치에 묶어둔(페그) 스테이블코인이 인플레이션 상황에서는 구매력을 제대로 지켜주지 못한다고 지적하며, 차라리 물가 상승률에 연동되는 플랫Flat코인이 더 타당하다는 견해를 내놓기도 했다. 물가가 오르면 현금 가치는 떨어지니, 달러에 고정된 코인은 결코 안정적Stable일 수 없다는 논리다. 여기서 플랫이란 물가가 오른 만큼 코인의 가치도 함께 평평하게 맞춰서 올려준다는 뜻이다.

프랑스, 영국, 이탈리아 같은 유럽 국가들이 겪은 경험은 좋은 참고서가 된다. 프랑스는 2023년 국채 금리가 급등하면서 국가 재정이 위험하다는 위기설에 시달렸다. 파리 시내 한복판에서는 이민자 반대 시위와 살인적인 생활비 폭등에 항의하는 시위가 뒤엉켜 사회 전체가 큰 혼란에 빠졌다. 이는 경제적인 사용자 비용 문제가 인플레이션이라는 형태로 바뀌어 나타나고, 결국에는 격렬한 정치적 갈등으로 번진 전형적인 사례였다. 지금 미국 역시 이와 똑같은 위험한 길을 걷고 있다는 경고가 끊이지 않는다.

국채 발작도 무시할 수 없다. 2023년 영국 미니예산 사태에서 국채 금리가 급등하면서 연기금이 위기에 빠진 사례, 일본의 장기금리 급등으로 일본은행이 긴급 개입한 사례, 그리고 최근 미국 국채의 단기 발행 실패 사례는 모두 부채와 인플레이션의 결합이 불러온 불안정성을 보여준다. 이런 상황에서 스테이블코인이 국채 수요를 보완한다고 해도 근본적인 문제는 사라지지 않는다. 오히려 더 많은 국채 발행을 정당화하며 문제를 키운다.

제3의 달러

정치권도 이 점을 두고 논쟁을 이어간다. 공화당은 스테이블코인을 "자유 시장 혁신"으로, 민주당 진보파는 "새로운 금융 불안정 요인"으로 규정했다. 엘리자베스 워런Elizabeth Warren 상원의원은 상원 청문회에서 "스테이블코인이 준비금 1:1을 주장하지만, 그 준비금의 가치가 하락하면 결국 서민의 주머니에서 비용이 빠져나간다"고 지적했다.

결국 스테이블코인의 준비금은 겉으로는 안전한 듯 보이지만, 실제로는 달러와 국채 가치 하락이라는 구조적 취약성 위에 놓여 있다. 인플레이션은 사용자 비용 절감을 상쇄하고, 때로는 더 높은 비용으로 돌아온다. 국채 발행은 단기적으로는 준비금을 채워주지만, 장기적으로는 부채 부담을 키운다. 달러 패권은 단기적으로 스테이블코인 덕분에 연장되는 듯 보이나, 그 속도는 스테로이드를 맞은 운동선수처럼 위험하게 가속화된다.

따라서 스테이블코인 준비금이 과연 안전하냐는 질문에 대한 답은 명확하다. 단기적으로는 안전해 보인다. 그러나 장기적으로는 안전하지 않다. 준비금의 가치 자체가 흔들리고, 인플레이션이라는 보이지 않는 비용이 사용자에게 돌아오기 때문이다. 금융 기술은 문제를 감출 수는 있어도 해결하지는 못한다. 스테이블코인은 혁신석 포맷이지만, 그 준비금이 기초하는 달러와 국채의 미래가 불안정하다면, 결국 사용자 비용 문제를 심화시키는 또 하나의 구조적 장치에 불과하다.

스테이블코인 준비금의 진화

스테이블코인의 준비금 구조는 처음부터 불변의 진리가 아니었다. 1토큰=1달러라는 약속이 단순해 보이지만, 그 약속을 지탱하는 실제 장치는 준비금 포트폴리오다. 이 금고 안에 무엇을 어떤 비율로 넣는지가 발행사, 정부, 연준, 월가, 빅테크, 그리고 사용자 사이의 이해관계와 위험 분담을 갈라놓는다.

지금까지는 현금과 단기 국채가 중심이었지만, 고금리의 뉴노멀, 실시간 결제를 요구하는 산업 환경, 그리고 인플레이션 압력이 겹치면서 준비금의 성격은 바뀔 수밖에 없다. 단순히 안전성을 보장하는 것에 그치지 않고, 사용자 비용을 줄이고 인플레이션을 헤징하는 적극적 설계의 장치로 진화하지 않으면 지속이 불가능하다.

준비금이 추구하는 목표는 세 가지다. 언제든 상환이 가능한 유동성, 자산 가격의 변동을 최소화하는 안정성, 그리고 발행사 운영 비용을 감당할 최소한의 수익성이다. 문제는 이 세 가지가 동시에 충족되기 어렵다는 점이다. 현행 표준을 보자면 현금, 은행예금, 단기 국채, 역레포, 그리고 규제형 MMF가 준비금의 주력이다. 현금은 유동성과 안정성은 뛰어나지만 이자를 거의 내주지 않는다. 단기 국채는 수익성을 보장하지만 금리 변동에 취약하다. MMF는 규제가 잘 갖추어져 있으나 위기 시 상환 지연이 발목을 잡을 수 있다.

이 준비금 방식의 장점은 상환 속도가 빠르고, 기초자산의 가격이 투명하며, 감독당국이 이해하기 쉽다는 점이다. 그러나 인플레이션 국면에서는 현금과 단기 국채 모두 실질 가치를 잃게 되고, 은행예금 비중이 크면 은행 위기 시 간접 피해를 볼 수 있다. 2023년 실리콘밸리은행 파산 당시, USDC의 준비금 일부가 이 은행에 예치되어 있던 사실이 공개되자, USDC 가격이 0.88달러까지 폭락했던 사건은 이를 극명하게 보여준다.

　금리 환경의 변화는 준비금 운용 방식을 근본적으로 바꿔놓았다. 제로금리 시기에는 자산별 수익률 차이가 미미해 운용이 단순했지만, 2023년 이후 고금리 기조가 정착되면서 상황이 달라졌다. 이제는 금리 변동에 따른 자산 가치 변화를 관리하고, 대규모 상환 요청에 신속히 대응하는 리스크 관리 역량이 필수적이다. 금리가 급등하면 보유한 장기 국채의 평가 가치가 하락해 손실 위험이 커지고, 반대로 금리가 급락하면 재투자 수익률이 떨어져 발행사의 수익성이 악화된다. 이 문제를 해결하려면 만기를 충충이 분산하는 라더Ladder 구조, 사전 정의된 리밸런싱 규칙, 실시간 상환 큐 운영이 필요하다. 한마디로, 상방과 하방 충격을 모두 흡수할 수 있는 이중 내성이 준비금의 질을 좌우하는 시대가 된 것이다.

기술 혁신과 금융 안정을 잇는 타협

운용 기술보다 더 첨예한 쟁점은 준비금에서 발생한 이자 수익을 어떻게 배분하느냐는 것이다. 이와 관련해 '지니어스 법안'은 발행사가 사용자에게 이자를 지급할 수 없다는 원칙을 분명히 했다. 법안 통과로 스테이블코인의 발행과 유통은 제도권 안으로 들어왔지만, 그 운용 수익을 사용자에게 직접 돌려주는 것은 법적으로 차단된 셈이다.

이것은 단순한 기술 설계가 아니라 정치적 절충의 산물이다. 의회와 규제당국은 빅테크와 핀테크에게 '결제 혁신'의 트랙을 허용하는 대신 '이자 지급'이라는 전통 금융의 핵심 이권을 그대로 남겨두었다. 표면 논리는 금융안정이지만, 실제로는 예금 대체와 뱅크런 위험을 우려한 은행·자산운용·결제 네트워크의 이해가 강하게 반영된 결과다. 발행은 허용하되, 발행을 통해 생기는 준비금 이자의 과실은 사용자가 아니라 제도권 금융과 발행사·수탁사 쪽에 더 많이 남는 구조가 유지되는 셈이다.

빅테크 진영은 실질적인 비용 절감을 위해 준비금 이자를 사용자에게 환원해야 한다고 주장한다. 인플레이션 환경에서는 단순한 수수료 인하만으로 혜택이 충분하지 않기 때문이다. 또한 은행이 독점하던 이자 수익을 분배하면 금융 포용성을 높이고, 글로벌 토큰화 상품과의 경쟁에서도 우위를 점할 수 있다는 논리다.

반면 월가는 이자 지급을 허용할 경우 은행 예금이 급격히 이탈해 금융 시스템이 불안해질 것을 우려한다. 예금보험의 보호를 받지 않는 자금이 비대해지면 위기 시 대규모 인출 사태가 발생할 위험이 크다는 것이다. 따라서 결제 기능의 혁신은 수용하되, 예금 수신 경쟁은 제한해야 한다는 입장이 관철되었다.

법적으로 직접적인 이자 지급은 금지되었으나, 시장은 우회적인 수익 모델을 도입했다. 첫째, 암호화폐 거래소가 자체 운용 수익을 기반으로 예치금에 '보상'을 제공하는 방식이다. 둘째, 디파이 프로토콜을 통해 대출 수요에서 발생하는 이자를 실시간으로 배분받는 구조다. 셋째, 지갑 내 유휴 자금을 MMF 등 수익형 토큰으로 자동 전환하는 '스윕Sweep' 기능이다. 이러한 방식들은 발행사가 직접 이자를 지급하지 않는다는 규제를 준수하면서도, 사용자에게 실질적인 운용 수익을 제공하는 기술적 대안으로 자리 잡았다.

이 절묘한 타협이 만들어낸 현재의 힘의 균형은 이렇다. 빅테크는 발행과 결제 인프라를 장악해 네트워크 덩치를 키우는 대신, 준비금에서 나오는 이자를 사용자에게 현금처럼 직접 나누어 주지는 못한다. 월가는 예금, MMF, 레포라는 핵심 수익원을 뺏기지 않고 지켜내면서, 수탁, 브로커리지, 토큰화 표준, 레포 창구 제공이라는 새로운 파이프라인을 통해 스테이블코인 생태계에서 수수료를 벌어들일 길을 확보한다. 규제 당국은 결제 시스템의 안정과 뱅크런 방지를 명분으로 디지털 화폐가 기존 예금을 대체하는 속도를 조절하고, 위기가 오면 자금 인출을 막는 게이팅이나 상환 한도, 공시 강화 같은 방화벽을 법과 프로그램 코드 양쪽에 마련해 둔다.

결국 사용자는 결제나 송금 수수료가 내려가고 대기 시간이 사라지는 즉각적인 편리함을 얻는다. 하지만 준비금 이자를 배분받는 방식은 간접적이다. 발행사의 주머니에서 직접 받는 게 아니라, 거래소 예치나 디파이, 지갑 스윕 같은 바깥 레일을 통해 실질적인 이자 수익에 접근하는 식이다.

거래소와 같은 크립토 진영이 이렇게 이자 지급의 우회로를 찾아내긴 했지만, 이것이 인플레이션세라는 근본적인 사용자 비용 문제를 해결해 주지는 못한다. 만약 통화량이 늘어나 인플레이션 문제가 지금보다 더 심각해진다면, 사용자들은 단순히 이자를 받는 것을 넘어 준비금의 구조 자체를 뜯어고치라고 요구할 게 분명하다.

규제를 우회하는 월가의 RWA 전략

월가는 크립토 진영의 우회로는 차단하면서, 자신들의 우회로는 여는 이중 전략을 취하고 있다. 2025년 8~9월, 워싱턴과 뉴욕 사이의 복도에서 같은 문장이 반복되었다. "리워드는 사실상의 이자다." 시티를 비롯한 대형 은행들은 하원·상원 금융위원회 소속 의원들과 재무부·연준 실무진을 상대로, 스테이블코인에 붙은 '리워드' 기능을 법과 감독으로 틀어막아 달라는 요청을 본격화했다.

시티의 메시지는 간명했다. 첫째, 리워드를 허용하면 예금 이탈이 발생한다. 예금이 거래소의 스테이블코인 보유 프로그램으로 이동하면 은행의 저원가 조달이 줄고, 그만큼 조달금리와 대출금리가 함께 올라간다. 8월 말, 시티의 리서치 임원 로닛 고스는 "스테이블코인에 이자를 붙이면 1980년대 MMF 확산 때처럼 예금이 급격히 빠져나가는 시나리오가 재연될 수 있다"고 경고했다. 둘째, 규제 형평의 문제다. 은행은 예금보험과 유동성 규제를 조건으로 금리를 주는데, 거래소의 리워드는 동일한 경제 기능을 하면서 예금보험도, 동일 규제도 적용받지 않는다. 셋째, 금융안정이다. 디지털 채널에서의 '런'은 속도가 다르다. 예금과 유사한 보상을 제공하면서 방화벽이 약하면, 충격 시 시스템 리스크가 증폭된다는 논리였다. 이 같은 취지의 경고는 은행업계 로비 단체의 정책 브리프와 법률 자문서로 정리되어 의원실과 규제기관에 배포되었다.

의회와 규제당국을 향한 요구는 두 갈래였다. 하나는 법 문구 보완이다. "발행사 금지"에 더해 "제휴사·거래소·지갑 등 유통 채널을 통한 간접 이자 지급도 금지"한다는 단서 조항을 넣자는 것. 다른 하나는 감독 지침이다. 연준·재무부가 공동으로, 리워드 프로그램을 '예금과 실질적으로 동일한 상품'으로 간주하는 기준을 세우고, 자본·유동성·공시·보험 요건을 부과하라는 요청이었다. 업계 보고서와 로비 자료는 "지금 막지 않으면, 트릴리언 규모로 불어날 새로운 규제 차익이 형성될 것"이라고 압박했다.

코인베이스를 필두로 한 암호화폐 업계는 즉각 반박에 나섰다. 은행 예금이 빠져나가 대출이 줄어들 것이라는 공포 시나리오는 데이터로 증명되지 않은 과장이라는 주장이다. 9월 중순, 코인베이스의 정책 책임자는 민간 연구 결과를 근거로 제시하며 "지역 은행의 예금 규모와 스테이블코인 사용량 사이에는 통계적으로 의미 있는 상관관계가 없다"고 못 박았다.

또한 스테이블코인의 준비금이라는 것이 애초에 현금성 자산이나 미국 국채 형태로 금융권 안에 머물러 있다는 점을 지적했다. 그러니 돈이 은행 시스템 밖으로 빠져나가 경제에 해를 끼친다는 주장은 앞뒤가 맞지 않는다는 것이다. 오히려 이들이 제공하는 리워드(보상)는 금리 경쟁을 부추겨, 배짱 장사를 하던 은행들이 예금 이자와 서비스 품질을 현실적인 수준으로 올리도록 유도하는 긍정적인 장치라고 강조했다. 여기에 블록체인상의 투명한 공시와 준비금 공개, 수탁 기관 다원화 같은 안전장치를 더하면 소비자 보호 기준도 훨씬 높일 수 있다고 덧붙였다.

결국 싸움의 핵심은 "누가, 어떤 규칙 아래서, 무엇을 이자라고 부를 것인가"로 좁혀졌다. 월가 진영은 리워드도 경제적인 실질을 따져보면 이자나 다름없으니 똑같이 규제해야 한다고 요구했다. 반면 암호화폐 진영은 발행사가 직접 이자를 주는 것을 금지한 법의 취지는 존중하지만, 토큰화된 MMF나 단기 국채 토큰처럼 별도 상품에서 나온 수익을 사용자에게 투명하게 전달하는 구조까지 막아서는 안 된다고 맞섰다.

재미있는 건 월가의 다른 한편에서는 크립토 진영이 썼던 우회로 전략을 그대로 쓰고 있다는 점이다. 바로 실물자산 토큰화 전략이다. 블랙록, JP모건, 골드만삭스 같은 거대 금융사들이 너 나 할 것 없이 RWA 토큰화에 뛰어드는 이유 중 하나는, 바로 이 블록체인 위(온체인)의 준비금 시장을 장악하기 위해서다.

블랙록이 2023년에 내놓은 비들이라는 토큰화 MMF가 대표적이다. JP모건은 자체 블록체인인 오닉스를 통해 채권과 대출 포트폴리오를 토큰으로 만들고, 이를 은행 간 결제나 담보를 주고받는 데 활용하기 시작했다. 골드만삭스 역시 파생상품 담보 관리에 토큰화된 국채를 시범적으로 운용하며 시장을 선점하려 하고 있다.

이 흐름은 단순히 "전통 자산을 블록체인에 올린다"는 차원을 넘어선다. 스테이블코인 준비금에 RWA를 편입하면, 준비금이 단순히 안전자산 보관소에서 온체인 담보물로 진화한다. 이렇게 되면 사용자 잔액은 토큰화된 국채, 상업어음, 무역금융 자산 등과 직결되고, 거기서 발생한 이자가 자동으로 사용자에게 분배될 수 있다. 그 구조는 사실상 인플레이션세를 상쇄하는 새로운 통로가 된다. 지금까지 준비금 이자는 발행사와 월가가 가져갔지만, RWA 기반 구조는 사용자에게 이자를 돌려주도록 설계할 수 있기 때문이다.

사용자 경험 측면에서 이는 "스테이블코인=무이자 디지털 현금"이라는 인식에서 "스테이블코인=온체인 예금형 자산"으로의 전환을 의미한다. 예를 들어, 사용자는 지갑에 스테이블코인을 넣어두는 것만으로 자동으로 단기 국채 토큰, MMF 토큰의 이익을 배분받는다. 결제·송금은 즉시성 그대로 유지되고, 유휴 잔액에서는 실질 이자 수익을 얻게 되는 구조다. 이것은 곧 사용자 비용 문제를 근본적으로 낮추는 전략이다.

결국 RWA 전략은 스테이블코인 준비금이 단순히 달러 현금과 단기 국채라는 안전지대에 머무르지 않고, 실질적 수익을 사용자와 나누는 토큰화된 담보 인프라로 발전하는 길을 연다. 사용자 입장에서는 인플레이션세를 줄이고, 준비금 운용에서 발생한 이익을 체감할 수 있다. 정부 입장에서는 국채 수요를 안정적으로 확보할 수 있다. 월가는 전통 자산을 블록체인에 얹어 새로운 유통망을 만들 수 있다.

인플레이션을 넘어서는 미래의 준비금

비트코인과 이더리움의 편입론은 늘 같은 두 가지를 근거로 든다. 장기 인플레이션에 대한 방어, 그리고 국가나 플랫폼의 임의 개입에 흔들리지 않는 검열 저항성*이다. 엘살바도르가 국가 준비금에 비트코인을 담은 사례는 그 상징을 강화했다. 다만 스테이블코인 준비금은 '언제든 1:1 상환'을 전제로 움직인다. 가격이 하루에도 몇 퍼센트씩 출렁이는 자산을 핵심 담보로 삼을 수 없는 이유다. 따라서 현실적인 해법은 분명하다. 암호자산의 비중은 극소량으로 제한하고, '비상시 완충재'에 가깝게 배치한다. 준비금의 중심(코어)은 현금성 자산이 맡고, 변동성이 큰 암호자산은 주변부(페리미터)에서 전략적 역할만 수행하도록 구획하는 방식이다.

일부 발행사는 이더리움을 스테이킹해 발생하는 보상을 사용자와 나누는 실험을 병행한다. 결제용 잔액은 즉시성에 맞추어 유지하되, 유휴분은 소량의 스테이킹 풀로 돌려 이자 성격의 수익을 배분하는 구조

---

* 정부나 중앙은행, 특정 기업 등 중앙화된 권력이 거래를 차단하거나 자산을 동결할 수 없는 특성. 어떤 정치적 외압이나 시스템 마비 상황에서도 자산을 보관하고 전송할 수 있어, 비트코인이 '디지털 금'이자 비상 자금으로 불리는 핵심 이유다.

다. 그러나 이 모델에도 한계는 뚜렷하다. 언스테이킹 지연으로 유동성이 묶일 수 있고, 검증자 오류나 네트워크 사건이 발생하면 원금이 삭감되는 슬래싱* 위험이 있다. 준비금의 본령이 상환 안정성인 이상, 이 실험은 어디까지나 보조선에 머물 수밖에 없다.

요컨대 암호자산 편입은 '체질'이 아니라 '양념'이다. 인플레이션 방어와 검열 저항이라는 전략적 가치는 인정하되, 변동성이 곧 상환 리스크로 번지지 않도록 비중과 역할을 엄격히 한정한다. 코어는 유동성과 안정성, 페리미터는 장기성과 선택적 수익. 이 경계가 무너지지 않는 한에서만, 암호자산은 준비금의 품질을 해치지 않고 존재 이유를 증명할 수 있다.

하지만 이 판단은 현재의 시점에서만 유효하다. 비트코인과 이더리움의 장기적 궤적을 보면 이야기는 달라진다. 지난 10여 년간 비트코인은 금융위기와 코로나19 팬데믹, 각국의 금리 사이클을 모두 겪으면서도 장기적으로는 뚜렷한 우상향 곡선을 그려왔다. 이더리움 역시 스마트계약과 탈중앙 애플리케이션의 핵심 플랫폼으로 자리 잡으면서 단순한 암호화폐를 넘어 '네트워크 자산'으로 평가받고 있다. 변동성이 여전히 크지만, 시간이 지남에 따라 가격 등락의 폭이 점차 줄어드는 경향이 나타나는 것도 사실이다. 금융학자와 자산운용사들은 이 지점

---

* 지분증명PoS 블록체인에서 검증자가 이중 서명이나 장기 오프라인 등 네트워크 규칙을 위반했을 때, 예치(스테이킹)해 둔 자산의 일부를 삭감하여 몰수하는 벌칙 제도. 준비금 원금이 깎이는 치명적인 위험이므로 스테이블코인 발행사가 가장 경계하는 요소다.

을 "성숙 단계로 진입하는 자산의 전형적 패턴"이라고 해석한다.

만약 비트코인과 이더리움의 변동성이 점차 완화되고, 장기적으로 가치가 안정적으로 상승하는 흐름이 확정된다면 이 자산들은 결국 '안전자산'이라는 지위를 일부 획득할 가능성이 있다. 이미 엘살바도르가 비트코인을 국가 준비금에 편입하면서 "디지털 금"이라는 서사를 강화했고, 스트래티지 같은 미국 기업들은 재무전략 차원에서 비트코인을 대규모로 사들여 사실상 자산배분의 한 축으로 고정해 버렸다. 이런 사례들은 비트코인을 단순한 투기 수단이 아니라 가치 저장 수단, 즉 일종의 디지털 금으로 보는 관점을 사회적으로 확산시켰다.

이 흐름이 더 굳어진다면, 스테이블코인 준비금에서도 비트코인과 이더리움의 역할은 달라질 수밖에 없다. 지금은 '코어(중앙) – 페리미터(주변부)' 모델에서 페리미터에 위치한 작은 비중의 버퍼 자산에 불과하지만, 장기적으로는 코어 자산 중 일부로 격상될 여지가 있다. 특히 인플레이션이 장기적으로 높게 유지되거나, 미국 국채와 달러 자체의 신뢰가 점차 약화되는 국면에서는 "더 이상 달러만으로는 실질 가치를 지킬 수 없다"는 논리가 힘을 얻을 것이다. 이때 암호자산은 단순히 위험한 대안이 아니라, 오히려 준비금의 안정성을 보강하는 자산으로 평가될 수 있다.

이더리움의 경우에는 네트워크 스테이킹 구조가 중요한 변화를 불러올 수 있다. 이더리움은 단순한 암호화폐가 아니라 분산 금융DeFi의 기초 인프라로 작동하기 때문에, 장기적으로 네트워크 안정성과 활용도가 높아지면 온체인 국채와 같은 RWA와 유사한 성격을 띠게 된다. 이더리움을 준비금에 편입하면 단순히 자산 가치를 저장하는 기능을 넘어, 네트워크에서 발생하는 스테이킹 보상을 이용자에게 나누어 줄 수 있는 구조도 가능하다. 지금은 언스테이킹 지연이나 슬래싱 위험 같은 기술적 제약 때문에 제한적이지만, 시간이 지나면서 이런 위험이 제도적·기술적으로 줄어든다면, 이더리움은 실질적 수익을 제공하는 준비금 자산으로 자리 잡을 수 있다.

결국 암호자산의 편입 가능성은 시간과 제도의 문제다. 지금 당장은 가격 등락이 거세고 신뢰가 완전히 제도화되지 않았기 때문에 보조적 역할에 머물지만, 장기적으로 가치 저장 수단으로 인정받는다면, 준비금 설계에서 현금이나 국채와 더불어 중요한 축으로 성장할 수 있다. 실제로 블랙록 같은 글로벌 자산운용사가 암호자산 기반 ETF를 승인받고 대규모 기관 자금이 들어오면서, 비트코인과 이더리움은 점차 '제도권 자산'의 성격을 갖추고 있다. 이는 곧 준비금 편입 논의의 토대가 되는 변화다.

인플레이션에 연동되는 자산이 스테이블코인 준비금의 새로운 대안으로 떠오르고 있다. 원리는 간단하다. 물가가 오르면 그만큼 원금도 자동으로 불어나는 채권을 준비금 바구니에 일부 담아두는 것이다. 미국의 물가연동국채TIPS가 바로 이 역할을 한다. 정해진 이자만 받는 일반 국채와 달리, TIPS는 소비자물가가 오르면 채권의 원금 자체가 커진다. 즉, 같은 금액을 들고 있어도 빵이나 우유 가격이 오를 때 내 돈의 실질 가치가 깎이지 않도록 든든한 방어막을 쳐주는 구조다.

이 아이디어를 블록체인 위(온체인)로 가져오려는 시도도 활발하다. JP모건 같은 금융사들은 이미 TIPS를 토큰 형태로 만들어 기관들이 블록체인 지갑에서 바로 사고팔 수 있게 했다. 만약 이 토큰화된 TIPS를 스테이블코인의 '저축용 레일'에 연결한다면 어떻게 될까? 사용자는 지갑에 넣어둔 여윳돈(유휴 잔액)에서 물가 상승을 방어하는 이익을 자동으로 누릴 수 있다. 굳이 번거롭게 별도의 펀드 계좌를 트지 않아도, 지갑 하나에서 결제용 잔액과 저축용 잔액을 나눠 관리하며 '실질 가치 보존'을 기본 옵션으로 누리는 셈이다.

물론 이 방식은 결제용 스테이블코인에는 맞지 않는다. 결제에서 생명은 속도와 단순함이다. 1달러는 언제 어디서나 정확히 1달러여야 한다. 물가에 따라 원금이 춤을 추는 자산을 결제 시스템의 심장에 넣으면, 설계가 복잡해지고 상환 속도도 느려질 수밖에 없다.

그래서 명확한 구획 정리가 필요하다. 결제형은 즉시성에 집중하고, 저축형은 TIPS 같은 인플레이션 연동 자산으로 실질 가치를 지키는 역할을 맡는 것이다. 같은 지갑 안에서 이 두 개의 레일이 자동으로 오가도록 만들면 사용자는 골치 아플 일이 없다. 필요할 땐 바로 결제하고, 남는 돈은 물가 흐름에 맞춰 조용히 불어나게 둔다. 준비금의 언어를 '속도'와 '실질'로 깔끔하게 분리해 사용하는, 가장 합리적이고 이해하기 쉬운 해법이다.

빅테크의 전력결제가
화폐 질서를 바꾼다

빅테크의 전력결제가 스테이블코인을 경유하면서 전통적인 화폐 질서를 송두리째 바꾸어 버릴 수 있다. 2025년, 세계 에너지 시장의 중심에는 빅테크가 서 있다. 인공지능 데이터센터의 전력 수요는 이미 전통 제조업의 산업용 전력을 넘어섰다. 국제에너지기구는 2024년 보고서에서 "AI 학습용 데이터센터가 2030년까지 전 세계 전력의 4%를 소비할 것"이라고 경고했다.

전기차 역시 마찬가지다. 테슬라, 리비안, BYD가 내놓은 수천만 대의 차량은 이동하는 거대한 배터리이며, 그 충전망은 과거 주유소망보다 훨씬 복잡한 전력 인프라를 요구한다. 결국 구글, 애플, 테슬라 같은 기업들은 단순한 전력 소비자가 아니라, 전력망의 직접 고객이자 투자자가 되었다. 이미 구글은 미국과 유럽 곳곳에서 재생에너지 발전소와 장기 전력구매계약을 체결했고, 테슬라는 텍사스에서 자사 기가팩토리와 슈퍼차저 네트워크를 자체 발전소와 연결하는 계획을 추진하고 있다.

이 지점에서 문제가 발생한다. 전력 거래는 분 단위로 이루어진다. 데이터센터는 순간 전압이 떨어지면 서버를 정지해야 하고, 전기차 충전소는 동시에 수백 대가 몰리면 순식간에 전력 가격이 요동친다. 이런 거래를 기존 은행망으로 처리하면 결제가 늦고 비용이 많이 든다. 은행 송금은 일 단위로 움직이고, 카드 네트워크는 2~3%의 수수료를 요구한다. 월마트와 아마존조차 매년 수십억 달러를 카드 수수료로 내고 있다는 점은 잘 알려진 사실이다. 에너지 시장은 이런 비용 구조를 더 이상 받아들이기 어렵다.

그래서 등장하는 것이 스테이블코인이다. 미국에서는 지니어스 법안을 통해 스테이블코인 발행이 제도권에 들어왔다. 이제 애플이나 구글 같은 빅테크가 자체 스테이블코인을 발행해, 전 세계 전력 결제를 실시간으로 처리할 수 있는 길이 열렸다. 업계 보고서와 투자자 브리핑에는 그 가능성이 구체적으로 거론된다. 테슬라가 전력망을 직접 운영하면서 결제 수단을 자체 코인으로 전환할 수 있다는 전망은, 산업 구조에서 자연스럽게 파생되는 시나리오다.

에너지로 담보된 디지털 자산

비트코인은 이 맥락에서 다시 주목받는다. 비트코인은 본질적으로 전기를 디지털 희소성으로 바꾼 자산이다. 채굴은 전기를 투입해 컴퓨터가 끝없이 '정답 번호'를 뽑아내는 과정이고, 이 번호(해시 hash)를 먼저 맞힌 채굴자가 새로 발행되는 비트코인과 수수료를 받는다. 핵심은 단순하다. 전기를 실제로 소모하지 않으면 새 비트코인은 만들어지지 않는다.

네트워크는 일정 기준보다 작은 해시를 먼저 찾는 사람에게 보상을 준다. 이 퍼즐의 난이도는 자동으로 조절되어, 전 세계 채굴기에 전기가 얼마나 더 붙든 상관없이 평균 10분에 한 번 꼴로 정답자가 나오도록 설계되어 있다. 그래서 더 많은 전기를 투입하면 '정답을 먼저 찾을 확률'은 올라가지만, 지름길은 없다.

이 구조 때문에 비트코인의 희소성은 에너지 비용에 의해 뒷받침된다. 채굴자는 전기요금과 장비 효율을 따져, 보상으로 받는 비트코인의 가치가 '전기비+장비비+운영비'를 넘을 때만 기계를 돌린다. 가격이 떨어져 손익분기점 아래로 내려가면 채굴 기계는 꺼지고, 공급이 줄며 시장은 새로운 균형을 찾는다. 가격과 에너지 비용이 보이지 않는 끈으로 연결되어 있다.

비유하면, 채굴기는 전기를 먹고 숫자표를 찍어내는 거대한 인쇄기다. 표는 무작위로 뽑히고, 누구도 결과를 예측하거나 조작할 수 없다. 많은 전기 = 더 많은 시도를 보장하지만, 정답은 여전히 운과 확률의 문제다. 이 무작위성과 비용(전기)이 합쳐져 비트코인의 발행을 느리고 비싸게 만든다. 그게 곧 비트코인의 희소성을 유지하는 구조다.

예컨대 한 채굴장이 한 달에 전기 10만 kWh를 쓰고 kWh당 150원을 낸다면, 전기비만 1,500만 원이다. 여기에 장비 감가와 냉각·임대료, 운영 인건비가 더해진다. 이 총 비용을 벌어들이지 못하면 채굴은 멈춘다. 이 단순한 계산이, 전 세계 어디에서든 채굴 설비의 켜짐과 꺼짐을 결정한다.

비트코인의 발행 과정은 수학적 검증과 물리적 비용이라는 두 개의 자물쇠가 걸린 문을 통과해야 한다. 수학은 그 결과가 정당하다는 것을 증명하고, 전기는 그 결과물이 희소하다는 것을 보증한다. 그래서 우리는 비트코인을 '전력을 토큰화한 자산', 다시 말해 에너지로 담보된 디지털 희소성이라고 정의할 수 있다.

이제 빅테크 기업들의 장부에서 가장 큰 현금 유출 항목은 다름 아닌 전기료다. 지출의 핵심이 전기라면, 준비금 역시 전기 가격과 같은 방향으로 움직이는 자산을 일부 담아두는 것이 가장 자연스러운 위험 회피(헤지) 수단이 된다. 전기 요금이 뛰면 비트코인의 생산 원가(채굴 비용)도 덩달아 올라가기 때문에, 비트코인 가격이 전기료 상승분을 어느 정도 따라가며 비용 충격을 상쇄해 주는 원리다.

바로 이 지점에서 빅테크는 결제는 스테이블코인으로 처리하되, 그 준비금의 일부를 비트코인으로 채우는 방식을 검토할 강력한 유인이 생긴다. 스테이블코인은 가치를 1달러에 고정해 자금이 빠르게 순환하게 만들고, 준비금 속 비트코인은 전기료 변동성 리스크를 흡수하는 역할을 맡는다. 요컨대 "결제의 안정성은 달러로 지키고, 비용의 불안정성은 비트코인으로 방어하는" 철저한 구조다.

이 구조는 운영 측면에서도 상당한 효율성을 제공한다. 전력이 남아도는 시간대에는 자체 채굴을 통해 버려질 전기를 비트코인으로 바꾸어 저장해 두고, 전력 소비가 급증하는 피크 시간대에는 비트코인을 즉시 스테이블코인이나 현금으로 전환해 전기료를 치를 수 있다. 비트코인 시장은 주말이나 야간에도 멈추지 않고 24시간 돌아가므로, 실시간 전력 결제와 유연한 현금 흐름 관리에 더할 나위 없이 적합하다.

전기료 결제가 커질수록 준비금도 '전기표시' 성격을 일부 가져야 한다는 결론으로 수렴한다. 비트코인은 그 역할에 맞춘 자연스러운 보조 담보다. 생산 원가가 전기료에 묶여 있어 비용과 같은 방향으로 움직이고, 온체인에서 즉시 유동화되며, 주말·국경을 가리지 않는 결제에 맞춘다. 따라서 빅테크가 스테이블코인의 준비금에 비트코인을 저비중으로 편입하려는 유인은, 거창한 이념이 아니라 전기료라는 현실 비용을 관리하려는 실무적 필요에서 나온다.

많은 이들이 비트코인을 '전력 가치의 저장소'라고 부른다. 2021년 엘살바도르가 화산 지열을 활용해 비트코인을 채굴하고 이를 국가 준비금에 편입한 것은 이 메커니즘을 국가 경제 단위에서 증명한 상징적 사건이었다. 이는 화산 지대처럼 전력 생산 잠재력은 높으나 인프라 부족으로 수출이나 국내 소비가 어려웠던 에너지를 비트코인이라는 글로벌 유동 자산으로 즉각 변환해 국가 자산화한 사례다. 이후 나이지리아 중앙은행도 2025년 초 보고서를 통해 "비트코인은 에너지 수출국에게 훌륭한 가격 위험 회피(헤지) 수단이 될 수 있다"라고 언급했다.

이러한 흐름은 스테이블코인의 준비금 구조와 자연스럽게 연결된다. 현재는 달러와 미국 단기 국채가 준비금의 절대적인 중심이지만, 사용자와 발행사의 필요가 변하면 비트코인이 그 자리를 일부 파고들 수 있다는 것이다.

준비금이 바뀐다는 것은 곧 금융의 질서가 바뀐다는 뜻이다. 역사적으로 이를 가장 잘 보여주는 사례가 1944년 브레턴우즈 협정이다. 전쟁 직후, 세계는 준비금을 영국의 파운드화에서 미국의 달러화로 옮겼다. 영국의 국채와 금 곳간은 바닥났고, 미국이 최대 채권국이자 군사 강국으로 부상하면서 준비금 자산 자체가 교체된 것이다. 그 결과 달러가 세계 기축통화의 왕좌에 올랐다. 지금 만약 스테이블코인 준비금이 달러와 국채에서 비트코인이나 토큰화된 RWA로 일부라도 옮겨간다면, 그것은 단순한 포트폴리오 조정을 넘어 기축 자산의 성격을 바꾸는 거대한 사건이 될 것이다.

결국 사용자는 새로운 선택을 마주하게 될 것이다. 지갑에 비트코인을 넣어두고, 전기료나 일상적인 결제를 할 때만 스테이블코인으로 바꿔서 처리한 뒤, 남은 돈은 다시 비트코인으로 되돌려 놓는 흐름이 자연스러운 일상이 될 수 있다.

이미 일부 거래소와 핀테크 기업들은 사용자가 버튼 하나만 누르면 스테이블코인과 비트코인을 오갈 수 있는 기능을 제공하고 있다. 이

제3의 달러

구조가 더 확장되면, 사람들은 달러가 들어있는 은행 계좌가 아니라 비트코인을 기반으로 한 스테이블코인 계좌를 가장 기본적인 '금융 인프라'로 받아들이게 될지도 모른다.

S T A B L E C O I N

5장

스테이블코인과
통화정책

스테이블코인과
연준의 통화정책

미국 연준은 지난 한 세기 넘게 달러의 가치를 지켜온 수호자였다. 연준이 가진 무기는 그리 많지 않았다. 하지만 소수의 무기만으로도 세계 최대 경제를 조율해 왔다. 기준금리를 조절하고, 국채를 사고팔며, 은행의 준비금을 규제하는 방식이었다. 금융 위기가 찾아올 때마다 연준은 대차대조표를 팽창시키거나 축소하는 과감한 선택으로 불길을 잡았다. 이러한 수단은 오랜 세월 동안 달러 패권을 떠받치는 보이지 않는 톱니바퀴였다.

  스테이블코인이라는 새로운 실험이 그 톱니바퀴 사이로 들어오기 시작했다. 1토큰=1달러라는 단순한 약속으로 포장된 이 디지털 화폐는, 사실상 은행과 카드 네트워크를 우회하는 또 하나의 달러 인프라다. 발행사는 준비금을 모아 코인을 찍어내고, 사용자는 앱 하나로 국경을 넘어 송금한다. 이 과정에서 연준의 전통적 도구들이 여전히 같은 힘을 발휘할 수 있을까?

기준금리와 스테이블코인의 도전

스테이블코인은 대표적인 예로 USDC와 USDT 같은 토큰이 있으며, 이는 발행사가 사용자로부터 실제 달러를 예치받고 그에 상응하는 암호화폐를 발행하는 구조다. 표면적으로는 달러의 새로운 디지털 표현처럼 보이지만, 이 자산은 미국 연준의 통화공급량 지표인 M2에는 명확히 포함되지 않는다.

M2는 시중 유통 현금, 요구불 예금, 저축성 예금 등을 포함한 광의의 통화지표이다. 반면, 스테이블코인 발행사가 보유한 준비금은 대부분 미국 국채, 단기 채권형 펀드, 역레포 등 이자 수익이 가능한 자산에 투자된다. 그 자금은 상업은행의 대차대조표나 연준의 지급준비 시스템 밖에 위치하며, 블록체인 위에서 독립적으로 유통된다. 스테이블코인은 M2를 증가시키지 않으면서도, 실제 시장에서 유통 가능한 유사 현금 역할을 하는 것이다.

이러한 스테이블코인의 유동성은 기존 통화정책의 통제 범위를 벗어나 작동한다. 그 차이는 크게 세 가지 측면에서 두드러진다. 첫째

특징은 속도다. 전통적인 달러는 은행 영업일과 중개기관의 일정에 맞추어 움직이지만, 스테이블코인은 연중무휴로 작동하는 블록체인 기반 거래 시스템에 의해 실시간으로 이동할 수 있다. 둘째는 국경이 없다는 점이다. 스테이블코인은 미국 외 지역에서 발행되거나 유통되더라도 별다른 제약 없이 거래되며, 특정 국가의 금융 시스템 밖에서 사용된다. 셋째는 운용 방식이다. 발행사는 준비금으로 받은 자산을 단순히 보관하는 것이 아니라 수익이 발생하는 자산에 재투자한다. 이 구조는 미국 국채나 단기 금융자산에 대한 수요를 유지시키면서도, 시장의 금리 기대에 영향을 주는 또 하나의 수급 축을 형성한다.

이러한 변화는 연준이 기준금리를 중심으로 운용해온 기존 통화 정책 체계에 새로운 과제를 던진다. 연준은 기준금리를 조정함으로써 대출과 소비, 투자 등을 조절하고, 그 흐름을 통해 M2 통화량과 경제 전반의 유동성을 관리해 왔다. 그러나 스테이블코인은 M2의 바깥에서 작동하며, 연준의 기준금리 정책과 직접 연결되지 않은 자산 시장에 실질적인 영향을 미친다. 특히 아시아, 남미, 중동 등에서 달러 기반 스테이블코인이 통용되면서, 연준의 정책이 닿지 않는 새로운 유동성 경로가 만들어지고 있다.

또한 스테이블코인 준비금이 미국 국채와 단기 자산에 집중되면서, 시장에서의 수익률에 하방 압력이 생기는 현상도 나타나고 있다. 연준이 금리를 인상하더라도, 스테이블코인 발행사의 자금 운용이 국채 수요를 견고하게 유지시킨다면, 실제 시장 금리는 의도만큼 상승하지 않을 가능성이 생긴다. 이처럼 민간이 발행한 스테이블코인이 점차

'준중앙은행'에 가까운 역할을 하게 될수록, 연준은 기존의 기준금리 조절만으로는 통화정책을 기대한 만큼 관철하기 어려워질 수 있다.

앞으로 연준의 기준금리 정책 방정식에서 스테이블코인을 빼놓고 계산하기란 불가능해질 것이다. 단기적으로야 여전히 고용과 물가 지표가 나침반 역할을 하겠지만, 스테이블코인이라는 새로운 유동성 공급 장치가 시장에 본격적으로 영향을 미치기 시작하면서, 중장기적으로는 통화정책의 도구나 구조 자체가 근본적으로 달라질 가능성이 크다. 이러한 변화가 구체적으로 어떤 형태로 나타날지 예상해 보면 다음과 같다.

첫째, 정책금리 체계가 이원화될 수 있다. 공장과 가게가 돌아가는 실물경제에 영향을 주는 기준금리와는 별도로, 스테이블코인이 굴러가는 금융 시장 내부의 자산 금리, 특히 초단기 국채나 역레포 금리를 따로 떼어내 관리해야 할 필요성이 생긴다. 연준이 휘두르는 전통적인 기준금리라는 칼 하나만으로는 실물경제와 가상자산 금융 시장이라는 두 마리 토끼를 동시에 잡기가 점점 버거워질 수 있기 때문이다.

둘째, 연준과 규제 당국들은 스테이블코인 발행사들에 대한 고삐를 더욱 죌 가능성이 높다. 준비금을 어떻게 굴리는지, 돈이 마르지 않게 유동성은 충분한지, 장부는 깨끗한지(회계 투명성), 투자자는 안전한지 등을 명확히 규정함으로써, 이 '비공식 유동성'이 전체 금융 시장을 뒤흔들지 못하도록 철저히 통제하려 들 것이다. 금융 시장에 미치는 영향을 통제하려는 움직임이 예상된다.

셋째, 중앙은행 CBDC 도입에 대한 논의가 재점화될 수 있다. 지금은 법으로 CBDC 발행이 봉쇄되었지만 스테이블코인이 통화정책을 우회하게 만드는 상황을 견제하기 위해, 연준은 디지털 달러 프로젝트를 통해 직접적인 디지털 지급수단을 확보하려 할 수 있다.

넷째, 스테이블코인의 성장은 단일 국가 차원의 통제를 넘어서는 영역이기에, 국제적인 정책 공조가 필요한 단계로 접어들고 있다. 국제결제은행이나 G20, IMF 등의 협의를 통해 디지털 자산에 대한 공동 기준과 정책 대응이 논의될 가능성도 커지고 있다.

2025년 현재, 스테이블코인은 기존 금융 시스템의 외곽에서 움직이고 있지만, 그 영향력은 점점 중앙으로 향하고 있다. 통화량 지표에는 잡히지 않지만, 실질적으로는 통화처럼 유통되고 있으며, 기준금리 정책과 분리된 유동성 공급원 역할을 하고 있다. 연준은 이런 새로운 구조에 대응해 기준금리 정책의 설계와 운용 방식을 재검토해야 할 시점에 들어섰다. 이 변화는 조용하지만 결정적이다.

공개시장조작 효과의 제한

스테이블코인의 영향력은 기준금리 정책을 넘어, 중앙은행의 또 다른 핵심 무기인 공개시장조작의 작동 방식까지 서서히 파고들고 있다.

연준은 전통적으로 이 공개시장조작을 통해 시중에 도는 돈의 양, 즉 유동성을 조절해 왔다. 국채를 사들이거나 팔아서 현금을 풀거나 죄고, 이를 통해 단기 금리와 통화량을 입맛대로 조정하는 것이다. 이 모든 메커니즘은 상업은행을 중심으로 짜인 전통적인 금융 시스템에서만 작동해 왔다.

하지만 스테이블코인이 만들어낸 새로운 유동성 흐름은 기존의 통로와는 전혀 다른 모습을 보이고 있다. 스테이블코인은 발행사가 실제 달러를 예치하거나 국채, 단기 채권에 투자해 담보를 확보한 뒤, 그 가치만큼 디지털 토큰을 찍어내는 방식으로 유통된다. 이렇게 만들어진 자금은 답답한 은행 시스템 안에 갇혀 있지 않고, 블록체인 생태계 위에서 실시간으로 자유롭게 넘나든다.

문제는 이 과정에서 연준의 공개시장조작 영향이 금융 시스템 전체로 고루 퍼지지 않을 수 있다는 점이다. 예전 같으면 연준이 국채를 사들여 돈을 풀면 그 돈이 은행을 타고 실물 경제로 흘러갔지만, 그 연결고리가 점점 약해지고 있다. 그 틈을 타 스테이블코인 발행사들은 이미 독자적으로 국채를 사들이며 스스로 유동성을 만들어내는 새로운 공급원 역할을 하고 있다.

스테이블코인 발행사들의 자산 포트폴리오가 커지면서, 민간 기업이 사실상 연준과 비슷한 방식으로 자산을 사들이고 돈을 푸는 주체로 기능하게 된 셈이다. 이는 그동안 중앙은행이 독점했던 공개시장조작의 고유한 권한, 즉 통화량과 금리를 쥐락펴락하던 통제력이 민간으로 분산되는 결과를 낳는다.

게다가 스테이블코인을 통한 유동성 공급은 매우 민감하고 즉각적이다. 연준의 전통적인 공개시장조작은 복잡한 절차를 거쳐야 하고 그 효과도 천천히 나타난다. 반면, 스테이블코인은 민간 발행사가 시장의 수요에 맞춰 거의 실시간으로 코인을 찍어내거나 없앨(소각) 수 있다. 중앙은행의 대응 속도보다 훨씬 빠르며, 이는 결국 단기 유동성을 조절하는 주도권의 일부가 민간의 손으로 넘어갔음을 의미한다.

이런 상황이 지속된다면, 연준은 기존의 공개시장조작 수단만으로는 금융 시장의 유동성을 정확히 조절하기 어려워질 수 있다. 실제로 스테이블코인의 급성장에 따라 일부 MMF나 단기국채 시장에서 비전통적 수급 흐름이 관측되기도 했다. 연준이 목표하는 단기 금리 유도 구간과 실제 시장 금리 사이의 괴리가 발생하는 사례도 늘고 있다.

장기적으로는 중앙은행 CBDC의 도입 여부가 공개시장조작의 미래 구조에 중대한 영향을 미칠 수 있다. 중앙은행이 직접 디지털 형태의 유동성을 발행하고, 이를 다양한 금융기관과 거래할 수 있게 된다면, 기존의 국채 매매 중심의 조작 수단이 디지털 자산 기반의 방식으로 점차 전환될 가능성도 배제할 수 없다.

중앙은행과 디지털 자산 시장을 간접적으로 연결하는 방안으로 역레포가 주목받고 있다. 역레포는 민간 금융기관이 중앙은행에 현금을 예치하고, 그 담보로 국채 등 단기 채권을 받는 거래다. 사실상 중앙은행이 시중의 과잉 유동성을 흡수하거나 조절하는 단기 예금과 같은 기능을 수행한다.

현재 역레포 프로그램은 MMF나 대형 금융기관에 한해 참여가 허용되지만, 이론적으로는 스테이블코인 발행사도 자격을 갖출 경우 참여가 가능하다. 만약 발행사가 연준의 역레포 창구에 자금을 예치하고 단기 자산을 받아 간다면, 스테이블코인 생태계의 유동성을 연준이 직접 회수할 수 있는 경로가 열린다. 다만 이는 기술적으로는 가능할지라도 제도적 장벽이 높다. 스테이블코인 발행사가 연준의 공식 거래 상대방이 되기 위해서는 은행 수준의 건전성 규제를 충족해야 하며, 복잡한 법적·정치적 승인 절차를 통과해야 하기 때문이다.

반면, 연준이 시장에 유동성을 공급하는 레포 기능은 스테이블코인 시장과 관련성이 낮다. 레포는 금융기관이 보유한 국채를 담보로 연준으로부터 현금을 빌리는 제도다. 은행은 대출이나 단기 결제 자금 확보를 위해 레포를 활용하지만, 구조적으로 현금성 자산을 보유하고 있는 스테이블코인 발행사는 연준으로부터 자금을 차입할 유인이 거의 없다.

현재 단계에서 스테이블코인이 연준의 공개시장조작 기능을 대체하거나 무력화할 수준에 이른 것은 아니다. 하지만 가파른 성장 속도와 자산 규모, 그리고 시장 내 영향력을 고려할 때, 스테이블코인은 중앙은행이 더 이상 간과할 수 없는 주요 변수로 자리 잡았다.

공개시장조작은 전통적으로 가장 강력한 통화정책 수단이었으나, 이제는 블록체인 기반의 민간 발행사라는 새로운 유동성 공급자와의 상호작용 속에서 그 영향력이 조정받고 있다. 바야흐로 중앙은행은 시장을 일방적으로 주도하는 위치에서 벗어나, 새로운 유동성 주체들과 공존하며 시장을 조율하는 역할로 그 기능을 재정의해야 할 시점에 도달했다.

지급준비금 제도의 무력화와 새로운 가능성

중앙은행의 주요 정책 수단 중 하나는 은행의 지급준비율을 조정하는 방식이었다. 개념은 단순하다. 은행은 고객들로부터 받은 예금의 일부를 반드시 중앙은행에 보관해야 한다는 규정이다. 예를 들어, 지급준비율이 10%라면, 은행은 1,000달러의 예금을 받았을 때 100달러를 보관해 두고, 나머지 900달러만을 대출하거나 운용에 활용할 수 있다.

이 제도의 존재 이유는 명확히 두 가지였다. 첫째는 은행이 갑작스러운 예금 인출 요구(뱅크런)에 직면했을 때 최소한의 방어막을 칠 수 있도록 현금을 확보해 두는 것이고, 둘째는 중앙은행이 이 비율을 조절함으로써 수도꼭지를 틀듯이 시중에 풀리는 돈의 양을 통제하는 것이었다. 지급준비율을 높이면 은행은 곳간을 잠가야 하니 대출이 줄어들고, 반대로 낮추면 대출을 늘려 시중에 유동성을 공급할 수 있다.

하지만 2008년 금융위기, 그리고 결정적으로 2020년 코로나 팬데믹을 거치면서 이 견고했던 구조는 완전히 바뀌었다. 당시 연준은 전례 없는 금융 시장 안정 대책의 하나로 지급준비율을 단계적으로 낮췄고, 급기야 2020년 3월에는 모든 은행에 대해 0%로 조정해 버렸다. 즉, 은행이 고객 예금 중 일부를 의무적으로 연준 금고에 쌓아두어야 할 필요가 아예 없어진 것이다.

이는 당장 시장에 더 많은 돈이 돌게 하기 위한 긴급조치였다. 경제 활동이 멈추고 돈맥경화가 올 뻔한 위기 상황에서, 중앙은행은 가용할 수 있는 모든 수단을 동원해 돈의 흐름을 뚫으려 했다. 그중 하나가

은행이 더 자유롭게 대출해 줄 수 있도록 족쇄를 풀어주는 것이었고, 지급준비금 의무를 없애는 것이 가장 확실한 방법이었다.

그 결과, 지급준비율이라는 전통적인 정책 수단은 사실상 실효성을 잃었다. 서류상으로는 여전히 존재하지만, 비율이 0%인 상황에서 이를 조정한다는 것 자체가 의미 없는 일이 되어버렸기 때문이다.

그렇다고 해서 '예금이 있어야 대출도 있다'는 금융의 기본 논리마저 사라진 것은 아니다. 여전히 불변의 진리는, 은행의 곳간인 예금이 줄어들면 대출을 해줄 수 있는 체력 또한 떨어진다는 사실이다. 은행은 예금으로 자금을 조달해 그 돈을 바탕으로 대출 장사를 한다. 따라서 지급준비금 의무가 있든 없든, 예금이 빠져나가면 대출의 기반은 무너질 수밖에 없다.

바로 이 지점에서 스테이블코인의 존재감이 부각된다. 스테이블코인은 은행 계좌가 아니라 블록체인 기반의 디지털 지갑에 보관되고 거래된다. 철저히 은행 담장 밖에서 움직이는 자산이다. 사용자가 돈을 스테이블코인으로 바꾼다는 것은, 곧 기존 은행 예금 통장에서 돈이 빠져나간다는 것을 의미한다. 이처럼 예금이 은행 밖으로 썰물처럼 빠져나갈수록 은행은 대출해 줄 총알을 잃게 되고, 중앙은행이 나중에 지급준비율을 다시 만지작거린다 해도 그 효과는 제한적일 수밖에 없다.

이 구조는 새로운 가능성도 암시한다. 만약 스테이블코인 발행사가 고객의 자금을 은행이 아닌 연준의 계좌에 직접 예치하게 된다면, 이는 전통적인 의미의 지급준비금과 유사한 기능을 하게 된다. 준비금이 다시 중앙은행과 연결되며, 새로운 유동성 조절의 기반이 만들어질 수 있다.

이러한 방식이 제도적으로 도입된다면, 중앙은행은 기존의 은행 시스템을 넘어서, 디지털 자산 시장과 직접 연결된 준비금 시스템을 운영할 수 있게 되는 셈이다. 이는 통화정책의 전환점이 될 수도 있고, 반대로 규제가 느슨할 경우, 중앙은행의 영향력이 더욱 축소되는 결과로 이어질 수도 있다.

스테이블코인 발행사가 보유한 준비금이 중앙은행, 즉 연준과 직접 연결될 수 있을지에 대한 논의는 단순한 기술적 문제를 넘어, 앞으로 통화 시스템이 어떤 구조로 재편될지를 가늠하게 해주는 중요한 질문이다. 현재까지 스테이블코인은 본질적으로 은행 시스템 바깥에 존재해 왔다. 발행사는 실물 달러나 달러에 준하는 자산을 담보로 코인을 발행하지만, 그 준비금은 대부분 상업은행 계좌, 단기 국채, MMF 같은 전통적인 금융 시스템 내에 분산되어 있다.

현재 연준과의 직접적인 연결은 아직 존재하지 않는다. 하지만 점차 그 필요성과 가능성이 제기되고 있다. 가장 큰 이유는 안정성과 신뢰다. 스테이블코인의 핵심은 '1:1 교환 가능성'이다. 누군가가 1 USDC를 가지고 있다면, 언제든 실제 1달러를 돌려받을 수 있다는 믿음이 유지되어야 한다. 그런데 그 준비금이 민간 은행에 맡겨져 있다면, 은행 파산이나 유동성 위험에 노출될 수밖에 없다. 반면, 연준에 직접 예치되는 구조라면 그런 불안은 사라진다. 중앙은행은 파산하지 않기 때문이다.

이 가능성이 실현되는 경로는 몇 가지로 나누어볼 수 있다. 가장 직접적인 방식은 스테이블코인 발행사가 스스로 '은행 인가'를 받는 것이다. 미국에서는 연준과 직접 거래하려면 연방 인가를 받은 예금기관이어야 한다. 만약 써클이나 팍소스 같은 발행사가 특수목적 은행 라이선스를 확보하게 된다면, 연준 계좌 개설이 가능해지고 준비금은 중앙은행과 직접 연결된다. 그러나 이렇게 되면 발행사들이 사실상 은행이 되고, 그에 해당하는 규제를 받기 때문에 가능성이 희박하다.

둘째는 제도 설계를 통한 새로운 계좌 구조의 도입이다. 가령, 기존 은행 계좌와는 다른 형태의 '디지털 준비금 전용 계좌'를 만들고, 이를 통해 스테이블코인 준비금을 수용하는 방안이다. 이 구조가 만들어진다면, 발행사는 은행이 아니어도 일정한 조건 하에 연준의 유동성 정책에 직접 연결될 수 있다. 물론 이는 현행 제도에 없는 구조이므로, 법 개정이나 행정적 설계가 필요하다.

현실적으로 지금 가장 많이 쓰이는 방식은 '한 다리 건너 연결하기'다. 발행사는 준비금을 시중 은행에 맡기고, 그 은행이 다시 연준과 연결되는 구조다. 겉으로 보면 기존 금융망 안에서 안전하게 돌아가는 것처럼 보이지만, 연준이 발행사의 준비금 흐름을 직접 들여다보거나 통제할 수 없다는 결함이 있다. 문제가 생겨도 연준이 즉각 개입할 수 없는, 일종의 '사각지대'가 존재하는 셈이다.

그렇다면 향후 어떤 가능성이 높을까? 단기적으로는 현재의 구조가 유지될 가능성이 크다. 연준이 민간 발행사에 직접 계좌 개설을 허용하는 일은 드물고, 정치적으로도 민감한 문제이기 때문이다. 그러나 중장기적으로는 변화의 여지가 있다. 스테이블코인이 국제 거래, 결제, 송금 등에서 중요한 수단으로 자리 잡게 될수록, 연준 역시 이 생태계와 직접 연결된 구조를 고민할 수밖에 없게 된다. 이는 중앙은행이 디지털 자산 시장을 통제하거나 지원하려는 의도라기보다는, 금융 안정성과 통화정책의 효과를 유지하기 위한 자연스러운 대응일 수 있다.

한 가지 중요한 전제가 있다. 미국에서는 현재 중앙은행 CBDC를 발행하는 것이 법적으로 금지되어 있다. 따라서 연준이 스스로 디지털 달러를 만들 수는 없다. 그렇기에 스테이블코인과의 연결이 더욱 중요해진다. 연준이 디지털 자산 생태계에 개입할 수 있는 유일한 경로가, 스테이블코인의 준비금 시스템일 수 있기 때문이다.

지급준비율이라는 고전적 도구는 약화되었지만, 그 구조를 대체할 새로운 가능성은 디지털 자산 시장에서 서서히 모습을 드러내고 있다. 그리고 그 시작점에는 스테이블코인이라는, 은행도 아니고 국가도 아닌 제3의 주체가 존재한다. 중앙은행은 이들과의 새로운 관계를 통해 통화정책의 다음 장을 설계하게 될지도 모른다.

대차대조표 정책과 스테이블코인의 상호작용

금융 시스템이 흔들릴 때마다 연준은 특정한 대응 수단을 꺼내든다. 그것이 바로 QE, 양적완화다. 경기 침체나 시장 불안이 본격화되면, 연준은 국채와 MBS를 대규모로 사들인다. 그 목적은 하나다. 시중에 달러를 공급해 금리를 낮추고, 금융기관이 자금을 더 쉽게 조달할 수 있도록 하는 것이다. 반대로 물가가 지나치게 오르거나 경제가 과열될 조짐

이 보일 때는, 보유 중인 자산을 점차 줄이는 양적긴축QT*으로 방향을 튼다. 이 과정에서 시장의 유동성은 흡수되고, 금리는 다시 상승 곡선을 그린다.

이와 같은 중앙은행의 자산운용 전략은 스테이블코인에도 점차 직접적인 영향을 미치고 있다. 스테이블코인을 발행하는 민간 사업자들은 고객으로부터 받은 실물 달러를 일정한 형태로 운용한다. 대부분은 단기 국채, MMF 등 상대적으로 안정적인 자산에 투자된다. 준비금의 수익률은 이들의 주요한 수입원이 되며, 일부 발행사는 이 수익을 바탕으로 이용자에게 이자 혜택을 제공하기도 한다.

문제는 이 준비금이 곧바로 연준의 정책에 따라 수익 구조가 크게 달라진다는 점이다. 양적완화가 진행되는 시기에는 연준이 국채를 대량으로 사들이기 때문에, 국채 금리는 떨어진다. 이때 스테이블코인 발행사가 새로 매입하는 채권의 수익률 역시 함께 낮아진다. 운용 수익이 줄어드는 것이다. 결국, 연준의 자산 매입은 스테이블코인 비즈니스 모델에 있어 하나의 제약으로 작용할 수 있다.

반대로, 양적긴축이 시작되면 또 다른 문제가 발생한다. 연준이 자산을 줄이기 시작하면 시장에 국채가 다시 쏟아져 나오고, 그만큼 가격은 하락한다. 이미 보유 중인 국채는 시장가치가 떨어지며, 이는 곧 평

---

* 중앙은행이 경기 과열이나 인플레이션을 막기 위해, 보유하고 있던 국채나 자산을 시장에 매각하거나 만기 시 재투자하지 않는 방식으로 시중 유동성을 줄이는 정책. '돈줄 죄기'라고도 하며, 이 과정에서 채권 금리는 오르고 가격은 떨어진다.

가손실*로 이어진다. 스테이블코인에 대한 상환 수요가 증가할 경우, 발행사는 보유 자산을 손실을 감수하면서 팔아야 할 수도 있다. 상환 압박이 커질수록, 시스템의 유동성은 불안정해진다.

이처럼 연준의 대차대조표 변화는 단지 전통 금융 시장에만 영향을 주는 것이 아니다. 디지털 자산 생태계, 특히 스테이블코인의 운용 구조에까지 그 파장이 확산되고 있다. 준비금이 국채에 집중되어 있는 이상, 연준의 자산 매입과 축소는 스테이블코인의 수익성과 안정성에 고스란히 반영된다.

여기서 주목해야 할 점은 이러한 자산 매입 행위가 시장의 일시적 현상이 아니라, 구조적인 수요로 자리 잡았다는 것이다. 스테이블코인 발행사들은 코인을 새로 찍어내거나 기존 채권의 만기가 돌아올 때마다 끊임없이 국채를 사들인다. 이는 곧 연준이 아닌 외부의 수요 세력이 국채 시장에서 무시할 수 없는 비중을 차지하기 시작했다는 뜻이다.

이 현상은 두 가지 경로를 통해 연준의 대차대조표 정책에 영향을 미칠 수 있다. 첫째, 국채 시장에서 연준이 더 이상 유일한 '고래(큰손)'가 아니라는 사실이다. 특정 금리 환경에서는 스테이블코인 발행사들이 일반 민간 금융기관보다 훨씬 빠르고 공격적으로 자금을 쏟아부을 수 있다. 이 경우 연준이 국채 금리를 조절하기 위해 자산을 사고팔더

---

* 자산을 팔지 않고 보유하고 있는 상태에서, 시장 가격이 매입 가격보다 떨어져 발생한 장부상의 손실. 스테이블코인 발행사가 국채를 들고 있을 때 금리가 급등하면 채권 가격이 폭락해 평가손실이 커지는데, 이때 고객이 환매를 요구하면 헐값에 팔아 손실을 확정해야 하는 위험(실리콘밸리은행 사태의 원인)이 있다.

제3의 달러

라도, 민간 스테이블코인 자금의 흐름이 그 효과를 상쇄시켜 버리거나, 반대로 의도치 않게 증폭시킬 수 있다.

둘째, 스테이블코인 발행사의 덩치가 커질수록, 연준이 마음대로 대차대조표를 늘리거나 줄이기 어려워질 수 있다. 예를 들어, 연준이 QT를 통해 시중의 돈을 빨아들이려 국채를 내다 파는 시점에 스테이블코인 발행사가 대규모로 국채를 사들인다고 가정해 보자. 그러면 연준이 의도했던 유동성 흡수 효과는 힘을 잃게 된다. 반대로, 스테이블코인 환매 요청이 쇄도해 발행사가 국채를 급하게 대량 매도한다면, 연준의 의도와는 상관없이 금리가 급등하거나 시장이 요동치는 불안 상황이 연출될 수도 있다.

결국, 연준의 대차대조표 운용은 더 이상 단순한 방정식으로 풀 수 없게 되었다. 새로운 수요 주체가 등장했고, 그들의 자산 운용 전략은 규제권 밖에서 독자적으로 결정되기 때문이다. 이런 구조 속에서 연준이 자산 시장의 균형을 맞추려면, 민간 디지털 통화와의 관계를 훨씬 더 정교하게 계산에 넣어야만 한다.

스테이블코인은 단순히 통화량의 일부를 차지하는 곁가지가 아니다. 시장의 유동성과 금리 구조 자체를 뒤흔들 수 있는 새로운 제도적 변수로 떠오르고 있는 것이다. 결국 이는 중앙은행의 정책 결정이 이제 더 이상 은행권에 국한된 문제가 아니라는 사실을 보여준다. 새로운 유동성 주체로 등장한 스테이블코인은 그 구조상 필연적으로 연준의 통화정책 경로에 민감하게 반응할 수밖에 없다. 통화정책의 변화가 디지털 자산 시장의 안전성과 직결되는 시대, 중앙은행과 민간 발행 자산의 관계는 한층 더 복잡하고 긴밀해지고 있다.

전방지침과 시장의 조기 반응

연준은 때로 직접적인 행동 없이도 시장을 움직인다. 금리를 올리거나 내리는 대신, 향후 정책 방향에 대한 신호를 먼저 주는 방식이다. "곧 금리를 인상할 것이다" 또는 "당분간 긴축을 멈추겠다"라는 발언만으로도, 투자자와 금융기관은 스스로 다음 수순을 예측하고 미리 반응한다. 이처럼 의도를 말로 미리 전달해 정책 효과를 앞당기는 전략을 '전방지침Forward Guidance'이라 한다.

이 방식은 오랫동안 효과적인 통화정책 도구로 작용해 왔다. 중앙은행이 조심스럽게 단어를 고르고 시점을 조율하는 이유도 이 때문이다. 실제 금리 변경 없이도 말 한마디로 장단기 금리, 대출 수요, 주식시장에 영향을 줄 수 있다는 점에서, 전방지침은 때로 금리 정책보다 더 민감한 반응을 유도한다.

그런데 스테이블코인과 디파이 시장이 성장하면서, 이 전방지침의 전달 속도와 효과는 이전과는 다른 양상을 보이기 시작했다. 연준이 금리 인하나 완화적 정책에 대한 시그널을 보내는 순간, 블록체인 기반의 대출 및 자금 시장에서는 자동화된 반응이 먼저 나타난다. 디파이 플랫폼의 대출 이자율은 연준의 발언 직후 즉각적으로 낮아지고, 투자 자금은 실시간으로 빠르게 이동한다.

과거의 금융 시스템에서는 중앙은행의 신호가 시장에 반영되기까지 일정한 시간차가 있었다. 은행은 내부 위원회를 통해 방향을 정했고, 기업과 투자자는 자산 포트폴리오를 조정하는 데 며칠 혹은 몇 주의 시간이 필요했다. 하지만 디지털 자산 시장은 이 같은 지연을 허용하지 않는다. 모든 반응은 실시간으로 이루어지며, 사람의 판단보다 알고리즘의 계산이 더 빠르게 결정권을 행사한다.

이로 인해 발생하는 문제는 정책 효과의 시차가 사라진다는 점이다. 전통적인 통화정책은 '시간차' 속에서 작동한다. 중앙은행은 시장이 점진적으로 반응하고, 그 여파가 일정한 속도로 경제 전반에 퍼지기를 기대한다. 그러나 디지털 시장은 이 과정을 단축시켜 버린다. 예고만으로 시장이 먼저 움직이고, 그 반응이 지나치게 앞서가거나 과도해지는 경우도 생긴다. 이는 연준이 계획했던 정책 효과를 조기 소진시키거나, 정책 조정의 여지를 좁히는 결과로 이어진다.

결국 전방지침은 더 이상 과거와 같지 않다. 디지털 자산의 성장과 실시간 반응 시스템의 확대는 중앙은행의 신호 전략마저도 다시 설계하게 만든다. 스테이블코인 기반의 대출 및 투자 시스템은 연준의 말 한마디에 즉각 반응하는 시장을 만들어냈고, 이는 중앙은행이 의도하지 않은 방식으로 통화정책의 전달 메커니즘을 변화시키고 있다.

중앙은행의 '말'은 여전히 강력하다. 그러나 그 말이 미치는 파장의 범위와 속도는 더 이상 과거와 같지 않다. 정책 신호가 지나치게 빨리 흡수되는 시대, 통화정책의 정교한 운용을 위한 새로운 전략이 요구되고 있다.

원화주권을
어떻게 지킬 것인가

'원화주권'이라는 개념은 종종 한국은행의 통화정책 독립성과 직접 연결된다. 외환위기 이후 강화된 중앙은행의 독립성과 물가 안정 중심의 정책 프레임 안에서, 이 말은 국가의 '통화 발행 권한'과 그로 인한 경제 통제력을 의미해 왔다.

하지만 오늘날, 스테이블코인과 같은 비은행 자산이 현실화되고, 디지털 지급수단이 기존 금융 질서를 넘어서기 시작한 지금, 원화주권을 단지 중앙은행의 통화정책 주도권으로만 설명하는 것은 부족하다. 우리는 원화주권이라는 개념을 사용자의 통제력, 금융기관의 구조, 그리고 통화에 대한 신뢰의 작동 방식 전체를 아우르는 더 입체적인 시각에서 재정의할 필요가 있다.

원화주권이란 무엇인가

통화는 법적으로 국가가 정하지만, 현실에서 어떤 화폐를 사용할지는 개인의 선택에 따라 달라진다. 국가가 발행한 원화를 법정통화로 지정한다고 해서, 사람들이 반드시 그것만을 사용하리라는 보장은 없다. 예컨대, 외환거래가 자유로운 나라에서 사용자는 달러나 유로, 혹은 스테이블코인을 통해 더 낮은 수수료와 더 빠른 결제를 선택할 수 있다. 이런 선택은 궁극적으로 국가 통화의 실질적인 주권을 약화시킨다.

헨리 키신저는 "통화를 지배하는 자가 세계를 지배한다"라고 했지만, 현대적 맥락에서 그 말은 이렇게 바뀌어야 할 것이다. "사용자의 선택을 받는 통화만이, 실질적인 지배력을 갖는다." 통화는 단지 발행되는 것이 아니라, 선택되고 신뢰되어야만 통화가 되는 것이다.

만약 사용자가 디지털 달러 스테이블코인을 원화보다 더 자주, 더 많이, 더 신뢰하며 사용한다면, 형식적으로 아무리 원화가 '주권 통화'라 하더라도, 그 실질적 기능은 약화된다. 이는 단순히 외환 시장에 미치는 영향 이상의 문제다. 결제 습관, 가격 기준, 투자 방향 등 생활 전반의 경제 감각이 변한다는 것을 의미한다.

정부와 중앙은행은 통화주권을 말할 때 주로 거시경제적 통제 수단으로서의 화폐를 중심에 둔다. 물가 안정, 기준금리, 통화량 조절, 금융안정 등이 그 핵심이다. 이는 고전적 통화주의자들—대표적으로 밀턴 프리드먼—의 영향을 받은 이론적 관점이다. 프리드먼은 통화량의 안정적 관리를 통해 인플레이션을 억제하고, 경제를 예측 가능하게 만드는 것이 중앙은행의 핵심 과제라고 보았다.

이러한 시각은 중앙은행이 통화 공급을 조절함으로써 거시경제를 조율할 수 있다는 전제를 포함한다. 하지만 이 전제는 금융기술의 발전과 금융 행위자의 다양화로 인해 점차 균열을 보이고 있다. 디지털 화폐, 암호자산, 스테이블코인 등의 등장은 중앙은행이 직접 통제할 수 없는 '비제도권 화폐'를 확대시키고 있으며, 이로 인해 기존 통화정책의 전달 메커니즘은 점점 약화되고 있다.

그럼에도 정부가 통화정책 중심의 주도권을 강조하는 이유는 통화정책이 거시경제 안정성 유지의 마지막 보루이기 때문이다. 그러나 그 안정성의 기반이 흔들리고 있는 지금, 단지 금리와 물가의 조절 능력만을 강조하는 것은 시대착오적 대응에 가깝다. 원화주권은 이제 더 이상 중앙은행 단독의 기능이 아니라, 시장 전체와 국민의 신뢰, 사용 습관까지 포괄해야 할 개념이다.

오늘날 통화정책 논의에서 한 축은 항상 상업은행의 역할을 포함한다. 중앙은행이 아무리 금리를 조정하더라도, 그것이 실제 경제에 반영되기 위해서는 은행을 통한 신용창출이 필수적이다. 은행은 예금을 바탕으로 대출을 실행하며, 이 과정에서 경제에 자금이 흘러간다. 이는 은행이 '신용 화폐'의 공급자 역할을 한다는 뜻이며, 프랑스 경제학자 자크 르 고프의 말처럼 "현대 사회의 주권은 신용을 통해 행사된다"고 본다면, 은행 시스템은 국가 통화주권의 핵심 기반 중 하나라 할 수 있다.

문제는 최근의 기술 발전으로 이 신용 창출 구조가 붕괴되고 있다는 점이다. 스테이블코인은 은행을 거치지 않고도 송금, 결제, 대출이 가능하다. 특히 디파이 기반 대출 시스템은 은행이 맡아온 예대마진 모델을 부분적으로 대체하고 있다. 사용자 입장에서는 더 빠르고, 투명하며, 수수료가 적은 구조를 선택하게 되며, 이는 기존 은행의 역할을 점점 축소시킨다.

이러한 변화 속에서 정부가 원화주권을 지키겠다는 명분으로 상업은행의 예대마진 구조를 고수하는 규제를 유지하는 것은 근본적인 자기모순을 드러낸다. 금융 혁신을 억제함으로써 주권을 유지한다는 전략은 결국 사용자의 선택에서 멀어지는 정책이 된다. 디지털 시대의 통화주권은, 단지 제도적 권한이 아니라 신뢰받는 사용성과 기능성을 통해 실현되어야 한다.

원화주권은 중앙은행의 통화정책 독립성도, 상업은행의 수익 구조도, 법정통화라는 형식적 지위만으로도 완성되지 않는다. 그것은 사용자의 선택, 제도에 대한 신뢰, 경제 주체 간의 상호작용이라는 복합적인 과정 속에서 구성되는 '경제적 실체'다.

이제는 원화주권을 더 넓은 시야에서 재정의할 때다. 디지털 자산이 점점 현실 경제에 파고들고, 국경 없는 자본 흐름이 일상이 되는 시대에, 국가 통화의 힘은 발행 권한보다 사용 경험에 의해 결정될 가능성이 커지고 있다. 통화는 선택받아야 하고, 신뢰를 받아야 하며, 무엇보다 시대에 맞게 설계되어야 한다.

'사용자 비용'을 최우선 고려해야 한다

통화는 단지 발행되는 것으로 존재 의미를 갖지 않는다. 통화는 사용되어야 기능을 가지며, 사용되는 통화만이 살아남는다. 이러한 당연한 사실은 디지털 기술의 발달로 인해 더욱 명확해지고 있다. 사용자들이 선택하는 화폐가 결국 시장에서 살아남는 화폐이며, 발행 주체의 법적 지위나 제도적 독점만으로는 통화의 우위를 보장할 수 없다. 이제 우리는 통화의 미래를 이야기할 때, 그것이 사용자에게 어떤 경험과 효용을 제공하는지를 중심에 두어야 한다. 이 맥락에서 '사용자 비용'은 가장 근본적인 경쟁 요소가 된다.

전통적인 통화 구조는 중앙은행과 국가가 통화 발행을 독점하는 구조였다. 화폐를 누가 사용하는가는 중요한 논의가 아니었다. 그러나 블록체인 기술, 글로벌 결제 플랫폼, 스테이블코인의 출현은 사용자의 선택권을 실질적으로 강화시켰다. 더 이상 국경은 화폐 선택의 절대적 장벽이 아니다. 사용자는 실시간으로 자신이 가장 유리하다고 판단하는 화폐를 선택하고, 그것을 기반으로 소비, 송금, 투자 등의 행위를 결정한다.

경제학자 하이에크는 이미 20세기 중반, 화폐가 국가의 전유물이

제3의 달러

되는 것에 대한 우려를 표명하며 화폐의 탈국가화를 주장한 바 있다. 그는 "좋은 화폐는 경쟁을 통해 걸러질 것"이라 했고, 그 경쟁의 기준은 다름 아닌 사용자의 판단이었다. 오늘날 스테이블코인은 하이에크의 주장을 현실로 끌어온 도구라 볼 수 있다.

사용자가 통화를 결정하는 시대에는 통화 자체의 가치와 함께, 그것을 어떻게 사용하고 어떤 비용이 드는지도 중요하다. 따라서 국가가 발행한 통화라고 해도, 그것이 사용자에게 비싸거나 불편하다면 얼마든지 대체될 수 있다. 이와 같은 상황은 특히 해외에서 만들어진 스테이블코인이 국내 사용자들 사이에서 널리 퍼지기 시작할 때, 더욱 명확히 드러난다.

경제의 기본 원리는 명확하다. 소비자는 더 싸거나 더 좋은 상품을 선택한다. 이 원리는 통화에도 예외 없이 적용된다. 사용자는 송금 수수료, 거래 지연, 환전 비용, 그리고 이자 수익 등 자신에게 부과되는 모든 비용을 고려해 통화를 선택한다. 따라서 사용자 비용이 낮은 통화는 자연스럽게 선택의 우위를 점하게 된다.

김용범 청와대 정책실장이 2024년 발간한 보고서 '디지털 G2를 위한 원화 스테이블코인 설계도'는 이 점을 명확히 하고 있다. 그는 원화 스테이블코인이 외국계 스테이블코인보다 우위를 점하려면 사용자 입장에서 더 편리하고 저렴해야 한다고 강조했다. 단순한 법적 지위나 제도적 지원만으로는 경쟁력이 생기지 않는다는 것이다.

품질 측면에서는 보안성, 접근성, 사용자 인터페이스, 기술적 안정성 등이 주요한 요소로 작용한다. 비용 측면에서는 이자 수익 가능성,

송금 시간, 수수료 등이 핵심이다. 이 모든 요소를 고려할 때, 결국 경쟁력 있는 스테이블코인은 사용자 경험을 중심으로 설계된 통화이다.

여기에 더해, 사용자 비용이라는 개념은 단순한 금전적 수수료만을 의미하지 않는다. 사용자가 새로운 통화를 사용하는 데 따르는 학습 비용, 시간 비용, 법적 불확실성도 포함된다. 예컨대 원화 스테이블코인이 출시되더라도, 그것이 실생활에서 어떻게 사용 가능한지, 어디에서 쓸 수 있는지, 환금성은 어떤지에 대한 불확실성이 크다면, 사용자는 그 화폐를 신뢰하지 않게 된다.

결국 사용자 비용을 줄이는 설계란, 단순히 수수료를 낮추는 것을 넘어선다. 그것은 사용자가 새로운 통화를 사용할 때 느끼는 모든 불편과 걱정을 줄이는 방향으로 시스템을 설계하는 것이다.

전통적인 금융기관은 사용자 중심의 설계에 익숙하지 않다. 기술 혁신의 속도도 느리고, 사용자 경험에 대한 고민이 깊지 않다. 반면 민간 기술기업은 사용자 데이터를 기반으로 빠르게 문제를 파악하고, 기술을 통해 비용을 절감하는 방식에 능숙하다. 이는 미국의 스테이블코인 생태계에서 잘 드러난다. 대부분의 기술 인프라, 디지털 지갑, 결제 API는 민간 기술기업이 주도하고 있다.

김용범 보고서는 원화 스테이블코인이 경쟁력을 갖기 위해서는 민간 기술기업의 적극적인 참여가 필수적이라고 제안한다. 그는 이를 자본 시장 기반의 설계 구조라고 표현하며, 스테이블코인 발행을 단지 은행에 맡기기보다는 핀테크, 기술기업, 자산운용사 등이 함께 설계하고 운영하는 구조가 되어야 한다고 주장했다. 이는 단순한 운영 주체의 변경이 아니라, 사용자 중심 통화 설계로의 구조 전환이다.

기술기업이 참여할 경우, 더 빠른 결제 처리 속도, 직관적인 사용자 인터페이스, 글로벌 결제 시스템과의 호환성 등이 동시에 확보될 수 있다. 또한 이러한 기업들은 실시간 거래 데이터 분석을 통해 사용자 행동을 예측하고, 이에 맞추어 새로운 기능을 빠르게 추가할 수 있는 역량도 갖추고 있다.

기술기업이 통화 설계에 참여할 때의 가장 큰 이점은 속도와 유연성이다. 전통 금융기관이 수개월에서 수년 걸리는 기능 업데이트를 기술기업은 몇 주 안에 가능하게 한다. 이러한 민첩성은 빠르게 변화하는 디지털 통화 환경에서 매우 중요한 경쟁 요소이다.

사용자는 단순히 통화를 보유하는 것이 아니라, 그것을 통해 자산을 불릴 수 있기를 기대한다. 예금에는 이자가 붙고, 주식에는 배당이 있다. 스테이블코인 역시 마찬가지다. 준비자산에서 발생하는 수익이 사용자에게 일정 부분 공유된다면, 그것은 강력한 선택 유인이 된다. 달러 스테이블코인이 사용자 비용을 낮추는 정도에서 이익이 제한되기 때문에 원화 스테이블코인이 이자나 다른 수익을 사용자에게 준다면, 경쟁력을 갖출 수 있다.

이를 위해서는 수익 창출 구조가 명확히 설계되어야 한다. 김용범 보고서 또한 원화 스테이블코인이 이자 지급이 가능한 준비금 운용 구조와 이를 투명하게 감시할 수 있는 체계를 갖추어야 한다고 강조했다.

이는 금융중개이론과도 연결된다. 스테이블코인은 단순한 결제 수단이 아니라, 자산 운용과 신용 창출의 새로운 방식이 될 수 있다. 통화가 신뢰받기 위해서는 사용자에게 실질적 이익을 제공할 수 있어야 하며, 이는 준비금 운용이라는 고전적 금융 수단을 디지털 시대에 맞게 재해석하는 것으로 이어진다.

이자 지급 모델은 사용자 수요를 끌어들이는 데 있어 핵심적인 마케팅 도구가 될 수 있다. 단순히 수수료가 저렴하다는 이유만으로는 사람들의 기존 사용 습관을 바꾸기 어렵다. 하지만 예치만 해도 이자가 붙는 구조는 명확한 금전적 이익을 제공하며, 이는 실제 행동을 변화시키는 요인으로 작용한다.

이 것은 본질적으로 정부나 중앙은행, 상업은행들이 독점했던 주조 이익의 일부를 사용자에게 돌려줌으로써 사용자 비용을 낮추는 방안이다. 이들이 주조 이익을 독점한 부작용이 바로 인플레이션이다.

통화 주권이라는 것은 단순히 중앙은행이 돈을 찍어낼 권한을 가졌다는 뜻이 아니다. 진짜 주권은 사용자가 그 화폐를 믿고 기꺼이 사용하도록 만들 수 있는 능력까지 포함해야 한다. 바야흐로 스테이블코인 시대, 통화 주권의 정의는 사용자를 중심에 두고 다시 써야만 한다.

김용범 보고서는 외국계 스테이블코인이 우리 안방을 차지해 사실상의 표준으로 굳어지는 상황을 경계한다. 만약 국민들이 달러 기반의 스테이블코인을 먼저 쓰기 시작한다면, 무늬만 원화일 뿐 실질적인 통화 주권은 야금야금 외부로 넘어갈 수밖에 없다. 이를 막으려면 원화 스테이블코인이 사용자에게 확실한 비용 절감 혜택과 더 나은 품질을 제공해야 하며, 이를 뒷받침할 법과 제도가 함께 마련되어야 한다.

그는 기존의 꽉 막힌 은행 중심 구조로는 글로벌 생태계와 연결되기도 어렵고, 금융 혁신의 속도도 느려터질 수밖에 없다고 꼬집는다. 따라서 자본 시장을 중심으로 판을 새로 짜고, 민간 기술 기업과 적극적으로 손을 잡아야 하며, 사용자에게 이자 수익을 돌려줄 수 있는 구조, 그리고 투명한 회계와 감사 체계를 갖춰야 한다는 것이 그의 핵심 주장이다. 그래야만 비로소 사용자에게 '선택받는 돈'이 될 수 있기 때문이다.

이러한 주장은 단순히 통화 설계의 문제를 넘어, 국가 경제의 근간과도 직결된다. 디지털 시대의 치열한 통화 전쟁에서 주권을 지키려면, 법적인 선언이나 규제만으로는 턱없이 부족하다. 사용자 경험UX을 최우선에 두는 실질적인 설계와 실행이 반드시 동반되어야 한다.

결국 모든 통화는 선택받아야 살아남는다. 법적으로 아무리 강력한 강제력이 있어도, 쓰는 사람이 불편하고 손해라고 느끼면 그 화폐는 철저히 외면받는다. 사용자의 비용을 낮춰주는 설계, 사용자에게 이익을 안겨주는 구조, 그리고 신뢰와 투명성을 바탕으로 한 시스템. 이것만이 오늘날의 화폐가 갖춰야 할 유일한 생존 조건이다.

디지털 시대의 통화주권은 기술과 제도, 사용자 경험이 만나는 지점에서 형성된다. 국가가 통화를 만든다고 해서 그것이 곧바로 주권을 의미하지는 않는다. 사용자에게 선택받는 통화만이 실질적 주권을 형성할 수 있다. 원화 스테이블코인이 이러한 원칙 위에서 설계된다면, 그것은 단지 새로운 결제 수단이 아니라, 한국 통화의 미래를 다시 쓰는 도구가 될 수 있을 것이다.

그리고 이 경쟁에서 이기기 위해 우리가 기억해야 할 가장 기본적인 원칙은 간단하다. 통화는 권위가 아니라 효용으로 선택받는다. 사용자 비용이 낮고, 신뢰할 수 있으며, 실질적인 이익을 제공하는 통화만이 선택되고, 살아남는다. 원화 스테이블코인이 그러한 통화가 되기 위해 필요한 것은, 기술도 제도도 아닌 바로 사용자에 대한 깊은 이해다.

금융당국 늑장 대응에 골든타임 놓쳤다

2025년 9월, 한국 기업의 행보를 보여주는 한 장면은 원화주권의 현실을 적나라하게 드러낸다. 삼성전자와 쿠팡이 미국의 스테이블코인 기업과 협력하고 투자에 나섰다는 소식은, 단순한 투자 뉴스가 아니라 한국 금융 질서의 균열을 상징한다. 이는 정부가 원화 기반 스테이블코인 규제 프레임을 마련하지 못한 사이, 기업들이 스스로 해법을 찾아 나선 결과였다.

삼성전자는 반도체와 전자제품을 중심으로 한 거대한 글로벌 공급망을 갖고 있다. 부품 조달, 완제품 납품, 해외 투자까지 이어지는 긴 흐름 속에서 결제와 정산은 매일 반복된다. 이 과정에서 비용은 눈덩이처럼 쌓인다. 국제 송금 수수료, 은행 간 전송 지연, 환율 변동 위험까지 모두 기업의 부담으로 돌아온다.

2025년 삼성전자가 미국의 스테이블코인 기업 '레인Raen'에 투자한 것은 바로 이 구조적 문제를 해결하기 위함이었다. 레인은 달러 스테이블코인 기반의 결제와 송금을 제공하는 회사다. 삼성은 단순히 지분을 사들인 것이 아니라, 자사의 글로벌 결제 인프라에 스테이블코인을 접목할 수 있는 발판을 마련한 것이다. 이는 전략적 포석이었다. 원화 기반 시스템이 준비되지 않은 상황에서, 삼성은 글로벌 경쟁에서 뒤처지지 않기 위해 '달러'를 선택한 셈이다.

쿠팡의 경우는 더욱 직관적이다. 매일 수천만 건의 거래가 발생하는 온라인 플랫폼에서, 해외 판매자에게 대금을 지급하는 과정은 늘 비용과 시간이 문제였다. 전통적인 국제 송금망은 며칠이 걸리고, 그 사이 높은 수수료가 붙는다. 이 구조 속에서 판매자는 불편을, 쿠팡은 비용을 감수해야 했다.

2025년, 쿠팡은 미국 기업 '템포Tempo'와 협력해 달러 스테이블코인 기반 정산 시스템을 도입하기로 했다. 이 시스템은 기존보다 훨씬 빠르고 저렴한 방식으로 판매자에게 대금을 지급한다. 쿠팡은 이를 통해 연간 3,000억 원가량의 비용 절감 효과를 기대하고 있다. 결국 쿠팡이 달러 스테이블코인을 택한 것은 단순한 혁신이 아니라, 생존을 위한 고육지책이었다.

스테이블코인은 기존 금융망의 비효율을 대체하는 새로운 결제 인프라다. 스테이블코인 송금 수수료는 건당 0.01달러 미만, 정산 시간은 사실상 즉시다. 반면 국제 송금은 30~50달러의 수수료가 들고, 정산까지 며칠이 걸린다. 신용카드 결제 역시 2~3%의 수수료를 요구한다. 이 비교만으로도 스테이블코인의 매력은 분명하다.

기업들은 이 차이를 외면할 수 없다. 삼성과 쿠팡이 선택한 이유도 바로 여기에 있다. 원화 기반 대안이 부재한 상태에서, 달러 스테이블코인은 곧 비용 절감과 경쟁력 유지의 유일한 통로가 되었다.

반면 정부와 한국은행의 움직임은 느렸다. 원화 스테이블코인에 관한 논의는 연구 단계에 머물렀다. 금융당국은 논쟁에서 빠져나오지 못하고 발행 주체, 준비금 요건, 감사 체계 등을 포함한 기본적인 제도 설계조차 마무리하지 못했다.

문제의 본질은 단순히 기술이나 제도의 지연이 아니다. 그것은 원화주권의 실질적 약화다. 기업이 비용과 시간을 줄이기 위해 달러 스테이블코인을 선택하는 순간, 원화의 지위는 흔들린다. 사용자와 기업의 선택에서 배제된 통화는, 법적으로 아무리 강제력을 가진다 해도 실질적 주권을 잃게 된다.

이미 달러 스테이블코인이 한국 기업의 내부 결제망 속으로 들어오기 시작한 지금, 주권을 지킬 수 있는 골든타임은 길지 않다.

대통령이 직접, 구체적으로 지시해야 한다

⋰

인류 역사의 중요한 전환점마다 한 가지 법칙이 있었다. 체제를 흔드는 변화는 결코 내부로부터 자발적으로 나오지 않는다는 것이다. 변화는 언제나 외부에서, 혹은 권력의 정점에서 직접 내려오는 힘을 통해서만 제도화된다. 지금 우리가 마주한 원화 스테이블코인 문제 역시 그렇다. 화폐 체계의 혁신은 관료제 속에서 자연히 태어나지 않는다. 대통령이 직접, 그것도 구체적으로 지시해야만 가능한 일이다. 이 점을 증명하기 위해 우리는 세 가지 사실을 직시해야 한다. 경제 주체는 이기적이며, 엘리트일수록 더 이기적이다. 공무원은 결코 선제적으로 움직이지 않는다. 그리고 기득권이 혁신의 설계자가 되어서는 안 되며, 외부의 새로운 힘이 주도해야 한다.

경제 주체는 이기적이다. 엘리트는 더 이기적이다. 아담 스미스는 인간을 "자신의 이익을 추구하는 존재"로 규정했다. 그는 인간의 이기심이 시장의 보이지 않는 손을 통해 사회 전체의 번영으로 귀결될 수 있다고 보았다. 하지만 중요한 전제가 있다. 그 이기심이 제도적 틀 안에서 사회적 효용으로 환원될 수 있을 때만 그렇다는 점이다.

현대 한국의 경제 엘리트들—기획재정부, 금융위원회, 한국은행의 고위 관료들—은 단순한 공무원이 아니다. 이들은 치열한 경쟁을 뚫고 자리 잡은, 머리가 가장 좋은 집단이다. 그러나 역설적이게도, 가장 똑똑하기에 가장 이기적이다. 개인의 이해관계는 이미 조직의 이해관계와 일체화되어 있다. 이들의 기회 비용은 국민 불편이 아니라 조직의 권력 상실이다.

이런 이유로 원화 스테이블코인 도입 논의가 지지부진한 것이다. 단순히 제도의 복잡성 때문이 아니다. 그들은 알았다. 새로운 제도가 들어서면 자신들이 독점해온 권력이 흔들릴 수 있음을. 마키아벨리는 『군주론』에서 이렇게 경고했다. "새로운 제도를 세우는 일보다 더 어려운 것은 없다. 구체제에서 이익을 본 자들의 적대가 가장 크기 때문이다." 지금의 엘리트 관료 집단이 바로 그 구체제의 수혜자들이다.

따라서 이들이 설계하는 스테이블코인은 결코 사용자 중심이 될 수 없다. 정책의 방향은 언제나 '조직에 유리한 방식'으로 왜곡된다. 화폐 사용자가 편리하고 비용을 적게 치르길 원하는가? 관료에게 그것은 부차적인 문제다. 그들이 진정으로 고민하는 건 조직의 권한이 줄어들지 않는 방식으로 제도를 설계하는 것이다.

혹자는 엘리트들이 그렇게 하는 데는 다 이유가 있을 것이라고 말한다. 기득권이 감시와 견제 없이 기득권 자체가 아니라 사용자 편익에 부합하는 정책을 내놓을 것이라고 기대하는 것은 사이비 종교보다 위험하다.

막스 베버는 관료제를 가장 합리적인 조직 형태로 보았다. 규칙과 절차, 문서와 서열을 통해 예측 가능성과 효율성을 보장한다는 것이다. 그러나 베버 자신도 인정했듯이, 관료제에는 치명적인 단점이 있다. 바로 복지부동이다.

위기 상황에서 공무원이 움직이지 않는 이유는 단순하다. 그들에게 가장 중요한 것은 책임을 피하는 것이다. 잘못된 결정을 내리면 인사상 불이익이 따른다. 그러나 결정을 내리지 않으면 아무런 책임도 지지 않는다. 결국 그들은 언제나 '최고 결정권자의 지시'를 기다린다.

이 점에서 원화 스테이블코인의 상황은 아렌트가 『예루살렘의 아이히만』에서 말한 '악의 평범성'을 떠올리게 한다. 아이히만은 괴물이 아니었다. 그저 지시를 따르는 평범한 관료였다. 책임을 지지 않고 규칙에 복무하는 태도, 바로 그 태도가 거대한 악을 낳았다. 한국의 관료제 역시 이와 다르지 않다.

위급할 때 공무원이 먼저 혁신을 추진할 것이라 기대하는 것은 환상이다. 대통령이 직접 지시하지 않는다면, 원화 스테이블코인은 끝없는 보고서와 위원회 속에서 질질 끌리다 결국 흐지부지될 것이다. "상부의 결단 없이는 움직이지 않는다"는 것이 관료제의 본질이기 때문이다.

기득권이 아닌 혁신 기업이 설계해야 한다. 슘페터는 혁신을 "창조적 파괴"라고 불렀다. 혁신은 기존 질서를 파괴하면서 동시에 새로운 질서를 만든다. 따라서 혁신은 내부에서 나오지 않는다. 내부자는 파괴될 것을 알기에 결코 창조하지 않는다. 혁신은 언제나 외부자에게서 등장한다.

원화 스테이블코인의 경우도 마찬가지다. 기득권 관료나 기존 금융권이 설계 주체가 되는 순간, 그것은 더 이상 혁신이 아니다. '규제 친화적'이라는 이름으로 포장된, 기득권 친화적 제도일 뿐이다. 진정한 혁신은 블록체인 스타트업, 글로벌 핀테크 기업, 사용자 경험을 최우선으로 하는 외부 세력에서 나온다.

루소는 『사회계약론』에서 법은 일반의지에 따라야 한다고 말했다. 원화 스테이블코인에서 일반의지는 무엇인가? 그것은 사용자들의 편익이다. 쉽고, 싸고, 안전한 디지털 화폐를 원하는 다수의 목소리다. 그런데 기득권 관료가 이를 설계한다면 일반의지는 왜곡된다. 오직 혁신 기업들이 주도권을 쥘 때만이 진정한 일반의지가 구현될 수 있다.

세 가지 사실은 결국 하나의 결론으로 모인다. 엘리트 관료는 조직 이익을 위해 정책을 왜곡한다. 공무원은 복지부동으로 선제적으로 움직이지 않는다. 혁신은 외부자에게서만 나온다. 그렇다면 방법은 하나다. 대통령이 관련 조직에 직접, 구체적으로 지시해야 한다. 그리고 코인 설계의 주도권을 반드시 외부자에게 주어야 한다.

이것은 권위주의적 발상이 아니다. 오히려 민주적 질서를 유지하기 위한 필수 조건이다. 왜냐하면 기득권 구조 속에서는 혁신이 결코 자연발생하지 않기 때문이다. 대통령의 지시는 제도의 설계 주체를 바꾸는 행위다. 기득권에서 혁신 기업으로, 관료 중심에서 사용자 중심으로 무게추를 옮기는 일이다.

헤겔은 "위대한 인물은 시대정신을 구현한다"고 말했다. 대통령의 직접 개입은 한 개인의 의지가 아니라 시대정신의 제도화다. 디지털 화폐로의 전환은 단순한 기술 변화가 아니다. 국가의 금융 주권, 시민의 편익, 글로벌 경쟁력이라는 시대정신이 응축된 과제다. 대통령이 이 흐름을 읽고 결단하지 않는다면, 한국은 뒤처질 것이다.

역사를 돌아보면 모든 화폐 혁신은 권력의 정점에서의 결단으로 이루어졌다. 영국이 금본위제를 도입할 때도 그랬고, 미국이 브레턴우즈 체제를 주도할 때도 마찬가지였다. 중국의 디지털 위안화 추진 역시 인민은행이 아니라 시진핑의 직접적 의지가 작동한 결과였다.

일본은 엔화 기반 스테이블코인을 도입하려 했지만, 관료 조직의 복잡한 이해관계 때문에 속도가 지체되었다. 반면 중국은 최고 권력자가 직접 "디지털 화폐를 국가 전략으로 삼는다"고 선언하자, 순식간에 제도가 움직였다. 이 대비는 우리에게 분명한 교훈을 준다. 혁신은 결단에서 나오며, 결단은 최고 결정권자만이 내릴 수 있다.

누가 설계하는가가 모든 것을 결정한다. 조지프 스티글리츠는

『불평등의 대가』에서 제도의 설계자가 누구냐에 따라 결과가 완전히 달라진다고 말했다. 원화 스테이블코인도 마찬가지다. 기득권이 설계하면 기득권의 제도가 되고, 사용자가 중심이 되면 국민 모두의 편익이 된다.

따라서 대통령이 직접, 구체적으로 지시해야 한다는 말은 결국 "누가 설계하는가"를 바꾸는 일이다. 기득권에서 혁신 기업으로, 조직의 이해에서 사용자 비용으로, 복지부동에서 책임 있는 결단으로 무게중심을 옮기는 일이다. 그럴 때만이 원화 스테이블코인은 국민이 체감하는 혁신이 될 것이다.

S T A B L E C O I N

6장

스테이블코인과
이더리움

이더리움은
스테이블코인 플랫폼이다

스테이블코인은 왜 이더리움에서 발행되는가

스테이블코인의 압도적 다수는 특정 블록체인 위에서 발행되고 있다. 그 무대는 바로 이더리움이다. 스테이블코인이 이더리움 위에서 태어나는 이유는 기술적 조건과 경제적 동학, 그리고 제도적 환경이 동시에 맞물려 있기 때문이다. 비트코인이 디지털 금이라면 이더리움은 디지털 국가라고 할 수 있다. 금은 단단하고 변하지 않는 가치 저장 수단이지만 국가는 법과 계약, 제도와 금융 서비스가 돌아가는 시스템이다. 이더리움 위에서는 단순히 화폐가 오가는 것이 아니라 계약이 실행되고, 대출이 이루어지며, 자산이 거래되고, 새로운 금융 생태계가 만들어진다. 따라서 스테이블코인의 성장 무대가 이더리움이 되는 것은 자연스러운 귀결이다.

스테이블코인을 단순히 '달러에 1대1로 묶인 디지털 토큰'이라고 정의하면 표면만 본 것이다. 그 이면에는 복잡한 금융 공학과 제도적 설계가 숨어 있다. 스테이블코인이 안정적으로 유지되려면 담보를 어떻게 보관할지, 발행과 소각을 언제 어떤 조건으로 할지, 시장 가격이 달러와 괴리될 때 어떤 자동화 장치가 작동할지와 같은 세밀한 로직이 필요하다. 이런 작업은 인간의 수작업으로는 불가능하고, 반드시 코드와 계약이 결합한 체계가 있어야 한다. 바로 이 지점에서 이더리움이 빛을 발한다.

이더리움은 2015년 비탈릭 부테린Vitalik Buterin이 설계한 스마트컨트랙트 플랫폼이다. 스마트컨트랙트란 말 그대로 조건이 충족되면 자동으로 실행되는 계약이다. 은행 창구 직원이 대출 조건을 확인하고, 법원이 계약 불이행을 판단하며, 감독 기관이 규제하는 일을 모두 코드가 대신한다. 예를 들어 사용자가 1만 달러 상당의 이더리움을 담보로 맡기면 스마트컨트랙트는 자동으로 5,000 달러 상당의 스테이블코인을 발행해 준다. 담보 가치가 급락하면 코드가 자동으로 청산을 실행해 손실을 줄인다. 이런 방식으로 작동하는 스테이블코인의 대표적 사례가 바로 메이커다오MakerDAO의 DAI다.

DAI는 완전히 탈중앙화된 스테이블코인으로, 중앙기관이 개입하지 않는다. 모든 것은 스마트컨트랙트로 운영된다. 담보 관리, 발행과 소각, 가격 안정화 메커니즘이 전부 코드에 의해 실행된다. 이는 이더리움이 제공하는 범용 프로그래밍 언어 솔리디티^{Solidity}가 가능하게 한 혁신이다. 비트코인 네트워크는 안정적이고 보안성이 뛰어나지만, 기능이 단순 송금에 맞추어져 있어 이런 복잡한 금융 로직을 담아낼 수 없다. 따라서 스테이블코인이 본격적으로 성장하려면 이더리움 같은 범용 스마트컨트랙트 플랫폼이 필요했던 것이다.

그러나 기술적 유연성만으로 설명이 끝나지는 않는다. 더 중요한 것은 네트워크 효과다. 네트워크 효과란 참여자가 많아질수록 그 자체로 가치가 커지는 현상을 말한다. 전화기의 예를 생각하면 쉽다. 나 혼자 전화기를 가지고 있으면 무용지물이지만, 모두가 전화기를 가지고 있으면 엄청난 효용이 생긴다. 이더리움은 이미 이런 네트워크 효과를 확보했다. 수천 개의 탈중앙화 애플리케이션, 탈중앙화 거래소, 지갑, 결제 인프라가 이더리움 위에서 작동한다.

스테이블코인이 이더리움에서 발행되면 곧바로 이 거대한 생태계에 연결된다. 예를 들어 USDC가 발행되자마자 유니스와프^{Uniswap} 같은 탈중앙화 거래소에서 거래할 수 있었고, 아베^{Aave} 같은 대출 프로토콜에서 담보로 활용할 수 있었다. 사용자는 은행 계좌에서 달러를 입금하고, 곧바로 이더리움 지갑에서 USDC를 받아 탈중앙화 금융 서비스에 접속할 수 있었다. 이것은 마치 새로 발행된 화폐가 국제공항, 항만, 금융기관에서 즉시 통용되는 것과 같은 효과다.

칼 마르크스$^{Karl\ Marx}$가 "생산수단이 관계를 규정한다"라고 말했듯, 오늘날 금융 활동의 생산수단은 이더리움이다. 이더리움 위에서 수많은 관계가 형성되고, 스테이블코인은 그 관계 속에서 자연스럽게 태어난다. 만약 스테이블코인이 인구가 거의 없는 섬나라에서 발행되었다면, 아무리 좋은 설계라 하더라도 쓰이지 않았을 것이다. 반대로 이더리움처럼 이미 사람들이 모여 활발히 경제 활동을 벌이는 도시 같은 플랫폼에서 발행되었기에 스테이블코인은 단숨에 글로벌 화폐로 자리잡을 수 있었다.

규제 환경도 무시할 수 없다. 암호화폐 시장은 여전히 규제 불확실성 속에 있지만, 역설적으로 이더리움은 가장 제도 친화적인 블록체인으로 자리 잡았다. 블록체인 분석 기업 체이널리시스는 2023년 보고서에서 "이더리움은 규제 친화적 자산 발행의 허브"라고 평가했다. 이유는 간단하다. 이더리움은 탈중앙성과 투명성을 동시에 갖추었기 때문이다. 모든 거래 기록은 공개되고, 스마트컨트랙트 코드도 누구나 감사할 수 있다. 이는 금융 당국이 요구하는 최소한의 조건에 부합한다.

실제로 미국의 서클Circle이 발행하는 USDC는 이더리움 기반으로 시작했으며, 달러 예치금을 은행에 보관하고 회계 감사 보고서를 매달 공개한다. 이런 투명성 덕분에 기관 투자자들이 안심하고 진입할 수 있었다. 테더USDT 역시 원래는 비트코인 오므니 레이어에서 출발했지만, 지금은 거래량의 대부분이 이더리움 기반 ERC-20 버전에서 발생한다. 글로벌 거래소와 결제 시스템은 ERC-20* 테더를 기본으로 사용

---

* 이더리움 네트워크상에서 통용되는 토큰의 표준 규격. 마치 'USB'가 전 세계 어디서나 호환되듯, 이 표준을 따른 토큰은 전 세계 모든 암호화폐 거래소와 지갑에서 자유롭게 전송 및 보관이 가능하다. 테더가 비트코인 기반에서 이더리움 기반으로 주무대를 옮긴 핵심 이유도 바로 이 압도적인 범용성과 속도 때문이다.

한다. 이는 단순한 기술 이전이 아니라 신뢰할 수 있는 규제 친화적 환경을 찾은 이동이었다.

스테이블코인이 이더리움에서 발행되는 이유는 이렇게 세 가지로 정리할 수 있다. 첫째, 스마트컨트랙트의 유연성이 복잡한 금융 로직을 가능하게 한다. 둘째, 네트워크 효과가 스테이블코인을 곧바로 글로벌 금융 생태계에 연결한다. 셋째, 규제 친화적 환경이 제도적 안정성을 부여한다. 세 조건이 동시에 맞물린 플랫폼은 현재까지 이더리움뿐이었다.

비탈릭 부테린은 한 인터뷰에서 "이더리움은 단순한 화폐가 아니라 새로운 신뢰 시스템"이라고 말했다. 바로 그 신뢰 시스템 위에서 스테이블코인은 안정적으로 발행되고, 글로벌 금융 질서와 연결된다. 스테이블코인의 역사는 곧 이더리움의 역사다. 다른 블록체인들도 스테이블코인을 유치하려 하지만, 네트워크 효과와 신뢰, 개발자 생태계 측면에서 이더리움을 대체하기는 쉽지 않다.

비탈릭 부테린은 왜 이더리움을 만들었나

2011년, 토론토의 고등학생 비탈릭 부테린은 처음 비트코인의 존재를 듣는다. 처음엔 시큰둥했다. 실체 없는 디지털 화폐가 무슨 의미가 있겠느냐는 생각이었다. 하지만 호기심은 무시하기 어려웠다. 인터넷 포럼에 들어가 백서를 뒤적이고, 글을 읽고, 사람들과 토론하다가 그는 빠져들었다. 디지털 네트워크 위에서 돈이 직접 오갈 수 있다는 사실 자체가 충격이었고, 그는 곧 비트코인의 원리에 매혹되었다. 그러나 매혹은 오래가지 않았다.

비탈릭은 곧 한계를 발견한다. 비트코인은 훌륭한 결제 시스템이 었지만, 기능이 지나치게 제한적이었다. 그의 비유는 단순했다. 비트코인은 계산기다. 계산은 정확히 하지만, 계산기 위에 음악 앱을 올릴 수도, 게임을 만들 수도 없다. 사람들이 진정으로 원하는 건 스마트폰이다. 음악을 듣고, 메시지를 보내고, 인터넷을 탐험하고, 앱을 깔 수 있는 범용 기계. 블록체인도 그래야 했다. 단순히 송금만 하는 기계가 아니라, 모든 종류의 계약과 애플리케이션이 돌아가는 플랫폼. 그는 바로 그 지점을 꿈꾸었다.

2013년, 그는 결국 아이디어를 글로 옮긴다. 제목은 거창했다. 〈차세대 스마트컨트랙트 및 탈중앙화 애플리케이션 플랫폼〉. 여기서 그는 블록체인을 단순한 화폐 장부로 보지 않았다. 그것은 범용 컴퓨터였다. 누구나 코드로 계약을 만들고, 자동으로 실행하게 하고, 은행이나 법원이 없어도 신뢰를 보장하는 시스템. 그는 블록체인을 단일 목적의 도구에서 범용 인프라로 재정의했다.

2014년 1월, 마이애미에서 열린 비트코인 컨퍼런스에서 그는 이 구상을 직접 발표한다. 종이에 적힌 문장이 살아 움직이던 순간이었다. 그의 메시지는 단순했다. 블록체인은 지갑이 아니라 운영체제가 되어야 한다. 돈을 주고받는 장부가 아니라, 모든 계약이 올라타는 세계 컴퓨터여야 한다. 청중은 흥분했고, 동시에 의문을 던졌다. 언어를 어떻게 안전하게 설계할 건가. 수수료 문제는 어떻게 해결할 건가. 규제와 충돌하면 어떤 일이 벌어질까? 이 질문들은 곧 이더리움의 로드맵이 되었다.

아이디어의 배경에는 개인적 경험도 있었다. 어린 시절 그가 몰두했던 온라인 게임에서, 운영자가 하루아침에 밸런스를 바꾸어 캐릭터 능력을 약화시켰을 때, 그는 충격을 받았다. 자신의 노력과 시간이 클릭 한 번에 무너지는 것을 보며, 중앙 서버의 절대적 권력을 깨달았다. 그 경험은 단순한 불만을 넘어 문제의식이 되었다. 누구도 임의로 룰을 바꾸지 못하는 세계, 신뢰를 코드에 새겨 넣은 세계. 그 욕망이 이더리움의 철학적 뿌리였다.

그러나 아이디어만으로는 세상을 바꿀 수 없다. 그는 백서를 내놓으며 두려움을 안고 있었다. 암호학자들이 달려와 허점을 지적하고, 프로젝트가 무너질지도 모른다는 불안. 하지만 그런 붕괴는 오지 않았다. 대신 사람들은 모여들었다. "가능하다면 해보자." 그는 정답을 제시하지 않았다. 가능성을 열었다. 그렇기에 많은 이들이 각자의 해석을 들고 이더리움이라는 실험에 뛰어들 수 있었다.

2014년 여름, 이더리움은 공개 판매를 통해 초기 자금을 모았다. 이후 테스트넷, 메인넷을 준비하면서 아이디어는 점점 현실로 다가왔다. 백서의 문장은 옐로 페이퍼의 수학으로, 수학은 코드로, 코드는 합의 규칙으로 바뀌었다. 이상은 현실이 되었고, 철학은 기술로 옮겨졌다. 그는 원칙을 고수했다. 프로토콜은 단순하고 보수적으로 유지해야 한다. 혁신은 애플리케이션 레벨에서 벌어져야 한다. 이 구분은 단순한 취향이 아니라 거버넌스의 선택이었다. 핵심 레이어가 안정성을 지키는 동안, 가장자리에선 빠른 실험이 가능했다.

그가 꿈꾼 사회적 효과는 명확했다. 이더리움은 사회적 합의를 확장하는 기술이어야 했다. 종이에 적힌 계약은 변조되거나 무시될 수 있지만, 블록체인에 기록된 계약은 누구도 임의로 바꿀 수 없다. 자율조직, 커뮤니티 토큰, 공공재 펀딩 같은 실험은 하나의 전제를 공유했다. 약속을 코드와 규칙으로 옮기면 신뢰 비용이 낮아지고, 작은 집단도 큰 결정을 시도할 수 있다. 블록체인은 권력의 재배분 장치였다.

물론 실패도 있었다. 2016년 여름, 'DAO 사건'이라 불리는 충격은 이더리움 공동체를 뿌리째 흔들었다. DAO^{Decentralized Autonomous Organization}, 곧 탈중앙화 자율조직은 이더리움 위에서 구현된 첫 번째 대형 실험이었다. 누구나 토큰을 사면 의사결정에 참여할 수 있고, 투표로 정한 프로젝트에 자금이 흘러 들어가는 구조. 일종의 블록체인 벤처 펀드였다. 투자자는 은행도, 정부도, 심지어 이사회도 아니었다. 코드만이 룰을 정했고, 그 코드 위에서 수많은 사람이 거대한 실험에 동참했다.

출발은 화려했다. 단 몇 주 만에 1억 5,000만 달러 상당의 이더가 모였다. 당시 이더리움 전체 시가총액의 14%에 해당하는 금액이었다. 사람들은 흥분했다. 마침내 "코드가 법이다"라는 구호가 현실로 증명되는 듯했다. 중앙 관리자는 없었고, 투자 의사결정은 집단 지성과 자동화된 계약이 함께 처리했다.

그러나 결함은 곧 드러났다. 스마트컨트랙트의 코드에는 '재귀 호출 버그*'라는 취약점이 숨어 있었다. 악용자는 이 결함을 파고들었다. 돈을 인출할 때 원래 계좌 잔고가 갱신되기 전에 함수를 반복 호출해 자금을 빼돌리는 방식이었다. 단순한 기술적 결함이었지만, 결과는 치명적이었다. 수백만 달러 상당의 이더가 공격자의 지갑으로 흘러 들어갔다. 사람들은 경악했다. "코드는 곧 법"이라는 신념은, 단 한 줄의 결함 앞에서 무너져 내렸다.

이때 공동체는 거대한 갈림길 앞에 섰다. 첫 번째 길은, "코드는 법이다"라는 원칙을 끝까지 지키는 것이었다. 이미 발생한 일은 바꿀 수 없으며, 블록체인의 불변성은 절대적이어야 한다는 태도. 두 번째 길은, 공동체의 합의로 규칙을 뒤집고 피해를 되돌리는 것이었다. 결국 이 논쟁은 뜨거운 갈등을 낳았다. 한쪽은 "불변성이야말로 블록체인의 근본 가치다"라 주장했고, 다른 쪽은 "부당한 탈취를 방치한다면 생태계 전체의 신뢰가 붕괴된다"라 반박했다.

결정은 후자였다. 하드포크, 이더리움 체인을 강제로 분리해, 도난당한 자금을 원래 투자자에게 돌려주는 선택. 하지만 모든 이가 따르진 않았다. 원칙을 고수한 일부는 기존 체인을 지켰고, 그것이 바로 오늘날의 '이더리움 클래식Ethereum Classic'이다.

---

* 스마트컨트랙트가 외부로 자금을 보낼 때, 아직 잔고 차감이 완료되지 않은 틈을 타 악성 코드가 다시 출금 함수를 반복적으로 호출하는 취약점이다. 쉽게 비유하면, ATM에서 현금은 나왔지만 전산상 통장 잔고가 줄어들기 직전인 찰나의 순간을 노려, 기계가 잔고 부족을 인식할 때까지 계속해서 '인출' 버튼을 누르는 것과 같다. 이더리움 초기의 대형 해킹 사건인 DAO 사건의 원인이 된 치명적인 버그다.

DAO 사건은 이더리움 역사에서 깊은 상처이자 교훈이었다. 블록체인은 불변해야 한다는 신념, 그리고 코드가 곧 법이라는 구호는 단번에 흔들렸다. 동시에 블록체인은 기술만이 아니라 공동체의 합의가 함께 움직이는 정치적 공간임이 드러났다. 사람들은 깨달았다. 코드가 완벽하지 않을 때, 결국 결정을 내리는 것은 인간이다.

비탈릭 부테린 역시 이 사건에서 성찰을 얻었다. 탈중앙화가 만능은 아니며, 불변성이 곧 정의는 아니라는 점. 중요한 건 균형이다. 코드는 법일 수 있지만, 동시에 사람들의 합의와 가치를 반영해야 한다. DAO 사건은 그 균형의 필요성을 극적으로 보여준 최초의 순간이었다.

그러나 그는 좌절하지 않았다. 오히려 균형을 강조했다. 중앙집중이 모든 문제의 해답이 아니듯, 탈중앙화도 만능의 답은 아니다. 중요한 건 적합한 수준의 분산, 사회적 가치에 맞춘 기술적 선택. 이 균형 감각은 훗날 이더리움의 확장성 로드맵과 합의 구조에도 이어졌다.

2019년 이후, 그는 다시 비유를 꺼냈다. 비트코인은 계산기, 이더리움은 스마트폰. 하나는 한 기능에 충실하고, 다른 하나는 다양한 기능을 품는다. 둘은 경쟁자가 아니라 다른 철학을 가진 존재다. 계산기는 완결성을 상징하고, 스마트폰은 개방성을 상징한다. 그는 이 차이를 명확히 했다. 하나의 앱이 플랫폼을 이길 수는 없다. 플랫폼은 수많은 앱을 포용할 때 의미가 있다.

이제 질문으로 돌아가자. 왜 그는 이더리움을 만들었는가. 답은 세 가지다. 첫째, 기술적 이유. 제한적인 스크립트를 넘어서는 범용 플랫폼이 필요했다. 둘째, 경제적 이유. 신뢰를 사람이나 기관이 아니라 코드와 규칙에 담아 신뢰 비용을 낮추고 싶었다. 셋째, 정치적 이유. 중앙 권력이 임의로 룰을 바꾸는 세계를 거부하고, 누구도 바꿀 수 없는 공적 규칙을 만들고 싶었다. 작은 사람에게 권한을 돌려주고 싶었다.

이 철학은 오늘까지 이어진다. 그는 프로토콜의 최소화와 애플리케이션의 최대화를 강조한다. 기본 레이어는 보안을 지키고, 혁신은 가장자리에서 폭발한다. 확장성, 수수료, 거버넌스 논쟁 속에서도 그는 일관되게 원칙을 되뇌었다. 혁명은 코드 그 자체가 아니다. 혁명은 코드가 만들어낸 비용 구조의 변화다.

계산기와 스마트폰의 비유로 시작한 그의 이야기는 아직 끝나지 않았다. 이더리움은 여전히 현재진행형이다. 세계 곳곳에서 새로운 계약이 기록되고, 자율 조직이 만들어지고, 중앙집중을 벗어난 실험이 이어지고 있다. 부테린은 여전히 초기 백서의 문장을 품고 있다. "일반 목적의 스마트컨트랙트 플랫폼이 필요하다." 그 필요는 여전히 유효하다. 그리고 그 필요를 증명하는 실험은 계속되는 중이다.

비트코인인가
이더리움인가

비트코인은 '금'이고, 이더리움은 '국가'다

비트코인은 흔히 디지털 금이라 불린다. 금은 수천 년 동안 인간 사회에서 신뢰의 상징이자 가치 저장 수단이었다. 제국이 무너져도 금은 살아남았고, 국가의 권력이 사라져도 금은 여전히 빛났다. 금은 스스로를 지탱하는 물질적 희소성과 변하지 않는 물리적 성질로 사람들의 신뢰를 얻었다. 비트코인 역시 마찬가지다. 발행량이 2,100만 개로 제한되어 있고, 누구도 이를 바꿀 수 없다. 중앙은행이 임의로 돈을 찍어내 인플레이션을 일으키는 일을 비트코인에서는 기대할 수 없다. 코드가 스스로 발행 규칙을 지키고, 네트워크 전체가 이를 감시한다. 경제학자들이 지적하듯, 이는 인류 역사상 처음으로 코드가 금의 희소성을 재현한 사례다. 화폐란 국가가 보증하는 제도적 장치라는 믿음은 여기서 흔들린다. 비트코인은 화폐 신뢰의 근거를 중앙 권력에서 코드로 옮겼고, 그 결과 사람들은 디지털 시대의 새로운 '금'을 손에 넣었다.

그러나 사회는 금만으로 운영되지 않는다. 금은 가치를 저장하는데는 탁월하지만, 금만으로 계약을 맺거나 조직을 운영할 수는 없다. 거래가 지속되려면 계약이 필요하고, 계약을 보증할 제도가 필요하다. 부동산 거래에는 등기가 따라야 하고, 기업 설립에는 법적 절차가 요구된다. 사람들 사이의 약속은 법과 제도가 지켜주지 않으면 무용지물이다. 국가가 화폐를 발행하는 것만큼 중요한 역할은 바로 이 제도적 신뢰를 제공하는 일이다. 법원은 계약 불이행을 판결하고, 정부는 재산권을 등록하고, 의회는 규칙을 정한다. 바로 이 지점에서 이더리움이 등장한다.

이더리움은 단순한 화폐가 아니다. 그것은 계약이 돌아가고 제도가 작동하는 하나의 디지털 국가다. 비트코인이 화폐의 신뢰를 코드로 옮겼다면, 이더리움은 계약과 제도의 신뢰를 코드로 옮겼다. 이더리움 위에서 작동하는 스마트컨트랙트는 종이 계약서와 다르다. 조건이 충족되면 자동으로 실행되고, 누구도 임의로 바꿀 수 없다. 대출을 받는 과정에서 은행 직원이 일일이 서류를 확인하지 않아도 되고, 보험금을 청구할 때 심사관이 개입하지 않아도 된다. 계약은 코드로 기록되고, 그 실행은 네트워크 전체가 보증한다.

법학자 로렌스 레식Lawrence Lessig은 "코드가 곧 법이다"라는 말을 남겼다. 그의 주장은 단순하다. 현실 세계에서는 법이 사람의 행동을 규제한다. 교통법은 운전자의 속도를 제한하고, 계약법은 약속을 강제한다. 하지만 디지털 세계에서는 법조문만으로는 충분하지 않다. 인터넷 공간에서 사람들의 행동을 실제로 제한하는 것은 법이 아니라 코드다. 예를 들어, 웹사이트에 로그인하려면 아이디와 비밀번호가 필요하다. 이것은 법이 아니라 프로그램이 만든 규칙이다. 파일을 복사하지 못하게 막는 디지털 저작권 관리 시스템도 마찬가지다. 법이 아니라 코드가 사람의 행동을 규제한다.

레식은 이를 통해 중요한 사실을 강조했다. 디지털 사회에서 진짜 권력은 법전보다 소프트웨어 설계에 있다. 어떤 기능을 열어둘지, 어떤 권한을 막을지, 이 모든 결정은 개발자의 코드에 담겨 있다. 그래서 그는 법학자이지만 끊임없이 기술의 중요성을 말했다. "코드가 곧 법이다"라는 말은, 인터넷과 디지털 기술이 단순한 도구가 아니라 사회 규범의 새로운 언어라는 선언이었다.

이 말은 블록체인과 이더리움을 이해하는 데도 큰 단서를 준다. 블록체인 위에서 돌아가는 스마트컨트랙트는 더 이상 종이에 적힌 계약이 아니다. 조건이 충족되면 자동으로 실행되며, 누구도 그 규칙을 바꿀 수 없다. 여기서 법의 역할은 코드로 치환된다. 계약의 강제력은 법원이 아니라 프로토콜이 보장한다. 결국 레식의 말처럼, 디지털 시대의 규범은 코드라는 새로운 형태로 사회를 지배하게 된다.

이더리움은 그 말을 현실로 끌어왔다. 부동산 등기, 주식 거래, 파생상품 청산, 심지어 투표와 거버넌스까지 블록체인 위에서 가능해졌다. 기존에는 국가라는 제도가 보증했던 신뢰가, 이제는 코드와 합의로 대체된다. 사회학자들은 이를 새로운 신뢰 체계의 등장이라 부른다. 전통 사회에서 신뢰는 국가라는 제도 위에 구축되었다. 중앙은행은 화폐의 가치를 지키고, 법원은 계약을 보증했다. 그러나 역사는 수없이 국가가 신뢰를 저버린 사례로 가득하다. 통화는 인플레이션으로 흔들렸고, 계약은 권력자의 개입으로 무력화되었다. 사람들은 국가를 신뢰해야 했지만, 국가가 그 신뢰를 배신하는 경우가 너무 많았다.

크립토는 바로 이 지점에서 의미를 가진다. 크립토는 신뢰를 다시 만든다. 비트코인은 화폐 신뢰를 다시 만들었다. 국가와 중앙은행 대신 코드와 합의가 화폐의 가치를 지켰다. 이더리움은 그다음 단계다. 화폐 이상의 사회적 관계, 계약과 제도의 신뢰를 코드와 합의로 옮겼다. 사람들은 블록체인 위에서 거래하고, 조직을 운영하며, 권력을 분산시킨다. 사회학자 마누엘 카스텔은 네트워크 사회에서 권력은 분산된 코드와 정보 흐름 속에 자리 잡는다고 말했다. 이더리움은 그 말을 보여준다. 국가가 아니라 프로토콜이 규칙을 보증하고, 법원이 아니라 네트워크가 계약을 강제한다.

비트코인과 이더리움의 대비는 명확하다. 비트코인은 금이다. 단단하고 희소하며, 단일한 목적에 충실하다. 가치를 저장하고, 화폐 체계의 근간을 지탱한다. 이더리움은 국가다. 다층적이고 복잡하며, 다양한 계약과 제도를 품는다. 화폐가 흘러가는 경제의 틀을 만든다. 금만으로 사회가 돌아가지 않듯, 비트코인만으로는 충분하지 않다. 국가는 화폐 위에 제도를 얹고, 그 제도 위에서 사회가 운영된다. 이더리움은 바로 그 제도들을 코드로 옮겼다.

전문가들은 이를 두고 "비트코인은 가치 저장소, 이더리움은 실행 환경"이라고 정리한다. 금융학자 크리스 버넷은 "비트코인이 디지털 금고라면, 이더리움은 디지털 국가의 법원과 의회"라 말한다. 실제로 이더리움 위에서 탈중앙화 금융이 탄생했고, NFT가 시장을 바꿨으며, DAO가 새로운 형태의 조직을 실험했다. 모두 국가가 담당하던 제도를 블록체인으로 옮긴 사례다.

비트코인과 이더리움은 경쟁자가 아니다. 금과 국가는 서로 다른 차원의 존재다. 금은 국가의 기반이 되었고, 국가는 금을 넘어선 제도를 구축했다. 비트코인은 가치의 기초를 제공하고, 이더리움은 그 위에서 제도를 구축한다. 두 존재는 충돌하지 않는다. 오히려 서로를 보완하며, 디지털 사회의 새로운 질서를 만든다.

이제 중요한 것은, 이 새로운 신뢰 체계가 어떻게 자리 잡을 것인가이다. 금은 오랜 시간 동안 그 신뢰를 증명했다. 국가는 수백년에 걸쳐 제도를 정착시켰다. 비트코인과 이더리움은 이제 막 싹을 틔운 신뢰 체계다. 아직은 불안정하고, 규제와 확장성, 보안의 문제를 안고 있다. 그러나 분명한 것은, 한 번 열린 문은 닫히지 않는다는 사실이다. 사람들은 이미 국가가 아닌 코드에 신뢰를 두기 시작했다. 비트코인은 금으로서, 이더리움은 국가로서, 디지털 사회의 기초를 다져가고 있다.

이더리움 서사를
월가의 언어로 번역한 톰 리

톰 리Tom Lee라는 이름은 원래 암호화폐 시장에서가 아니라 월가에서 먼저 빛났다. 그는 1960년대 후반에 태어나 1990년대 초반에 월가에 발을 들였다. 당시 그는 JP모건에서 주식 전략과 신흥국 시장을 분석하는 애널리스트로 일했다. 무려 15년 이상 그곳에서 일하며, 아시아 금융위기와 2008년 글로벌 금융위기 같은 격변기를 직접 경험했다. 위기 때마다 그는 단순한 차트가 아니라, 통화·주식·채권이 서로 어떻게 얽혀 있는지 입체적으로 설명하는 보고서를 내놓았다. 덕분에 그의 이름은 빠르게 알려졌다. CNBC나 블룸버그 같은 방송에서 '월가의 톰 리'라는 표현이 자연스럽게 쓰였고, 그의 말은 투자자들이 시장을 이해하는 중요한 기준이 되었다.

하지만 그는 2014년 돌연 JP모건을 떠났다. 이유는 명확했다. 은행의 리서치 체계는 보수적이고, 규제에 묶여 있었다. 그는 더 자유롭게, 더 대중 친화적인 분석을 하고 싶었다. 그래서 독립 리서치 회사인 펀드스트랫 글로벌 어드바이저스를 세웠다. 그의 전략은 간단했다. 기관 투자자만을 위한 복잡한 보고서가 아니라, 일반 투자자와 미디어가 이해할 수 있는 스토리텔링형 리서치를 내놓는 것이다. "왜 이런 현상이 일어나는가, 앞으로 어떤 그림이 펼쳐질 것인가"를 알기 쉽게 설명하는 방식이었다. 그의 시도는 성공했다. 펀드스트랫은 작은 회사였지만, 톰 리의 이름만으로 CNBC, CNN, 블룸버그 TV 같은 주요 방송은 그를 끊임없이 불러냈다. 그의 발언은 단순한 분석을 넘어, 시장을 움직이는 이야기로 기능했다.

그가 본격적으로 유명해진 건 암호화폐 시장 덕분이었다. 2016~2017년 무렵, 비트코인은 아직 주류 금융에서 철저히 무시당하고 있었다. 골드만삭스의 애널리스트는 비트코인을 "튤립 버블"이라고 비웃었고, JP모건의 CEO 제이미 다이먼은 공개적으로 "비트코인은 사기"라고까지 말했다. 이때 톰 리는 정반대의 길을 택했다. 그는 CNBC 방송에서 "비트코인은 디지털 금이다"라고 선언했다. 금이 인류 역사에서 5천 년 동안 가치 저장 수단으로 기능했듯, 비트코인도 디지털 세대의 금이 될 것이라고 말했다. 당시 주류의 시각에서는 다소 과격한 발언이었지만, 그는 굽히지 않았다.

2017년 비트코인이 2만 달러까지 치솟았다가 폭락했을 때, 언론은 "역시 거품"이라 비난했다. 그러나 톰 리는 "장기적으로 5만 달러, 10만 달러가 가능하다"고 말했다. 그는 가격 하락을 매수 기회로 해석했고, 이 내러티브는 이후 비트코인이 2021년 6만 달러를 돌파하면서 현실성을 얻었다. "비트코인은 금을 대체한다"는 그의 구호는 암호화폐 시장을 대표하는 내러티브 중 하나가 되었다.

그의 발언이 단순한 '크립토 유튜버'의 주장과 달랐던 이유는 바로 배경에 있었다. 그는 JP모건에서 수십 년간 기관투자자들을 상대해온 애널리스트였다. 따라서 그의 발언은 괴짜의 외침이 아니라, 월가의 언어로 번역된 암호화폐 해석이었다. 그는 비트코인의 가치를 설명할 때 '네트워크 효과'와 '희소성'을 언급하며, 이를 주식의 멀티플, 채권의 실질금리와 연결했다. 월가의 투자자들이 익숙한 언어를 그대로 빌려 암호화폐를 설명했기 때문에, 그의 리포트는 일반 투자자뿐 아니라 기관에도 울림을 주었다.

그는 곧 '월가의 크립토 불Crypto Bull'이라는 별명을 얻었다. 비트코인 가격이 폭락해도 그는 웃으며 "지금이 매수 기회"라고 말했다. 시간이 지남에 따라 그의 주장은 단순한 예측을 넘어, 하나의 시장 담론이 되었다.

흥미로운 건, 그의 관심이 점점 비트코인에서 이더리움으로 옮겨 갔다는 사실이다. 초기에는 그는 철저히 비트코인 옹호자였다. 그러나 2020년 이후 스테이블코인과 디파이 시장이 폭발적으로 성장하면서 그는 "비트코인은 금이지만, 이더리움은 인터넷"이라고 말했다. 금은 자산을 저장하지만 인터넷은 새로운 시장을 창출한다. 투자자 입장에

제3의 달러

서는 금보다 인터넷이 훨씬 큰 잠재력을 가진다. 이 말은 단순한 비유가 아니었다. 월가의 언어로 번역하면, 비트코인은 안전자산이고, 이더리움은 성장주라는 뜻이었다. 이는 투자 전략의 큰 차이를 불러왔다.

톰 리는 이더리움을 설명하면서 점점 더 주식 시장의 언어를 빌렸다. 그는 이렇게 말했다. "이더리움은 주식과 같다. 가스비*는 매출이고, 소각 메커니즘은 자사주 매입이며, 스테이킹 보상은 배당이다." 이 간단한 비유는 월가 투자자들에게 강력하게 다가왔다. 왜냐하면 그들은 매일같이 기업 가치를 현금흐름과 배당으로 평가하기 때문이다. 이더리움은 비트코인보다 훨씬 친숙하게 설명될 수 있었다.

이더리움 네트워크에서는 거래가 일어날 때마다 가스비가 발생한다. 2021년 NFT 시장이 폭발했을 때 하루 가스비 수입은 수천만 달러에 달했다. 이는 이더리움이 실제 매출을 가진 것과 같은 효과를 낸다. 또 EIP-1559 업그레이드로 일부 가스비가 소각되면서 공급량이 줄어드는 구조가 만들어졌다. 이는 마치 기업이 자사주를 매입하는 것과 같다. 게다가 지분증명 체제 전환 이후, 이더리움 보유자는 코인을 예치하면 보상을 받는다. 이는 배당과 같은 성격을 지닌다.

이런 구조를 설명하며 톰 리는 "이더리움은 성장주이면서 동시에 배당주"라고 말했다. 월가의 애널리스트들에게 이는 설득력 있는 언어

---

* 이더리움 블록체인 상에서 송금을 하거나 스마트 컨트랙트를 실행할 때 지불하는 네트워크 수수료. 자동차가 움직이려면 연료Gas가 필요하듯, 네트워크의 연산력을 사용하는 대가를 뜻한다. 이 수수료는 검증자에게 보상으로 지급되거나 소각되므로, 투자 관점에서는 이더리움 네트워크가 벌어들이는 '매출'로 해석된다.

였다. 덕분에 많은 기관 투자자들이 이더리움을 단순한 투기 자산이 아닌, 플랫폼 기업과 같은 성장형 자산으로 바라보기 시작했다.

물론 그의 예측은 항상 맞지 않았다. 그는 2021년에 이더리움이 1만 달러에 도달할 수 있다고 전망했지만, 실제로는 4,800달러 부근에서 정점을 찍고 이후 2022년에 1,000달러 이하로 떨어졌다. 그래서 비판자들은 그의 낙관론을 두고 "지나치게 과장되었다"고 말했다. 하지만 중요한 건 단기 가격이 아니라, 장기적인 방향성이다. 그는 가장 먼저 비트코인을 디지털 금이라 했고, 시간이 지나 실제로 기관투자자들이 그 내러티브를 받아들였다. 마찬가지로, 이더리움을 인터넷이라고 부른 그의 언어도 점차 제도권 금융 속에서 사용되기 시작했다.

JP모건, UBS, 골드만삭스 같은 기관들은 이미 이더리움 기반 네트워크에서 채권과 주식을 토큰화하는 실험을 진행하고 있다. USDC, USDT 같은 스테이블코인도 대부분 이더리움 위에서 운용된다. NFT와 디파이는 여전히 이더리움의 주 무대다. 즉, 이더리움은 ETF라는 형식을 통하지 않고도 금융 인프라에 자연스럽게 스며들고 있다. 이는 곧 톰 리가 말한 "이더리움은 인터넷"이라는 언어가 현실이 되고 있음을 보여준다.

결국 톰 리의 역할은 단순한 시장 전망가를 넘어선다. 그는 암호자산을 월가의 언어로 번역한 해석자였다. "비트코인은 금이다. 이더리움은 인터넷이다." 이 짧은 문장은 그의 철학을 압축한다. 금은 안전자산이지만 새로운 시장을 만들지 않는다. 인터넷은 새로운 산업과 기회를 창출했다. 월가가 원하는 건 바로 이런 성장 서사다. 톰 리는 그 서사를 누구보다 먼저 포착해, 투자자들이 이해할 수 있는 언어로 설명했다.

그래서 사람들은 그를 두고 의견이 갈린다. 누군가는 그를 "과장된 낙관론자"라고 비판하고, 누군가는 "선구자"라 칭찬한다. 그러나 부인할 수 없는 사실은 그의 언어가 시장에 영향을 끼쳤다는 것이다. 그는 단기적으로는 틀릴 수 있었지만, 장기적으로는 시장이 어떤 방향으로 가는지를 보여주는 나침반 같은 존재였다.

오늘날 이더리움은 여전히 진화 중이다. 기술적 한계와 경쟁, 규제의 벽이 존재한다. 그러나 톰 리가 던진 말은 단순한 전망이 아니다. 그것은 월가가 직접 말하지 못하는 욕망, 즉 "안전자산도 필요하지만, 성장 스토리가 진짜 돈을 만든다"는 무의식을 드러낸다. 비트코인은 금이고, 이더리움은 인터넷이다. 그의 언어는 단순한 비유를 넘어, 투자자와 제도권이 암호자산을 이해하는 틀로 자리 잡았다.

저서

- 게오르크 프리드리히 크나프Georg Friedrich Knapp, 『국가적 화폐이론』 The State Theory of Money.

- 나콜로 마키아벨리Niccolò Machiavelli, 『군주론』The Prince.

- 니콜 올슨Mancur Olson, 『집합행동의 논리』The Logic of Collective Action.

- 앤서니 다운스Anthony Downs, 『민주주의의 경제이론』An Economic Theory of Democracy.

- 장 보댕Jean Bodin, 『말레스트루아의 역설에 대한 장 보댕의 응답』 Response to the Paradoxes of Malestroit, 1568.

- 장 자크 루소Jean-Jacques Rousseau, 『사회계약론』The Social Contract.

- 조지프 스티글리츠Joseph Stiglitz, 『불평등의 대가』The Price of Inequality.

  존 스튜어트 밀John Stuart Mill, 『정치경제학 원리』Principles of Political

  Economy, 1848.

- 카르멘 라인하트Carmen Reinhart · 케네스 로고프Kenneth Rogoff, 『이번엔

  다르다』This Time Is Different.

- 프리드리히 하이에크Friedrich Hayek, 『노예의 길』The Road to Serfdom.

- 프리드리히 하이에크, 『화폐의 탈국가화』Denationalisation of Money.

- 한나 아렌트Hannah Arendt, 『예루살렘의 아이히만』Eichmann in Jerusalem.

논문 및 보고서

- 김용범, 「디지털 G2를 위한 원화 스테이블코인 설계도」, 2024.

- 보수 싱크탱크 연합 등, 『맨데이트 포 리더십 2025』Mandate for Leadership

  2025, 2025.

- 비탈릭 부테린Vitalik Buterin, 「차세대 스마트컨트랙트 및 탈중앙화 애

  플리케이션 플랫폼」Ethereum Whitepaper, 2013.

- 토마스 사전트Thomas Sargent · 닐 월러스Neil Wallace, 「불쾌한 통화주의

  산술」Some Unpleasant Monetarist Arithmetic, 1981.

제3의 달러

초판 1쇄 발행 2026년 3월 2일

지은이 김창익
브랜드 경이로움
출판 총괄 안대현
책임편집 이제호
편집 김효주, 심보경, 정은솔, 이수빈
마케팅 김윤성
표지디자인 프롬디자인
본문디자인 윤지은

발행인 김의현
발행처 (주)사이다경제
출판등록 제2021-000224호(2021년 7월 8일)
주소 서울특별시 강남구 테헤란로33길 13-3, 7층(역삼동)
홈페이지 cidermics.com
이메일 gyeongiloumbooks@gmail.com(출간 문의)
전화 02-2088-1804 **팩스** 02-2088-5813
종이 다올페이퍼 **인쇄** 재영피앤비
ISBN 979-11-94508-73-1 (03320)